Casanova-Stendhal-Tolstoi

Drei Dichter ihres Lebens

上海译文出版社

斯特凡·茨威格 / 著　关惠文 / 译

卡萨诺瓦 / 司汤达 / 托尔斯泰　三作家传

目录

作者的话

真正研究人类的是人。

蒲　伯[①]

　　我试图利用《世界建筑大师》这套丛书说明重要人物类型所具有的创造性的精神意向，并反过来通过这些人物形象阐释这些人的类型。在这套丛书里，这本第三卷是前两卷的对立面，同时又是前两卷的补充。《与魔搏斗》告诉人们，荷尔德林、克莱斯特和尼采是受魔力驱动的悲剧品格的三种变化的基本形态。这种品格既超越自身，也超越现实世界，是与无限的事物相抗衡的。《三大师传》说明巴尔扎克、狄更斯和陀思妥耶夫斯基是叙事文学世界创造者的典型。他们在自己的长篇小说宇宙里安排了一个业已存在的现实之外的第二现实世界。《三作家传》的生活道路不像第一卷里的三人那样进入无限，也不像第二卷三人那样通向现实世界，而是仅仅回归自身。这三位作家都本能地认为，他们的艺术的重要任务不是描摹宏观世界，反映五彩缤纷的丰富生活，而是把个人的"自我"的微观世界扩展成大世界。因此，在他们看来，没有任何现实比他们个人生活的现实更重要。世界上有创造性的作家，总是把他的"自我"融解在他所描述的客观事物中，直到隐蔽不见（像在最杰出的莎士比亚那里一样，他已经从普通的人变成神话里的人），而主观的感觉者，内向的、面向自我的作家，则是让人世的一切终止在他的"自我"当中，他首先是他个人生活的塑造者。无论他选择哪种体裁，戏剧也好，叙事诗也好，抒情诗也罢，自传也罢，他总要不自觉地把他的"自我"作为媒介和中心写进任何一部作品里去，在任何一种叙述中，他首先描述的都是他自己。以卡萨诺瓦、司汤达和托尔斯泰这三个人物为例说明这种研究自我的主观主义的艺术家类型及其重要的艺术体裁——自传，是这套丛书第三卷的意图和课题。

我知道，把卡萨诺瓦、司汤达和托尔斯泰这三个名字放在一起，初听起来并不令人信服，而是令人惊异。首先，人们想像不出他们的价值怎么会相等，像卡萨诺瓦这样一个放荡的不道德的骗子怎么能跟托尔斯泰这样一位英勇的伦理学家、完美的作家同日而语呢？事实上，把他们集中在一本书里并不等于把他们并列在同一精神水平上；相反，这三个名字象征着一级比一级高的三个不同阶段，是同一类性格的不断提高的主要形态。我要再重复一句，他们代表的不是三种同一价值的形态，而是同一种创造性功能，即描写自我的三个不断提高

---

① 亚历山大·蒲伯（1688—1744），英国诗人，启蒙运动时期古典主义文学的代表。

的阶段。卡萨诺瓦只代表第一个最低级的原始阶段，也就是简单的描写自我的阶段。在这种描写中，一个人还是把生活与外部感性的、实际的经历等量齐观，只报道他自己生活的自然过程和事件，对它们不作任何评价，对自己也不进行深入的研究。到了司汤达，描述自我就已经达到了一个更高的阶段，即心理描写的阶段。这种描述不再满足于单纯的报道，简单的履历，这个"自我"变得急于想知道自己是怎么回事，他观察他个人原动力的必然过程，他寻找自己做与不做的原因，寻找灵魂里动人心魄的戏剧性的东西。这样便开始有了一个新的观察方法，即用两只眼睛进行观察，这个"自我"是主体同时也是客体，写的是内心与外部的双重的传记。这个观察者自己，以及这个感觉者自己的感情——形象地进入他的观察范围的不仅有世上的生活，也有心理的生活。在托尔斯泰这个类型里，灵魂的自我观察达到了观察的最高阶段，因为这种观察同时变成了伦理和宗教上的自我描写。这位精确的观察者描述他的生活，这位精细的心理学家描述感受引起的反射。此外，一个自我观察的新要素，即良知的严峻的眼睛，观察着每一句话的真实性，每一个想法的纯洁性，每一个感觉的持续作用的力量。于是，这种自我描述就超出充满好奇心的自我检验，变成了一种自我审判。这位艺术家在描述自我的时候，不仅要问他的现世表现的类别和形式，而且要考虑他的现世表现的意义和价值。

　　这种类型的描述自我的艺术家善于把他的"自我"塞进任何一种艺术形式，但他只在一种形式中才能完全实现自我，那就是自传，在特有的"我"的内容全面的叙事文学作品中。他们当中的每一个人都不自觉地致力于这种艺术形式，不过能达到目的的却寥寥无几。

在一切艺术形式中，自传是极少可能完满成功的，因为它是一切艺术形式中最有责任心的一种。尝试这种艺术形式的人是极少的（在浩如烟海的世界文学作品中几乎只有十几部具有重要精神价值的作品），尝试用这类作品进行心理观察的人也是极少的，因为这种形式多半会不可避免地从通行无阻的文学领域坠入心理学最深层的迷宫里去。在一篇简短的前言里，自然只能大概地谈一谈自我描述的可能和限度，只能像演奏序曲一样提纲挈领地说一说对这个问题的主要想法。

不带偏见地看，自我描述总是每个艺术家最本能最轻松的任务。这位剧作者对谁的生活能比对自己的生活更了解呢？对他来说，个人生活的每一件事都是预料之中的，最隐秘的事情都是已知的，内心埋藏最深的东西也都再明显不过。因此，为了讲述他现在和过去生活的真情，他无需花费别的气力，只需翻开记忆的篇章，记录下生活的事实就行了——就像一幕戏，无需费很大气力，只要在剧院里把遮住安排停当的场景的幕布拉开，让自己和世界之间闭合的四壁远离就行了。而且远不止如此！摄影术对画家才干的要求很少，因为这是一种没有想像力的、单纯机械地描绘一种秩序井然的现实，同样，自我描述这种艺术似乎也根本不需要艺术家，只需要真正的记录者。从原则上说，甚至每一个人都能成为他个人的自传作者，都能以文学笔法描写他的命运和他所遭遇的危险。

但历史教导我们，一个普通的自我描述者从未有过成功的经验，他所做的不过是证实那些他偶然碰到的事实而已。与此相反，从自己内心来创造内在灵魂的图画，则永远要求有洞察力的熟练的艺术家，即使在他们中间也只有极少数能够胜任这种不寻常的责任重大的尝试。在值得怀疑的扑朔迷离的回忆中，没有一条路是行不通的，正如一个人从他显而易见的表面坠入他内心的黑暗王国，从他生机勃勃的现在坠入他荆棘丛生的过去。他必须进行多少冒险才能越过自己的深渊，在自我欺骗和任意忘却的狭窄泥泞的通道上摸索着走进最后的孑然一身的孤独——正如浮士德在奔向众女神的道路上那样，他个人生活的图画只作为他从前真正生活的象征，毫无生气地静止地"悬浮着"！在他有资格说出"我已认清我自己的心"这句庄严的话之前，他需要有多么大的忍耐和自信！这种内心的东西从内心深处复归，然后又上升到进行着抗争的形象世界，从自我观察进入自我描述，是多么艰难啊！自我描述的成功率是很低的，这就再清楚不过地说明了这种大胆行为的不可估量的困难。用书面语言描绘出个人的活灵活现的画像的作家是屈指可数的，即使在这种相对完成的作品里也存在多少漏洞和缺陷，多少人工的补充和掩饰啊！在艺术中，恰恰是这种最贴近自身的东西是最难的，这种貌似容易的事情是最艰巨的任务。

艺术家最难于真实塑造的不是他同时代和任何时代的人，而是他的"自我"。

然而，是什么一再迫使一代又一代的尝试者去担负这几乎不能完成的任务？无疑是有一种基本动力强加在人的身上：这就是使自我不朽的天然要求。每一个人都是数十亿分子中的一个分子，这个分子被置于流动之中，被罩上转瞬即逝的阴影，被不停奔腾的时间长河冲走；这时，他（由于不朽的直觉）总是不知不觉地想方设法把往昔和一去不再复返的东西保存在某种长久的超越他生命的遗迹里。为他人作证和为自己作证，归根到底意味着一种功能，一种同样的原始的功能，一种同样的努力：把转瞬即逝的痕迹遗留在坚持不懈地继续生长的人类大树的主干里。因此，每一篇自我描述都只不过是这种自我作证愿望的最鲜明的形式，而自我描述的初次尝试往往缺乏形象的艺术形式，不使用文字；或是坟墓上叠起层层的巨石，或是在基碑上用笨拙的楔形物颂扬真相不明的业绩，或是在树皮上刻下累累刀痕——个别人的第一次自我描述就是用这种方石块一类的语言通过数千年空旷的空间向我们述说。这些行为早已无法考察了，那已化作泥土的一代人的语言也变得无法理解了；但他们的一种冲动却明白无误地表现了出来，这就是塑造自我和保存自我的冲动，就是通过个人的呼吸把某一个人曾存在过的痕迹转给世世代代活着的人。这种不自觉的、模糊的追求自我永存的意志，便是一切自我描述的动机和开端。

后来，在一千几百年以后，有觉悟和有知识的人类才在那种还是赤裸裸的模糊的表现自我的倾向之外产生了第二意志，这就是个人的认识自我的要求，为了了解自我而说明自我的要求：自我观察。正如奥古斯丁①巧妙地说出的那样，如果一个人"把自己变成问题"，把自己变成他所寻找的属于他的答案，那么，为了更清楚更全面地认识自己，他就会像展开一张地图一样把他一生的道路展示在自己眼前。他阐释自己不再为了别人，而是首先为了他自己。这时便出现了一个分岔路口（这种岔路口就是今天也还可以在每一部自传里看到）：是描述生活，还是描述经历；是阐明别人，还是阐明自我；是客观的外

---

① 奥古斯丁（354—430），罗马帝国基督教思想家，教父哲学的主要代表。

部的自传，还是主观的内心的自传——一句话，是客观地报告他人，还是主观地报告自我。一部分人永远倾向于公开表明，他们采取忏悔这种基本形式，向教区教会忏悔或作书面忏悔；另一部分人则作思想的独白，大都采取写日记的方式。只有像歌德、司汤达和托尔斯泰那种真正的全才，才会在这里尝试一种完美的结合，使自己在两种形式中永生。

然而，观察自我，还只是一个单纯做准备的、无需考虑的步骤：每一件真实的事物只要是恰当的，它就很容易保留真实的面貌。艺术家真正的困难和痛苦是在想把这种真实事物转达给别人的时候开始的，于是，便要求每个自我描述者都具有坦诚的勇气。因为，很自然，一方面有一种相互交流的精神压力，迫使我们像对待亲兄弟一样把我们的往事告诉所有的人；同时另一方面在我们心里又有一种要求保存自我、隐瞒自我的对抗性的基本意志在起作用。这种意志在我们身上是通过羞惭表现出来的。就像一个女人由于天生的要求愿意献出身体，同时又由于清醒感情的相反意志而力争保持自己的贞操一样，在思想中，那种信赖世人的忏悔意志也在与劝导我们严守自己秘密的内心羞愧进行搏斗。因为这个最虚荣的人本人（而且恰恰是他）认为自己并不是完人，不是像他想在他人面前表现的那样完美无缺。因此，他很想让他的丑恶的秘密、他的不足之处和他的狭隘浅薄跟他一起灭亡，同时他又希望他的形象活在人间。可见，羞惭是每部真正自传的永久的敌人，因为羞惭企图以妩媚的态度诱使我们不去真实地描述自我，而是按照我们希望被看到的样子去描述自我。羞惭将施展各种各样的阴谋诡计，引诱决心坦诚面对自己的艺术家隐瞒他心底的秘密，弱化他的于己有害的东西，遮掩他最机密的事情。羞惭不自觉地教我们用雕塑家的手删去或以骗人的方式美化有损个人形象的琐事（在心理学意义上却是最本质的东西!），通过光与影的巧妙安排把性格特征重新修饰得更加理想。但谁要是意志薄弱，向羞惭的谄媚要求让步，那他就只能神化自我或维护自我，而不能完成自我描述。因此，每一部诚实的自传并不要求单纯的漫不经心的叙述，它要求时刻留神虚荣心闯入，要求严防按照个人尘世本性不可遏止的意向，把自己的形象修饰成使世人满意的样子。正是在这里，为了达到艺术家的诚实，还需要一种特殊的、千百万人中难得一见的勇气，因为恰恰在这里，除了这个独特的"自我"，没有任何人考察和检验描述的真实性——这个"自我"是个人面貌出现的证人和法官，又是起诉人和辩护人。

这场不可避免的反对自我欺骗的斗争，至今没有完善的装备和防护手段。正如在武器手工业那里永远需要找到一种穿透力强的枪弹来对付坚固的胸甲，对付欺骗也必须学会各种心理学知识。如果一个人决心把欺骗关在门外，欺骗就必须变得凶险如蛇般圆滑，它会从缝隙里爬进去。如果一个人为了对付欺骗而从心理学上透彻研究欺骗的阴险狡诈，那么，欺骗就要学会更巧妙的佯攻和抵挡新战术；欺骗将像一头豹狡猾地藏在暗处，以便在对方不加防御的时刻阴险地猛扑过去。他们自我欺骗的技巧恰恰是凭借一个人的认识能力和心理变化才变得更精到更高超。只要一个人粗鲁笨拙地操纵真相，他的欺骗也就永远是笨拙的，容易被识破的。在精细的识别能力强的人那里，他的谎言才变得更巧妙，然后又在更有识别能力的人那里被识破，因为谎言往往躲在最使人迷乱最危险的骗人的形式里，而它们的最危险的假面具又总是貌似真诚的。正如蛇最喜欢藏在峭壁和岩石下面，最危险的谎言最喜欢在伟大的慷慨激昂的、貌似英雄主义的豪言壮语的阴影里筑巢。在读每部自传时，人们恰恰必须对讲述者最勇敢最令人惊异地暴露自己和为难自己的地方特别留神，看这种忏悔的粗野方式是否恰恰企图把一种比较隐秘的自我隐藏在人们捶胸顿足的大喊大叫后面。可以说，在自我忏悔中有一种几乎永远暗示内心隐秘弱点的大力士气质。一个人宁肯轻轻松松地暴露自己最可怕、最令人厌恶的东西，也不去泄露可能使自己变得可笑的最微不足道的本质特征，这便是羞惭的基本秘密。害怕别人讥笑，随时随地都会把一部自传引上最危险的歧途。甚至像让-雅克·卢梭这样真正愿意透露真情的人也是以一种令人怀疑的彻底坦白的态度痛斥他性爱方面一切离经叛道的行为，并且懊悔地承认，他这位著名教育小说《爱弥儿》的作者，让自己的子女在育婴堂里变坏了。不过事实上，这种貌似大胆的供认只不过是掩盖那些更具人性却使他感到为难的供认，他很可能从来就没有孩子，因为他没有能力生育孩子。托尔斯泰宁愿在他的忏悔里痛斥自己是嫖客、凶手、窃贼、奸夫，而不肯用一字一句承认这样一件小事：他一生中对他的伟大对手陀思妥耶夫斯基的判断都是错误的，并向来对后者毫不宽容。把自己隐藏在一种自白的背后，而且恰恰在忏悔中隐瞒自己的劣迹，是在自我描述中进行自我欺骗的最巧妙、最有欺骗性的阴险手段。戈特夫里德·凯勒曾就这种声东击西的手段愤怒地讥讽过所有的自传作品。他写道："这个人承认七种大罪，可是有意隐瞒他左手只有四个手指头；那个人讲述和描写他的一切色斑和后背上的小胎痣，惟独对他所作的一次使他良心不安的伪证讳莫如深。如果我把所有的自传与他们视为水晶般透明的坦诚作一比较，我就会自问：有坦诚的人吗？可能有坦诚的人吗？"

事实上，要求一个人在他的自我描述里写出绝对的真实情况，就像要求尘世间有绝对的正义、自由和尽善尽美一样，可以说是无稽之谈。要始终一丝不苟地坚持最激情满怀的决心，最坚决的志向，自古以来就是不可能的，因为一个不争的事实，我们根本不具备掌握真实情况的可靠器官，我们在开始讲述自我之前，就已经在真实的经历方面被我们的记忆欺骗了。因为我们的记忆绝不像官僚机构里整理得井然有序的卡片柜，生命中的一切事实都写成了文字，历史可靠而不可更改，一幕一幕地像文献记录那样储存在那里。我们所说的记忆，就装在我们血液的通道里，并被血液通道的浪头漫过，它是一个活的器官，听命于一切变化，它不是冰箱，不是固定不变的保存器，可以在里边保持每一种过去感受的天然特性，原始气味和它存在过的形式。在这种流动和奔腾流逝的东西里（这种东西，我仓促地给它取了一个名字，叫做记忆），各种事件像小溪底部的卵石似的移动着，它们相互磨擦碰撞，直至变得不可辨认。它们相互适应，得到重新安排，以无比隐秘的保护形态采纳符合我们意愿的形式和色彩。在这种变压器式的要素即记忆里，不存在或者说根本不存在一成不变的东西。每一个后来的印象都给以前的印象罩上阴影，每一个新的记忆都蒙骗原来的记忆，直至原来的记忆面目全非，常常成为相反的东西。司汤达第一个承认记忆的不可靠和自己绝对忠于历史真实的无能为力。他的记忆是这样的，他无法分辨，他心中"越过大圣伯纳山口"的印象，是他亲身经历的那个环境的回忆，还是他对后来看到的描述这个环境的铜版画的回忆，他的这种记忆堪称经典的例证。司汤达精神的继承人马塞尔·普鲁斯特更令人信服地为这种记忆不断改变的能力提供了一个例证：这里讲的是一个男孩对扮演最著名的角色的女演员贝尔玛的印象。在他见到贝尔玛之前，他就在想像中构筑了一个预感，这预感完全彻底地溶化在他直接的感官印象里。他的这个印象又由于邻座的看法而变得黯淡，第二天又由于报上的评论而受到歪曲，完全消失。几年以后，他又看到这个女演员扮演同一个角色，这时，他和那个演员都有了很大的改变，于是他的记忆便无法确定原来的"真实"印象究竟是什么了。这可以作为任何回忆都不可靠的象征：记忆，这个一切真实情况貌似不可动摇的水位标，本身就是真实的敌人，因为在一个人开始描写他的生活之前，他身上便已经有了一个机构从事创造而非复制活动，记忆力本身已经在发挥一切创作的功用了。于是这里便出现了：本质东西的筛选，加强和减弱，有机的组合。幸亏有了记忆这种创造性的想像力，每个叙事者才不知不觉地成为自己传记的作家。我们的新世界里智慧最高的人歌德就深知这一点，他的自传的英雄主义的标题《诗与真》对任何自我忏悔都是适用的。

如果没有一个人能说出实情，说出他个人生活的绝对的真实情况，如果每一个自我供认者都不得不在一定程度上成为他个人生活的诗人，那么，努力做到真实便要求每个自白者心里具有道德上最高的坦诚。无疑，歌德所说的那种"假忏悔"是秘密的忏悔，都披着一眼即可看穿的小说和诗歌的外衣，比拉起瞄准器进行描述要容易得多，从艺术角度看往往更有说服力。不过，正因为这里不仅要求实情，而且要求不加修饰的实情，所以自传描述的便是每个艺术家特别杰出的行为。因为没有任何地方能像在他的自我暴露中这样完全彻底地描写出一个人道德上的概貌。只有成熟的、熟谙心理的艺术家才能成功地写出这样的自传。因此，心理的自我描述很晚才出现在艺术的行列里；它只属于我们的时代，属于新的、即将到来的时代。人这种生物必须发现他内心的大陆，测量他内心的大洋，学会他内心的语言，然后才能把他的目光转向他的内心世界。整个古代对这种深奥莫测的方法一无所知：那个时代的自我描述者，包括恺撒和普鲁塔克，都只会罗列事实和客观的事件，从来都不想稍许挖掘自己的内心。人在能够研究自己的内心之前，必须意识到内心的存在，而这一发现是以基督徒精神的出现真正开始的。奥古斯丁的《忏悔录》使内在的眼睛睁开了，但这位大主教的目光并不转向自我，而是转向他希望按照自己的变化而变化的并加以教化的教区；他希望他的宗教宣传的小册子能够起到教区忏悔的作用，起到示范赎罪的作用，也就是具有神学上的目的，不是作为对自我的回答和理解。又过了数百年，才有卢梭这位奇异的开拓者，这位炸毁禁锢人心一切束缚的人，为自己创作出一幅自画像，连他自己都对他的这种新奇大胆的行为感到惊异。"我打算做一件事，"他开始说，"这种事没有先例可循……我想描绘一个天性百分之百真实的人，这个人就是我自己。"但他怀着每个初学者的轻信，误以为"这个我是一个不可分割的统一体，是一种可比较的东西"，以为"真实情况是可以摸得着抓得到的"，他还天真地相信，"只要法庭的长号一吹响"，他"就能够手里拿着这本书走到法官面前说：我过去就是这个样子"。我们这些后代人不再有卢梭那种老实的轻信心理，取而代之的是关于灵魂的多种意义和秘密深度的更完整更大胆的知识。我们的自我解剖的好奇心试图通过越来越细的分解和越来越大胆的分析披露每一种感觉和思想的神经与脉络。司汤达、黑贝尔①、克尔恺郭尔、托尔斯泰、阿米尔、勇敢的汉斯·耶格尔，都通过他们的自我描述发现出人意料的自我科学的领域。他们的后代，由于有了更精密的心理学仪器，将一层又一层，一个领域又一个领域，越来越广阔地深入研究我们这个新的无限世界：人的内心。

对那些不断听到人们说起技术和理智世界里艺术正在衰落的人来说，这将是一个安慰。艺术不会终结，它只会转换方向。无疑，人类神话般的创造力毕竟减弱了。幻想在人的童年时代永远具有最强大的影响，每一个民族永远在它生存的早期为自己创造神话和象征。但是知识的明确透彻、具有文献性质的力量取代了这种日渐衰退的空想力。人们可以在我们同代人的长篇小说里看到这种创造力的具体化。这种长篇小说今天正十分清楚地发展成精确的心理学，而不是在大胆地任意编造。但在创作与科学的这种结合中，艺术根本不会被压死。远古亲如手足的关系会得到更新，因为当科学出现时，在古希腊诗人赫西俄德和古希腊哲学家赫拉克利特那里，科学还只是创作，还是一个含糊不清的词语和摇摆不定的假说。现在，在二者分开几千年以后，研究的意识又与创造的意识结合在一起了。从今以后，创作不再局限于描写虚构的世界，而是描写我们人性的魅力。创作不能再从地球的未知事物中汲取力量了，因为所有的热带和酷寒之地都被发现

----

① 弗里德里希·黑贝尔（1813—1863），德国剧作家。

了，所有的动物和植物直至一切碧水海底的奇迹都被研究到了。尘世间什么地方也不会再有神话了，即使在其他天体上，即使攀缘在我们已经测定的、已用名字和数码标明的地球上，永远渴求知识的意向也不得不渐渐转向内心，转向自身的神秘之处。这种内心的无限、灵魂的宇宙还为艺术开辟了许多取之不尽的领域，因为揭示内心的精神，也就是认识自我，将成为智慧人类在未来要愈发勇敢地解决却又解决不了的任务。

一九二八年复活节于萨尔茨堡

卡萨诺瓦

他对我说：他是一个自由人，一个世界公民。

穆拉尔特在一七六〇年六月二十一日致阿尔
布莱希特·封·哈勒的一封信中谈卡萨诺瓦

卡萨诺瓦被载入世界文学史册，纯属例外，是独一无二的巧合。首先因为这个出色的江湖骗子跻身有创造性的英才的万神庙，就像彼拉多进入《圣经》一样，根本就不合理。他的所谓"有诗才的贵族"的称呼和他用字母胡乱拼凑的贵族称号"德·塞恩加尔"一样，都是站不住脚的。他为向某个年轻女子表示敬意而在卧榻和赌台间匆匆写成的几行即兴诗，不过是娇滴滴的女人腔和文绉绉的学究调。如果我们善良的贾科莫竟然研究起哲学来，那我们最好顶住腭骨，以防连连不断地打呵欠。不，卡萨诺瓦算不上有诗才的贵族，他是一个食客，无权在《哥达年鉴》里占有一席之地。但他一生十分坎坷，他是一个穷苦演员的儿子，是一个被解雇的神甫，被裁员的士兵，声名狼藉的赌徒，曾在皇帝和王后那里出出进进，最后死在那个末代贵族德·里涅亲王的怀里。他拖着长长的阴影大胆地挤进不朽者的行列，尽管看来只是一个渺小的文艺爱好者，是众人中的一员，是时代风沙中的尘埃。不过，也真是怪事！最终变成图书馆垃圾和语言学家饲料的不是他，而是他所有著名的同胞和卓越的田园诗诗人，"神圣的"梅塔斯塔齐奥①，这个全体中的高贵部分，而卡萨诺瓦的名字，人们一提起来便面带微笑，肃然起敬，至今仍然备受称赞。如果说《被解放的耶路撒冷》和《诚实的牧羊人》作为珍贵的历史文物早已尘封在书橱里，无人阅读，那么，按照世上一般概率推测，他的写性爱的《伊里亚特》很可能还会长久存在，找得到被激起热情的读者。这个狡猾的赌徒一下子便胜过了自但丁和薄伽丘以来意大利的所有作家。

更荒诞的是，这样无限的收益，卡萨诺瓦没有做任何投入，而是直截了当地从不朽艺术女神那里骗取了赞赏。这个赌徒从来没有意识到真正艺术家的无可言表的巨大责任。他对作家那些通宵不眠之夜一无所知，对那些必须在词句的琢磨雕饰中，在语言的棱镜最终放射出纯洁和斑斓的光彩的词句推敲修饰中度过的沉闷的奴隶般的白天毫无体会，他从未尝试过多种多样而又是看不见的、没有报酬的、常常经历几代人才能认识到的作家的手工劳动，他一点也不知道作家是怎样怀着英雄主义的精神放弃生活的温暖和广阔天地。

---

① 梅塔斯塔齐奥（1698—1782），意大利剧作家。

众所周知，卡萨诺瓦一直过着轻松愉快的生活，他从来不曾为严肃的艺术女神牺牲过一丝一毫的欢乐，一点一滴的享受，一个小时的睡眠，一分钟的内心需求。他在有生之年没有为荣誉出过一点力，而荣誉却源源不断地落到这个幸运者的头上。只要他的口袋里还有一枚金币，只要他的爱之灯里还有一滴油，他就不会想到让墨水弄脏他的手指。只有在被逐出一个个家门，遭到女人的嘲笑，孤身一人、状如乞丐、软弱无力的时候，他，一个穷愁潦倒、愁容满面的老人，才逃入工作。只是为了摆脱没趣和无聊，他才像一条没有牙齿的癞皮狗似的愤怒地搔其疥癣，嘟嘟囔囔地向这个即将走上黄泉路的七十岁的卡萨纽斯－卡萨诺瓦讲述他自己的生平。

他为自己叙述自己的生活——这是他的全部文学成就——不过，这诚然是一种奇异而浩瀚的生活描述！五部长篇小说，二十部喜剧，一大批中篇小说和生活插曲，一大串瓜熟蒂落的迷人的奇遇和趣闻——这一切全被挤压到一种绝无仅有的汹涌澎湃的生活里去。这是一种十分充实完满的生活，是无需艺术家和创作者加工的完美的艺术品。这样，他获取荣誉的令人困惑的秘密，便以令人信服的方式解决了，因为他在描写和报道他的生活时，没有把卡萨诺瓦装扮为天才，而是反映他所经历的真实生活。凡是别人非捏造不可的东西，他都有过亲身的体验，凡是别人凭借想像塑造的东西，他都已凭借自己的温热淫荡的肉体尝试过，因此这里无需像画家那样用笔和幻想在事后修饰现实，只要把他那充满戏剧性的生活如实地记录下来就行了。他同时代的作家中，没有一个人编出过卡萨诺瓦这样多的变化和境遇。可以说，从未有一个真正的生活经历以如此独特的曲线通过整整一个世纪。如果人们从纯粹的内容角度（不是从精神的实质和认识的深度）把歌德、卢梭和其他同代人的自传同他的自传加以比较，就会发现那些目的明确、由创造性意志支配的生活经历与这个冒险家风狂浪急的生活经历相比，变化是多么贫乏，空间是多么狭小，交际领域是多么闭塞。他像在同一个身体上更换衬衫那样更换国家、城市、身份、职业、社会和女人。正如他在艺术创作方面是个半吊子，其他人则在享乐方面是个半吊子。智者虽然十分渴望并应该了解生活的一切领域和欢乐，但他却始终被自己的任务所束缚，永远是自己的工作的奴隶，因自己强加在肩的义务而毫无自由，被死死捆在社会秩序和人间事务上——这就是这种人永恒的悲剧。任何一个真正的艺术家大半辈子都生活在孤独中，与自己的创作进行斗争——而完全献身于直接的现实的，只能是自由自在、挥霍无度、不进行创作的人，只能是为生活而生活的纯粹的享受者。谁为自己定出目标，谁就会忽略偶然事件：每个艺术家大都只表现自己无缘获得的经历。

但是放浪的享受者，也就是艺术家的那些对手，他们几乎永远缺乏塑造多种多样经历的能力。他们随着短暂时间的消逝而消失，因而在所有其他人那里，这短暂的时间也就不复存在了。与此同时，艺术家都善于使最微末的经历永存。这样，目标各奔西东了，而不是富有成效的相互补充：正如这个人有杯没有酒，另一个人有酒没有杯。不可解决的悖论是：重行动的人和重享乐的人都可能比诗人讲出更多的经历，但他们却没有能力讲述，而创作者却不得不虚构，因为他们没有足够的经历可供报道。作家很少有传记留存，有真正的经历的人又很少有能力把传记写出来。

现在就出现了这个光辉的、几乎是绝无仅有的巧合：卡萨诺瓦。一个热衷享乐的人，一个典型的抓住瞬间不放的人，终于开始讲述他的不同寻常的生活，讲述中毫无道德上的美化，不加诗意的粉饰，没有哲学上的装潢，而是完全客观的，按照生活的本来面貌：他讲述的是他热情，冒险，穷愁潦倒，无所顾忌，回味无穷，卑劣粗俗，有伤风化，狂放不羁，生活放荡，永远充满紧张气氛和出人意料的一生。——此外，他的讲述不是出于文学上的虚荣心，不是出于说教式的自我夸耀，不是出于悔罪的心理，不是出于狂热自供的显露欲，而是完全没有负担和毫无挂虑，就像一个老兵，坐在酒店的饭桌旁，嘴里叼着烟斗，津津有味地给那些没有偏见的听众讲述几个富有魅力的、扣人心弦的惊险故事。在这里进行创作的不是绞尽脑汁的空想家和编造者，而是一切作家中的佼佼者，是生活的主人，但卡萨诺瓦必须满足艺术家最起码的要求：把不可置信的东西说得令人信服。尽管他的法语过分雕琢，但他的艺术和他的精力完全能够达到这个要求。不过，这位因患痛风症而握笔颤抖、连写出的字迹也模糊不清的愁苦的老人，不是在梦中，而是在杜克斯闲居时就想到了，那些须发苍苍的语言学家和历史学家总有一天会把他的这些回忆录当作十八世纪最珍贵的文献恭恭敬敬地进行研究。而他，这个善良的贾科莫，他喜欢如此自得其乐地表现自己，他把总管家，即他的卑劣的对手费尔特基希纳先生粗俗的玩笑记录了下来：在他死后一百二十年将会建立起一个独特的"卡萨诺瓦协会"，宗旨是审核他亲笔写的每一页纸片，每一个日期，查出那些被那么欣喜地披露出来，却又被细心涂掉的女士的名字。我们应该感到庆幸：这个爱慕虚荣的人不去考虑他身后的荣誉，所以他始终不注意伦理、激情和心理描写，因为不抱任何企图才能做到无忧无虑的，亦即最起码的坦诚。这个身居杜克斯的幸运的老赌徒，与往常一样，像走向他人生最后的赌台似的随随便便走到了他的写字台旁，把他的回忆录作为同命运的最后一搏抛了出去。然后，他站起身来，没等看到输赢便离开了人世。不可思议的是，恰恰是这部最后的成功之作进入了不朽作品的行列。是的，他的赌赛出色地赢了，这个年老的"幸运的喜剧演员"赢了，相比之下，对此，你情绪激昂也好，抗议否认也好，一概没有用。由于他缺乏道德和起码的端正品行，人们可以鄙视他，小看我们的这位可尊敬的朋友，作为历史学家，人们可以驳斥他，作为艺术家，人们可以遗弃他。只有一件事人们再也做不到了：那就是让他再死一回。因为尽管世上有众多的作家和思想家，但从此以后，这个世界再也没有谁创作出一部比他的生活更富浪漫色彩的长篇小说，再也没有谁塑造出比他的形象更奇妙的形象。

青年卡萨诺瓦的画像

　　　　　　您知道，您是一个很漂亮的男人。

　　　　　　腓特烈大帝，一七六四年在波茨坦的无忧宫
　　　　　　里，突然停住脚步仔细地打量他，对卡萨诺
　　　　　　瓦说

　　一个小国首都里的剧院：女歌唱家刚刚以大胆的声乐花腔结束她的咏叹调，掌声像劈啪作响的冰雹从天而降。但是现在，渐渐开始的宣叙调却使观众的注意力不那么集中了。衣着讲究的人在各个包厢里穿梭拜访，太太小姐们则手持长柄望远镜东看西瞧，用银调羹吃上好的果子冻和橙黄色的冰镇果汁：这时舞台上那个身穿五颜六色服装的小丑与一个以脚尖急速旋转的女仆双双起舞几乎成了毫无必要的插科打诨了。突然，所有的目光都好奇地转向一个陌生人。此人勇气十足，神态随意，同时具有上等人的落落大方气概，姗姗来迟地走进剧院正面的前排座位。任何人都不认识他。这个高大健壮的人全身散发出一种华贵的气势，一件剪裁得体的灰色天鹅绒外衣宽松地披在身上，外衣里边是提花锦缎的背心，珍贵的网状花边和金丝绒编成的细辫与之相配，从布鲁塞尔衬衫胸前皱褶的脖颈扣襟到丝织的长袜，把这华装盛服略暗的线条勾勒得恰到好处。他漫不经心地拿着一顶饰以白羽毛的帽子，一种玫瑰油或时髦发油散发出的淡淡的甜丝丝的芳香从这位高贵人士的身后飘来，他这时正靠近第一排座位的护栏懒洋洋地伸腿坐下，骄傲地把那只戴着戒指的手挂在那把镶有宝石的英国钢制造的佩剑剑柄上。他好像没有觉察到自己成了众人注目的中心，他举起他的包金的长柄单片眼镜，故作冷漠地打量各个包厢，所有的座位和长椅上都发出窃窃私语的声音：一位亲王？一位外国的富豪？头和头凑在一起，无限崇敬的细声低语集中在那枚挂在他胸前的勋章上，那勋章围以镶嵌小粒红宝石的丝带，不时地晃来晃去（这枚勋章他是用闪闪发光的宝石覆盖的，以致谁也认不出，这不过是一枚罗马教皇赐与的比黑莓还便宜的低劣的矩形小十字架）。舞台上的演唱者立刻就觉察到了观众注意力的分散，宣叙调也就唱得不卖劲了，因为那些倏忽而过的女舞蹈演员正越过小提琴和古式大提琴向前窥探，看是不是那个铸在杜卡特①金币上的公爵本人为了过一个丰富多彩的夜晚到这里来了。

但在剧院里成百人像猜字谜一样猜测这个陌生人，破解他的来

---

① 十四世纪至十九世纪欧洲通用的金币。

历之谜前，包厢里的小姐太太们几乎是惊诧地注意到了他的另一个特点：这个陌生的男人是多么美啊，真是美男子里的出类拔萃者。他身材魁梧，双肩又宽又厚，两手肌肉结实柔软，在那紧绷的钢铁般的男子汉的身体上没有一丝软绵绵的线条，他站在那里，脖颈微垂，宛如准备进攻的公牛。从侧面看，那面庞简直就像罗马金币上的头像，这暗色头颅的铜雕的每个线条是倾斜的，犹如刀劈斧砍一般闪着金属的亮光。他优雅地一甩头，柔软迷人的栗色头发下显露出这个外国人令每个诗人羡慕的前额——一个狂妄大胆的钩子突现在鼻尖上，下巴硬骨明显，下方则是两个坚果那么大的成拱形的喉结（按照女人的见解，这是精力旺盛的男性的最可靠的保证）：十分明显，这张脸上的每一个特征都意味着进攻、征服、坚毅。惟独嘴唇很红也很性感，柔软而湿润地构成拱形，像石榴肉露出白核似的露着雪白的牙齿。现在，这个漂亮的男人缓慢地沿着剧院昏暗的包厢转动他的侧面形体。在那匀称的弯弯的浓眉下面，从黑色的瞳孔里闪射出焦躁不安的目光，简直就是猎人捕获猎物的目光，像老鹰那样准备猛然冲向一个牺牲物。但那目光只是闪烁而已，还没有完全燃烧起来，只作为点射的间歇灯光沿着包厢扫视，对男人一掠而过，对那些身处暗影中的温热、白皙、袒胸露背的女人则像商人看货那样一个个地审视。他以苛求的行家的目光观察她们，同时也感觉到别人也在观察他。这时，他那性感的嘴唇微张着，一丝微笑浮现在窄小的南方人的嘴边，头一次使那副宽阔雪白的动物般的牙齿闪出亮光。这微笑不是针对某一个女人的，它是针对她们所有人的，他的神思似乎已经触及她们藏在衣裙下的赤裸裸、热乎乎的肉体。不过这时，他在包厢里发现了一个熟识的女人：目光立刻集中在她身上，一道天鹅绒般柔和的光闪现在他那双刚才还在放肆地探询的眼睛里。他的左手离开佩剑的剑柄，右手使劲抓着那顶沉重的有羽饰的帽子，接着他便走过去，客客气气地说明他刚刚认出她。他举止优雅地低下多肌肉的脖子吻了吻对方伸过来的手，彬彬有礼地跟她攀谈起来。但这个受宠若惊的女人露出退避和慌乱的神色，她尴尬地弯腰向后退了一步，向她的同伴介绍说："德·塞恩加尔勋爵。"——于是相互鞠躬，虚礼以待，客气寒暄，大家请客人在包厢里入座，他谦虚地表示拒绝。后来，出于交往的礼貌，谈话终于展开了。卡萨诺瓦渐渐地提高嗓门，他的声音压过了其他人的声音。他模仿演员的语调让元音软绵绵地拉长，让辅音有节奏地滚动。他的话语越来越明显地传到包厢外边去，声音响亮，惹人注意，因为他希望让侧身注目的邻座听到他用法语和意大利语交谈是多么熟练，多么风趣，他引用贺拉斯的诗句是多么机智巧妙。他好像漫不经心地把戴着戒指的手放在了包厢的胸墙上，人们老远就可以看见那昂贵的上等硬袖口，然而首先看到的却是他的戒指上镶嵌的单粒大钻石的闪光——现在，他掏出镶钻石的烟盒请那些陪伴者吸墨西哥鼻烟。"这鼻烟是我的朋友，西班牙公使，昨天派信使送给我的。"（这句话连相邻的包厢里都能听见）因为其中有一位先生客客气气地赞赏烟盒上的古抄本彩饰画，他听了以后随随便便地说（不过声音却大得能传遍整个剧场）："一件礼物，是我的朋友，一位仁慈的主人，科隆地区的选帝侯赠送的。"他好像完全无意这么闲谈着，但在这种夸耀中间，这位自夸者却一再迅速地像猛禽捕食似的向左右投去一瞥，窥探他的话语引起的反响。一点不假，所有的人都随他忙碌着，他感觉到女人的好奇心离不开他本人，他觉察到人们在注意他，赞赏他，尊敬他，这样一来，他的胆子就更大了。他机智地转换话题，把谈话传到相邻的包厢里。亲王的情妇就在那里，他感觉到这位夫人很喜欢听他纯正的巴黎法语。他一边讲述一个美丽的女人，一边做了一个谦恭的手势，把一句多情的话甩到她那边去，引得她嫣然一笑。现在，他的朋友们只好把这位骑士介绍给这位高贵的夫人。这一局他又赢了。明天中午他将同全城最显贵的人士会餐，明天晚上他将在某个王宫里建议演一出小型的法老戏，并把他们劫掠一空，明天夜里他将跟这些袒胸露背、光彩照人的女人之中的一个睡觉——而所有这一切都仰仗他的大胆、可靠、有力的表演，仰仗他必胜的意志和他那男人的棕色面孔爽直的美。正由于有了这样的面孔，他才有了一切：女人的微笑和手指上那颗单粒大钻石，镶钻石的表链和黄金镶边的饰带，银行的贷款和贵族的友谊，以及比这一切更好的东西——享受无限丰富多彩生活的自由。

在他想心事的当儿，台上的女主角已准备好演唱新的咏叹调。这时，那些陶醉于他老于世故的谈话的陪伴者恳请他参加那位亲王情妇恩赐的明天上午的会见，于是卡萨诺瓦深深地鞠了一躬，便又回到他的座位上坐下，左手挂在佩剑上，美丽的棕色头颅略向前倾，像一个行家似的倾听歌唱。在他背后，从一个包厢到另一个包厢，低声传着同样一个轻率的问题，口口相传的回答则是："德·塞恩加尔勋爵。"关于他，谁都知道得不多，不知道他从哪里来，不知道他是干什么的，也不知道他要到哪里去，只有这个名字在整个昏暗的好奇的大厅里嗡嗡营营地响着。这个名字像看不见的、口头传动的火焰不胫而走，跳到舞台上，传到同样好奇的女歌唱家的耳朵里。一个矮小的威尼斯女舞蹈演员突然笑了起来。"德·塞恩加尔勋爵？哦，这个骗子！这是卡萨诺瓦，布拉奈拉的儿子，这个小修道院院长，他在五年前靠着摇唇鼓舌的本领骗得了我姐姐的贞操。他是布拉加丁旧王朝的宫廷小丑，是一个牛皮大王，流氓，冒险家。"然而，这个活泼可爱的少女似乎对他的恶行并不特别气愤，因为她从舞台侧面向他递送秋波，卖弄风情地把手指尖贴在嘴唇上。他看见了她，也想起了她是谁，但心里却想：不必担心，她不会搅扰他跟那些高贵的傻瓜耍的小把戏，她宁肯今夜跟他睡觉呢。

冒险家

她知道你惟一的财富就是人们的愚钝吗？

卡萨诺瓦对赌博骗子克鲁维说

从七年战争到法国大革命，将近二十五年的时间里，在欧洲的上空没有任何风云变幻。哈布斯堡、波旁和霍亨索伦这些伟大王朝的彼此征战已经到了疲惫不堪的地步。市民们由于无人造访，坐在家里安逸地吸着雪茄，士兵们往自己的辫子上扑扑粉，擦拭变得无用的枪支，这些受尽折磨的国家终于可以喘口气了。但是，没有战争，公侯们反而觉得寂寥。他们烦闷得要死，所有在自己狭小都城里的德国的、意大利的和别的小国诸侯都感到无聊，他们希望过得有趣一些。这些可怜的人，这些不太大的和貌似强大的选帝侯和公爵，在他们新建的阴冷的洛可可风格的宫殿里尽管有可供游乐的大花园、喷水池、橙园，尽管有养兽场、画廊、动物园和珍宝库，却非常讨厌这种生活。由于生活无聊，他们甚至变成了艺术资助人和文艺鉴赏家，他们跟伏尔泰和狄德罗通信，收集中国的陶器、中世纪的钱币、巴罗克风格的绘画，邀请剧团演出法国喜剧，邀请意大利的歌唱家和舞蹈家唱歌跳舞。只有魏玛的那位公爵决心最大，竟把几个德国人，如席勒、歌德和赫尔德尔长期聘请到自己的宫廷里去了。但通常只是猎野猪、看水上哑剧和听戏曲小段交替进行。因为每当上流社会感到生活乏味时，娱乐界和剧院，时装和舞蹈便被当作特别重要的场所和活动了。于是，当时的诸侯们便凭借金钱的外交手段争取最有趣的消遣，他们争夺最好的舞蹈家，音乐家，阉人歌者，哲学家，探金人，阉鸡饲养者和管风琴演奏者。格鲁克①和亨德尔，梅塔斯塔齐奥和哈塞，像犹太教神秘哲人和交际花，烟火创造者和野猪狩猎者，歌词作者和芭蕾大师一样，都是各个宫廷相互骗取的对象。现在，这些小宫廷都很幸运地聘到了礼仪官，建立了礼仪规范，修建了石砌的剧场和歌舞大厅，话剧、歌剧和芭蕾舞演出接连不断，只不过缺少一样东西：那就是高贵人士的礼节性拜访，饶有风趣的宾客前来相聚；这可以使小城摆脱单调乏味的生活，使永远相同的六十个贵族面孔不可救药的单调表情换上现实社会生活的外貌，就像几粒葡萄干撒在面团上使小城的无聊生活活跃起来，像从大世界向三十条街道的小都城刮来一阵清风吹散原本令人窒息的空气。

那些冒险分子一听到某个宫廷有什么活动，转瞬间就呼啸而

---

① 格鲁克（1714—1787），奥地利歌剧作家。

至。他们穿着各式服装，摆出不同的嘴脸。谁也不知道他们是从哪一个避风角和隐蔽处冒出来的。但是一夜之间他们就到了这里，他们坐着一辆旅行车和一些轿式英国马车到来，立刻大手大脚地租下最高级旅店的最豪华的正面房间。他们身穿印度斯坦或蒙古军队的古怪制服，报出派头很大的姓名，这些名姓其实跟他们鞋扣上的宝石一样，全不是真的。他们操着各种各样的语言，声称认识所有的公侯和要人，佯称在各种军队服过役，在各种大学读过书。他们的衣袋里塞满了各种方案，他们摇唇鼓舌，作出种种大胆的许诺，他们计划办有奖彩票，设特种税制，建立国家同盟，开办工厂，他们还提供女人、勋章和阉人。虽然他们的口袋里连十个金币也没有，他们却对每个人悄悄地说他们知道点石成金的秘密。他们用占星术蒙骗那些迷信的人，用计划诱骗那些轻信者，用假牌诓骗赌徒，用世俗的高雅吸引那些天真无邪的人——不过，所有这一切都笼罩着一层怪异和神秘的华丽光环，不可辨认，因而也格外有趣。就像鬼火突然闪现并构成危险，他们也在宫廷没有生气的沼泽空气里抖动，跳着鬼怪的荒诞舞时隐时现。

人们在宫廷里迎接他们，觉得他们令人开心，但不尊重他们，不问他们的贵族身世的真实性，就像不问他们妻子的结婚戒指和他们带来的姑娘的童贞一样。因为谁能使人得到消遣，即使只能在一小时之内减轻诸侯的无聊和烦闷这种最可怕的疾病，在这种不受道德约束的、因物质至上而变得轻松愉快的气氛里就会毫无疑问地受到欢迎。只要他们给人带来快乐，而不是把人搜刮得一文不名，宫廷就会像对待名妓那样接纳他们。有时，艺术家（像莫扎特）和骗子会被高贵的主人在屁股上踢一脚，有时他们会从舞厅滑到监狱里去，甚至会像皇家剧院总监阿弗利西奥一样跌到大橹舰里服苦役。最狡猾的人拼命地相互戏弄吹捧，有的成了收税官，名妓的追求者，或变成一个公侯情妇的可心丈夫，甚至成为真正的贵族和男爵。他们大都做事机巧，不等露馅就走，因为他们的全部魅力都建筑在他们那新奇的假名分上。如果他们过分装扮他们的角色，如果他们毫不节制地把手伸向别人的腰包，如果他们待在一个宫廷里的时间太久，那么，就可能突然出现一个人，掀起他们的大衣，让人看到他们做窃贼的印记或做囚徒时留下的鞭痕。只有经常换地方，他们才能不被人送上绞刑架。因此，这些撞大运的人只好乘坐马车在欧洲不停地游荡，充当自己隐秘行当的商旅，犹如从一个宫廷流浪到另一个宫廷的吉卜赛人。这样，在整个十八世纪都有一个带有固定人员的奇特的骗子的旋转木马四处游荡，从马德里到彼得堡，从阿姆斯特丹到普雷斯堡（今捷克布拉迪斯拉发），从巴黎到那不勒斯。每当卡萨诺瓦坐上赌台，进入小宫廷碰到塔尔维斯、阿弗利西奥、施威林和圣盖尔玛因这些无赖弟兄，人们以为这是偶然现象，但是，在行家看来，这种不停的流动却意味着奔逃，而不是为了娱乐。——他们只有短时间的安全感，他们只有通过合作表演才能互相掩护，因此，他们共同组成了一类人群，一个没有名字和标识的共济会，一个冒险家骑士团。在哪里相遇，他们都会相互提挈，一个人会把另一个人推到上流社会中去，用承认同伴的办法证明自己的身份。他们交换妻子，交换外衣，交换名字，不交换的只有一件：那就是职业。这些靠各个宫廷过寄生生活的演员、舞蹈家、音乐家、赌徒、娼妓和炼金术士，当时跟耶稣会士和犹太人一起，组成世界上惟——个国际性人群，他们活动在有府邸的目光短浅、精神狭隘的上层贵族和尚无自由、昏昏沉沉的市民阶层之间。随着他们的出现开始了一个新的时代，一种新的剥削方式。他们不再掠夺赤手空拳的人，也不抢劫大道上的马车，而是讹诈那些爱虚荣的人，取悦那些轻浮的人。这种新式的扒窃与世界主义精神和精心琢磨过的方式结合在一起了。他们不采取旧时杀人放火的方式，而是利用做了记号的纸牌和黑市汇票榨取钱财。他们不再粗野地攥着拳头，不再是一脸酩酊大醉的神色，不要士兵连长的无礼态度，而是手上戴着名牌戒指，不修边幅的额头上压着扑了粉的假发。他们手持长柄眼镜四处细看，像舞蹈家那样急速旋转，说话像演员在作出色的叙事歌唱，做事像大哲学家那样让人捉摸不透。他们大胆地掩饰不安的目光，他们在赌台上作弊。他们用高雅的谈吐骗取女人的爱情和假宝石。

不可否认，他们身上隐藏着某种令人同情的精神和心理的特征。他们当中总有几个人堪称天才。十八世纪下半叶是他们的英雄时代，是他们的黄金时期，他们的经典阶段。正如从前在路易十五统治下，一个光辉的七星诗社把法国的众多诗人集结在一起，又如后来在德国魏玛那个奇妙的时刻里有几个不朽的作家体现了天才的创造形式，同样，当时那些高超的骗子和不朽的冒险家组成的庞大的七星集团也风行整个欧洲，成果辉煌。不久，他们就不再满足于把手伸进公侯们的腰包了。他们粗暴而大模大样地干预当代的事件，想转动世界历史发展的巨大车轮。约翰·劳，一个流浪的爱尔兰人，用他的信用券击败了法兰西的金融家；德·伊昂，一个不男不女的两性人，一个家族和名分都很可疑的人，领导着国际政治；矮小的圆脑袋的诺伊霍夫勋爵无可争辩地当上了科西嘉岛的国王，可是后来却死在债务拘留所里。卡格利奥斯特罗，一个西西里的农村青年，一生都没有学会读和写，他竟然用臭名昭著的项圈陷害王国，使王国彻底覆灭。年老的特伦克因为是一个没有高尚思想的冒险家而成为所有悲剧性人物中最不幸的人，就是他最后以身试法上了断头台，戴着那顶红帽子哀婉动人地扮演了自由英雄的角色。圣盖尔玛因，年龄不详的巫师，法兰西国王都恭顺地跪在他的脚下，然而直到今天，无论怎样探究也揭不开他的诞生之谜。他们手中的权力比最高权威的权力还大，他们迷惑学者，诱骗妇女，掠夺富人，他们没有职务，也不承担责任，却暗中操纵每一个政治傀儡。而最后一个，但不是最坏的一个，就是我们的贾科莫·卡萨诺瓦。他是他们那个帮会的历史编纂者，他描述了帮会里所有的人，他在讲述他自己的时候以有趣的方式使未被忘却和难以忘却的事情和人物得以完整的留存。他们每个人都比所有的作家著名，比他同时代的所有政治家即一个业已衰落的世界的那些短期主人更有影响。这些在欧洲逞狂，进行神秘表演的伟大天才的英雄时代总共只延续了三四十年。然后这个英雄时代就因为有了完美的典型，最杰出的天才，真正的魔鬼冒险家拿破仑而自行破灭。从展示才能的角度来看，天才总是非常严肃认真的。天才不满足于在插曲式的活动中发挥作用，而是要求整个世界舞台为其创造性的活动服务。如果说那个矮小的一无所有的科西嘉人波拿巴称自己为拿破仑，那么，他的市民性则不像在卡萨诺瓦-塞恩加尔身上，不像在巴尔萨莫-卡格利奥斯特罗身上那样胆怯地隐藏在贵族的假面具后面，而是凭借精神优越的合理要求以主人翁的姿态走在时代的前面。他强烈要求把胜利当作自己的权利，而不是狡猾地骗取胜利。冒险活动随着拿破仑这个所有杰出人物中最卓越的天才从诸侯的前厅闯入王者的宫廷：他完成了篡权，从而结束了向极权的不法攀升，给冒险活动戴上欧洲的皇冠。

教养和天赋

有人说，他是一个文学家，但富有施展阴谋的才智。人们还说，他到过英国和法国，从贵族和女人那里获得不正当的利益，因为他的特点永远是靠别人生活，博取轻信者的好感……如果你对以上所说的卡萨诺瓦有所了解，你就会看见无信仰、欺骗、淫乱和纵欲多么令人吃惊地集于他一身。

一七五五年威尼斯宗教法庭的秘密报告

卡萨诺瓦从不否认他是一个冒险家，相反，他骄傲地夸口说，在意大利人所熟知的人人都愿意受欺骗的世界里，他宁可捉弄别人而不受别人捉弄，宁可欺骗别人而不被别人欺骗。只有一桩指责他坚决不接受，那就是他曾被误认为橹舰上的苦役和街头无赖，粗野地抢劫钱财，而不是温文尔雅地骗取蠢人的金钱。当他在回忆录中不得不承认他遇见过赌博骗子阿弗利西奥或塔尔维斯的时候（其实他和他们干的是同一种勾当），他总是细心地为自己开脱，因为尽管他和他们没有大的区别，但那些人却是来自另一个阶层。卡萨诺瓦出身上层，受过教育，那些人则出身下层，一点儿文化也没有。正如席勒《强盗》里的那个道德高尚的强盗首领，从前的大学生卡尔·穆尔看不起他的同伙施皮格尔贝格和舒夫特勒，只知道干粗野无礼、动辄打杀的勾当，他参与其事是出于另一种反叛的激情。同样，卡萨诺瓦也是一直竭力同这种骗赌的恶棍区分开来，因为这种恶棍抛弃了光荣神圣的冒险行为中的一切高尚思想和礼貌风度。事实上，我们的朋友贾科莫·卡萨诺瓦的冒险要求具有高贵的头衔。他深知必须把招摇撞骗者的喜剧看作一种精巧的艺术。如果人们仔细倾听他的心声，那么，留给这位尘世哲学家的道义上的义务就只剩下充分利用一切蠢才来取乐了，他愚弄那些爱虚荣的人，欺骗那些头脑简单的人，窃取那些悭吝人，给当丈夫的戴上绿帽子，一句话，就是作为神圣正义的代表惩罚人世间的一切愚蠢行为。在他看来，欺骗不仅是艺术，而且是一种超道德的义务。而他，这位不受法律保护的、正直勇敢的亲王，正是凭着纯洁的良心和无可比拟的公理在尽这种义务。

确实，我们可以相信卡萨诺瓦的话：他之所以成为冒险家，不是因为缺钱花和懒于工作，而是出于他天生的禀性，出于他无比强劲的天才。他从父母那里继承了演员的素质，他把整个世界当作舞台，把欧罗巴当作舞台的背景。讹诈，引诱，欺骗和愚弄，在他心目中就像在过去的欧埃伦斯皮格尔心目中一样，是一种天然的癖好。不像狂欢节那样戴着面具取乐他就不能生活。他有上百次机会投身正派的职业，但他经受住了每一次诱惑，没有一次引诱能使他安于市民的生活。即使赠给他金钱百万，授予他职位和头衔，他也不会接受，他会一再逃回原来无家可归的飘忽不定的生活环境里去。因此，他完全有资格以高傲的态度把自己与那些盲目的冒险家区分开来。不管怎么说，卡萨诺瓦先生毕竟是正式结婚的父母所生的，出身于比较受人尊敬的家庭，他的母亲名为布拉奈拉，是一位著名的女歌唱家，在欧洲所有歌剧舞台上都很出名。他的兄长弗兰西斯科的名字，你在每一部艺术史里都能找到，今天在所有宗教界的画廊里都能看到他创作的巨幅战争油画。他所有的亲戚都从事特别正派的职业，身穿律师、公证人、牧师的受人尊重的长袍。——我们看到，我们的卡萨诺瓦根本不是来自堕落的阶层，而是来自像莫扎特和贝多芬那样有艺术家教养的市民阶层。像这两位音乐家一样，他受过极好的人道主义教育和欧洲的语言教育。尽管他喜欢一切愚弄人的玩笑并过早地了解了女人，但他也出色地学会了拉丁语、希腊语、法语、希伯来语，还学了一点儿西班牙语和英语——只有我们可爱的德语他在三十年间始终一句也不会说。他的数学像哲学一样超群出众，作为神学研究者他十六岁时就在威尼斯的一个教堂里作过首次演说。有一年之久他充当小提琴手，在圣撒缪耳剧院里混饭吃。据说他十八岁时就在帕罗瓦大学获得了法学博士学位，不过这个学位是真的得了还是他吹牛，关于这个问题那些杰出的卡萨诺瓦研究者至今仍然争论不休。不管怎么说，他学到了很多科学知识，他通晓化学、医学、历史、哲学、文学，尤其熟知那些还说得过去的比较隐秘的科学，如占星学、炼金术、炼丹术。此外，这个伶俐漂亮的青年在一切高雅的文体活动中也具有高超的技艺，如跳舞、击剑、骑马和打牌，样样技艺都不亚于一个高贵的骑士。如果人们想到这位博学之士又具有惊人的记忆力，想到七十年中每一个人的相貌他都不曾忘记，而且凡是听过、读过、说过和看过的东西他都铭记在心，那么，所有这一切都能使他获得一种特别的头衔：近乎一位学者，一位作家，一位哲学家，一位骑士。

是这样的，但只是近乎，而这个"近乎"则无情地标示出卡萨诺瓦多才多艺的才能的重大缺陷。他在一切方面都是近乎，说他是一个作家，但又不完全是，说他是一个窃贼，但又不是职业的。他顽强地爬到最高的精神领域，同样顽强地走上大橹舰，但他没有专心致志于一种才干，没有全身心地从事一种职业。作为最卓越最博学的业余爱好者，他懂得许多艺术和科学方面的知识，甚至可以说他懂的东西惊人的多，他只缺少一种使知识变得富有成效的东西：那就是意志、决心和忍耐。只要他埋头读书钻研一年，人们就会发现，除了他再也没有更好的法学家，除了他再也没有更思想深邃的历史编纂家，他可以成为每一门学科的教授，但卡萨诺瓦从来都没有想过略微深入地研究某一学科。他不想成名成家，他满足于做一切学科的专家。这种假象确实把人给骗了，对他来说，欺骗始终是一切活动中最愉快的事。他知道，欺骗傻瓜不需要什么深奥的学问。他在哪方面只要有那么一星半点的知识，立刻就会有一个能干的助手跳出来帮助他：这个助手就是他惊人的胆大妄为。卡萨诺瓦想干什么事，他从来都不承认他在这方面是一个新手，他会立刻摆出最严肃的内行的派头，以一个天生骗子的姿态巧妙地随机应变，几乎总是十分体面地摆脱有失声名的困境。在巴黎，红衣主教德·贝尔尼斯问他懂不懂有奖抽彩。自然，他对此一窍不通，但对这位大言不惭者同样再自然不过的是，他认真地肯定回答他懂得，并以不可动摇的雄辩向一个专门委员会提出他的财政方案，好像他二十年来一直是一个精明的银行家。在西班牙的巴伦西亚，遇到一个意大利的歌剧没有歌词；卡萨诺瓦就坐下来，毫不费力地写出歌词。如果人们要求他也把曲子谱出来，他无疑会利用旧的歌剧东拼西凑地熟练地谱出曲子。在俄国女皇那里，他以历法改革家和学识渊博的天文学家的面目出现。在拉脱维亚的库尔兰，他摇身一变竟以专家身份视察起矿山来了。他向威尼斯共和国介绍了一种漂染丝绸的新方法。在西班牙，他以土地改革者和殖民地开拓者的身份登场，他曾向约瑟夫二世皇帝呈递过一份反对高利贷的冗长的专论。他为封·瓦尔德施泰因公爵写过喜剧，为封·乌尔菲戈公爵种植过狄安娜神树，施展过类似炼金术的骗局。他用所罗门的钥匙为鲁迈因夫人打开过保险箱，他为法国政府购买过股票，在奥格斯堡他扮演葡萄牙公使的角色，在意大利的波伦亚他写过关于医学的小册子，在的里雅斯特他写过波兰王国的历史，他还用意大利八行体翻译过《伊利亚特》——一句话，这个自鸣得意的狂徒没有什么特别的爱好，但他却能够干好一切让他干的事。如果人们翻阅他留下的文章目录，就会以为侥幸找到了一个多才多艺的哲学家，一位新的莱布尼兹①。在歌剧《奥德修斯和喀耳刻》旁边放着一部很厚的长篇小说，那是关于潜力增倍的简论，是他跟罗伯斯庇尔的一次政治性对话；如果有人请他从神学角度证明神的存在或请他写一首颂扬贞操的赞歌，他一分钟也不会迟疑。

不管怎么说，这是多么非凡的才华呀！不管投身于哪个领域，在科技、外交或商务方面他的才华都足以达到令人惊叹的地步。但卡萨诺瓦却有意识地让他的各种才能顷刻间失去作用，他本来可以成为各方面的专家，但他宁可什么专家也不是，一事无成——但很自由。自由，无拘无束，使他感到愉快。随心所欲的漫游，比固定在某一个职业里要强得多。"把我固定在某个地方的想法，我永远觉得讨厌，理智地改变生活方式是完全违背自然的。"他认为，他的真正职业是没有任何职业，是轻松地体验一切手艺和科学，像演员那样不断更换服装和角色。他的态度很明确：他什么都不想拥有和保持，什么也不想去适应，什么也不想去占有，因为他的狂放的激情要求的不是一生只过一种生活，而是在这一生中过上百种生活。"我最大的财宝就是，"他自豪地说，"我是我自己的主人，我不担心不幸。"——这是一个男子汉的格言，它使这位勇敢者比他假借的贵族头衔德·塞恩加尔高贵得多。他没想过别人对他怎么想，他以迷人的漫不经心的态度呼啸着越过他们道德的障碍。只有在情绪高涨和在受到激励时，他才感觉到自己的生活乐趣，而在安宁和舒适的休息中却没有这种感觉。由于他轻狂地超越一切障碍，

----

① 莱布尼兹（1646—1716），德国哲学家、数学家。

所有那些老实人便十分可笑地出现在他俯瞰的远景上。那些人一生中都热心投身于一种活动中。他既不敬佩满脸胡须、军刀铿锵、在将军的申斥下毕恭毕敬的军事指挥官，也不敬佩那些光知道死啃书本的蛀虫般的学者，更不敬佩那些爱财如命的守财奴，他们只是心神不宁地坐在自己的钱袋上，通宵不眠地守在自己的银箱前——任何职位、地产和服装对他都没有吸引力。没有一个女人能把他留在怀里，没有一个君主能把他圈在自己的界桩里，没有一种职业能把他拴在自己的枯燥乏味中，每逢遇到上述情况，他都勇敢地冲破一切牢笼，宁愿自己的生活充满冒险，也不让它萎靡不振，他要做到幸福时纵情欢乐，不幸时冷静镇定，无论何时何地，永远充满勇气和信心。因为勇气是卡萨诺瓦生活艺术的真正核心，他的最高的才华。他不是保护他的生命，而是拿他的生命去冒险。在这里，在许多谨慎的人当中只有他一个人可以以此自居，他一身是胆，什么都敢干，他敢于拿自己的生命、任何可能和任何机会去冒险。但好运总给狂妄者，不给勤奋者，总给粗野的人，不给有耐心的人，所以好运只归他这个没有节制的人，而不归整个一代人所有；命运抓住他，把他抛起又把他摔下，使他漫游各个国家，把他抛到上面去，然后突然一变使他受到伤害。是命运，把女人塞给他玩乐，然后又在赌台愚弄他。命运用激情使他心动，然后又用兑现愿望的许诺欺骗他。但命运从来也不放他走，而是让他陷入无聊烦闷的境地，这个不知疲倦的命运总是能为这个不知疲倦者，为它真正的气味相投的游伴找到并创造出新的转机和冒险行动。这样，这个人的生活就变得很广阔，有色彩，多种多样，变化无穷，充满幻想，五光十色，几百年中也没有一个人有这样的生活。只是因为他报道了自己的生活，他才变成一个描述生活的无可比拟的作家，自然，这不取决于他本人，而取决于生活本身。

肤浅的哲学

我曾经作为哲学家生活在世上。

卡萨诺瓦临终的话

诚然，与这样一种无比广阔的生活相适应的，几乎永远是一种微不足道的思想深度。为了能像卡萨诺瓦那样灵巧敏捷地在一切水面上跳舞，一个人必须首先像软木塞那样轻盈。严格地说，他那令人惊叹的生活艺术根本不表现为一种值得肯定的道德力量，而是首先表现为：完全不受伦理道德的束缚。如果我们取出这个充满活力、血性横溢、狂热倔强的男人的内脏，从心理学角度对他进行剖析，我们首先就会证实这里完全没有任何道德器官。心、肺、肝、血、脑、肌肉和并非微不足道的精索，所有这一切在卡萨诺瓦身上都发育成长得最有力最正常，只有在心灵的那个地方，在那个习俗和信念凝结为性格形象之处，却是一个使人感到惊异的完全的真空地带，一个没有空气的空间，就是零或无。哪怕使用一切的酸和碱，使用各种手术刀和显微镜，也不能确定那里有人们称为"良心"的那种物质的残余。这样一来，卡萨诺瓦的轻松随便和天才的全部秘密就不言自明了：原来这个幸运儿，他只有感官，没有灵魂。别人认为神圣或重要的东西，在他看来全都一文不值。如果有人试图给他解释道德或时代的约束，他会像一个黑人听形而上学那样不理解。爱祖国吗？——他，一个世界公民，度过了七十三个春秋而没有一张自己的安稳的床，总是居无定所，随遇而安，但他却鼓吹爱国精神。"我在哪里感到舒适，哪里就是我的祖国。"在哪里他的腰包装得鼓鼓的，在哪里他能轻易地把女人带到床上，他就会舒舒服服地把腿伸到桌子底下，感觉自己是到家了。尊重宗教吗？——只要忏悔能给他带来一点点好处，他就会接受任何宗教，就会行割礼，也会留中国人那样的辫子。一个不相信彼岸、只相信今世任性而温暖的生活的人要宗教有什么用？"在宗教的背后可能什么也没有，或者说，我们到时候就会知道那是怎么回事。"他无动于衷地论证道。——于是他利用一切玄学的蜘蛛网，把什么都一笔勾销了！享受每一天，把残渣抛给老母猪吃，这便是他惟一的生活准则。紧紧地抓住感官世界，抓住看得见的东西，可以得到的东西，每分钟都最大限度地榨出甜蜜和欢乐——卡萨诺瓦的哲学只走这么远，绝不再向前迈出一步，因此他才能笑对人生，把荣誉、规矩、义务、羞耻和忠诚这一切阻碍自由空气流通的市民阶级的道德抛在脑后。那么荣誉呢？

荣誉对卡萨诺瓦又有什么用呢？他对荣誉的评价与那位只相信确凿事实的胖子福斯塔夫①的看法完全一样：荣誉这东西你既不能吃也不能喝。当这位正直的英国议会成员有一次在全会上提出问题时，他总是听到人们谈论身后的荣誉。他很想知道，后世对英国的繁荣昌盛和舒适生活到底有什么用。荣誉不让人享受，荣誉甚至以义务和责任之名阻碍享受，因此它是多余的。在尘世间，卡萨诺瓦对什么也不像对义务和责任这样憎恨，除了让享乐满足他勇敢而强壮的身体，尽可能多地给予女人同样的情欲享乐，他不承认他有别的责任和义务，也不愿意了解别的责任和义务。因此他根本不问他那刺激的生活在别人品尝起来是好是坏，是甜是酸，是否不名誉或没廉耻。因为羞耻——这又是怎样不寻常的字眼，怎样难以理解的概念呀！在他的生活词典里根本就没有这个词儿。凭借一个无赖的无拘无束，他可以高高兴兴地在大庭广众面前脱掉裤子，任人看他的生殖器，随便说出别人遭拷打也不会承认的事，说他的欺骗行为，他的失败，他的不光彩，他的性器官损伤和梅毒的治疗，因为他缺乏认识伦理区别的神经和鉴别道德规范的器官。如果人们指责他赌钱时弄虚作假，他会很惊讶地回答："是的，但我当时没有钱啊！"如果人们指控他诱骗过一个女人，他会嘿嘿一笑："但我很好地服侍了她！"他从来没有说过一句请求原谅的话，说他从诚实的市民口袋里骗走过他们的积蓄，相反，他在回忆录中还用玩世不恭的论调美化他的欺诈行为："你欺骗一个笨蛋，就是对理智的报

---

① 莎士比亚戏剧中的人物，此人肥胖，机智，乐观，爱吹牛。

复。"他不为自己辩解，他对什么事都不后悔。他从不在圣灰星期三抱怨他那一团糟的生活，那在贫困无助中以完全破产告终的生活。这个没有牙齿的老獾写下了这样一些使人非常喜爱的字句："如果我今天成了富人，我就会认为我是有罪的。但我一无所有，我把一切都浪费掉了，这对我倒是一种安慰，这说明我是对的。"

卡萨诺瓦的人生哲学舒舒服服地钻进了一个坚果壳里，它以这样的准则开始和终结：完全无忧无虑、顺其自然地过尘世间的生活，一点也不受恍若存在但高不可攀的天国召唤的欺骗。一个古怪的神把这个赌台，即这个世界，摆在我们面前；如果我们想在这里玩乐，我们就必须承认游戏的规则，照原样遵守它们，不问对错。事实上，卡萨诺瓦不曾花费一秒钟从理论上思考这个世界能不能或应不应该变成另一个样子。"热爱人类，您就应该爱现在这样的人类。"他曾对伏尔泰说。千万不要干预造物主的事务，这些特殊的事务自有他去负全责。千万不要搅动陈旧的酸面团从而弄脏自己的手。非常简单：只要用灵巧的手指拣出葡萄干就行了。卡萨诺瓦发现，在正常的情况下，愚笨者的日子过得很糟，对聪明人，上帝也不给予帮助，一切全靠他们自己，他们必须自救。既然世界已经变得如此紊乱，以致一些人穿着长丝袜坐在豪华的马车里，而另一些人衣衫褴褛，饥肠辘辘，那么，聪明人就只能有一个任务：让自己也坐到豪华马车里去。

他从来都不会暴跳如雷，也不会像昔日的约伯那样向上帝提出不适当的问题，问为什么和怎么会如此。卡萨诺瓦干脆把每一个事实都看作是实际的，无须给它贴上是好是坏的标签——这可真是感情的最大节省！有一个名叫奥默菲的荷兰小妓女，十五岁光景，本来还满身虱子躺在床上，准备随时为两个小钱出卖她的贞操。就是这么一个小女人，十四天以后竟做了笃信基督教的国王的情妇，住在位于鹿苑的自己的王宫里，一身珠光宝气，不久以后便成了一位讨人喜欢的男爵夫人。再说他本人，昨天还是威尼斯郊区一个可怜的小提琴手，第二天早上就变成了一位贵族前妻的儿子，手指上戴了好几枚钻石戒指，俨然是一个阔少。他把这些事都当作奇闻记录下来，但他内心却一点儿也不激动。我的天，这个世界就是这样，完全没有正义，不可捉摸，正因为它将永远如此，他也就不想为这个世人的滑道求证某种万有引力定律，构想什么复杂的机械装置了。他用指甲和拳头把最好的东西搜刮出来，即集中起他的全部智慧。他只是服务于自我的哲学家，而不是为人类服务的哲学家。在卡萨诺瓦的思想里就是这个意思：坚强，贪婪，不瞻前顾后，不考虑下一个小时。在冲浪中迅速抓住飞逝而去的每一秒钟，直到时间全部耗尽。这位坚定不移的反形而上学者只觉得以欢乐回应欢乐，以激情和温存回应耳鬓厮磨，才是真正现实的，令人感兴趣的。

因此，卡萨诺瓦对世界的好奇心是仅仅针对有生命的物体，针对人的。他一生中可能从来都不曾有意识地抬头看看星空云团，对大自然始终是漠然置之：他那颗容易激动的心从来不会因自然的宁静和壮丽而燃起火花。你只要浏览一下他的十六卷回忆录，就会发现：那里有一个心明眼亮、头脑清醒的人游历了欧洲最美丽的风景区，从波西利普到托莱多，从日内瓦湖到俄罗斯草原，但是你若想找到哪怕一行赞美这上千风景区的美丽词句，都是徒劳的。他觉得，军人酒家角落里的一名肮脏的小女仆比米开朗基罗的一切艺术作品还要重要，在通风很差的旅馆小房间里打牌比在索伦多海湾看落日还要美。自然和建筑，这类东西卡萨诺瓦是根本不注意的，因为我们与全世界的人声息相通的器官，即灵魂，他是没有的。对他来说，只有那些有游廊有林荫大道和街心公园的城市才是世界，在那里，晚上有华贵的马车滚滚驶过，这是美丽夫人们昏暗摇荡的小窝；有咖啡馆亲切地恭候着顾客，人们会在那里摆上一张法老牌桌坑害那些好奇者；有歌剧院吸引观众；有妓院招揽嫖客，在妓院里，人们可以很快地抓到一个新的陪夜的肉体。在那里，旅馆的厨师使美味佳肴充满诗意，让各色的葡萄美酒化作音乐。只有城市才是这个追求欢乐者的世界，在这个世界里，居住着只适合于他的、数目众多的、不断变换的女人群体。而在这些城市里，他最喜欢的是宫廷里的豪华生活，因为在那里情欲也被提高成了艺术。虽然卡萨诺瓦这个肩宽胸阔的小伙子像别人一样好色，但他绝不是一个粗鲁的肉欲之徒。他会迷恋极富艺术魅力地唱出的一首咏叹调，一首诗能使他感到幸福愉快，一次有教养的谈话简直能使他杯中的葡萄美酒更加温馨。跟聪明的男人谈论一本书，狂热地偎依在一个女人的身上，从昏暗处静听音乐，这一切都像施了魔法一样提高他的生活乐趣。但我们也不要因此而弄错：卡萨诺瓦的这种对艺术的爱从来都没有超出游乐的界限。对他来说，精神必须服务于生活，从来不是生活服务于精神。因此，他只把艺术视为春药，激发性欲的诌媚手段，粗野肉欲享受的较高雅的预先满足。他很愿意做一首小诗，用长筒袜的松紧带捆好，送给他所追求的一位夫人，他会吟诵几行阿里奥斯托的诗，燃起她的欲火；他能极有见地地与高贵人士谈论伏尔泰和孟德斯鸠，以显示他知识渊博，巧妙地掩饰他奇袭人家的钱袋。一旦艺术这门科学具有本身的目的和世界的意义，这个南方的肉欲主义者就不再理解它了。他本能地拒绝深奥的内容，因为他只想了解事物的表面，只想做时代的匆匆过客。他认为变化是"娱乐的盐"，而娱乐则是人世惟一的宗旨。

轻如蜉蝣，空如肥皂泡，只靠事件的反光来发光，他就是这样忽隐忽现地穿越时代：我们几乎什么时候都无法正确理解和把握这个每时每刻都在变化的灵魂，更无法找出他性格的核心。卡萨诺瓦到底是什么样的人？是好人，还是坏人？是诚实还是爱说谎，是英雄还是无赖？他是什么人，这完全视情况而定。环境使他成为变色龙，他随着环境的变化而显现不同的颜色。如果他腰包里有钱，人们就会认为没有哪一个贵族比他更高雅。他有一种令人着迷的傲慢，一种闪光的大公般的威严，像高级教士那样可亲，像近侍那样轻浮。他大把大把地花钱，他说："节俭不是我的本色。"他像一个高贵的保护人那样，把素不相识的人邀请来吃饭，送给他鼻烟壶和一卷卷的杜卡特。他还向他提供贷款，使他周身获得精神的温暖。如果他的锦缎马裤的口袋抖空了，如果他的皮夹里塞满了未偿付的期票，那么我就要劝每个人在跟这个"正人君子"赌博时不要加倍下注。他的品性无所谓好坏——他压根儿就没有品性。他的行为既不是道德的，也不是不道德的，而是天然否认道德标准的：他的各项决定都是本能地下意识地跳出来的，他的种种反应都是来自神经和动脉的跳动，完全不受理智、伦理和道德的影响。只要嗅到一个女人，他的血管就要疯狂地跳动，他就会任凭他的热情所指狂奔过去。看见一张赌台，他的手就会赶忙插到口袋里去：在他还不明白还不愿意的情况下，他的钱已经在赌台上铮铮地响起来了。如果谁惹他发怒了，他就会青筋凸起，好像那些静脉快要爆裂，痛苦的唾液凝结在他的嘴里，眼球起了红丝，恨不得立刻滚出来，拳头握得紧紧的，他会狂怒地一拳打过去。他任凭怒气勃发，"像水蒸气一样"。正如他的同胞和兄弟本韦努托·切利尼①所说的，他是一个没有理性的公牛。"我从来没有能力控制我自己，克制，这我将来也做不到。"他不事后反思，也不事先预测，只在身处困境时，他才猛然生出既狡黠又天才的灵感，使他得救。哪怕最小的行动他也从不周密思考，按部就班地加以准备——可能是他对此太没有耐性。他们在他的回忆录里会上百次准确地发现，一切有决定性的行动、最愚蠢的恶作剧和最机智的欺骗都是出自一种突发的情绪，从来都不是清醒的思考的结果。有一天，他一冲动便脱去了神父的长袍，突然成为士兵骑马奔向敌军，当了俘虏。他不顾一切乘车到俄国或西班牙去，既没有职位，也没有引荐函，更不问自己为什么去，去干什么。他的一切决定都像嘭嘭乱响的手枪射击似的出自神经的震颤、情绪的波动和一种难忍的无聊烦闷。也许他应感谢他的丰富经历使他具有这种随机应变的勇气，因为按照摩尔人的逻辑，一个人要是能大胆地探询和预测，就不会变成冒险家，要是讲究策

---

① 本韦努托·切利尼（1500—1571），意大利著名金匠、雕刻家。

略，就不会成为这样一位非凡的生活大师。

卡萨诺瓦就是这样一个本能类型的人，他的魅力和活力只产生于不假思索，产生于不讲道德的无所顾忌，一旦有人把这种热情的本能类型的人当作一部喜剧或小说的主人公，把他当作一个清醒的灵魂，一个沉思的人，甚至一个浮士德—梅菲斯特式的人物，那么，没有什么比这种特殊努力更加引人误入歧途了。如果把三滴感伤压进他的血液里，如果让他肩负起知识和责任的重担，他就不是卡萨诺瓦了。如果让他装成忧伤而引人注意的样子，如果让他具有良知，那他就是隐藏在他人躯壳里的人了。因为如此一来，这个逍遥自在的俗物就没有魔力了，简直一点魔力也没有了。驱动卡萨诺瓦的惟一魔力有一个十足的市民的名字和一张虚胖的脸。这魔力的名字简单极了：那就是"无聊"。他的内心里一点创造力也没有，他必须不间断地贪婪地掠取生活的素材，但他的这种想要不停地得到一切的愿望，比之于拿破仑或唐璜那种真正掠夺型人物的魔性，相差岂止十万八千里！拿破仑的贪欲是无限的，他渴望得到一个又一个国家，征服一个又一个王国。唐璜则为了另一种无限的贪欲，为了能做女人世界惟一的统治者，切肤地感到要把所有的女人都诱骗到手。而卡萨诺瓦这个地道的享乐型的人从来都不企图达到这种登峰造极的目标，他只要求得到连续不断的欢乐。只要不孤身一人，不寂寞地在寒冷中发抖，只要不孤独！只要仔细观察卡萨诺瓦就会看到，如果他缺乏聊天这种娱乐性的消遣，任何形式的平静都会变成最可怕的不安。晚上来到一个陌生的城市，他一小时也不能单独待在自己的房间里沉思或看书。他立刻就向四面八方探察，看会不会偶然有一股风给他送来娱乐，必要时女仆也可以充当夜里贴身睡觉的温暖的肉体。他会在客栈下面的小房间里跟偶然相遇的客人闲聊起来，他会在任何一个赌窟里向那些可疑的作弊的赌徒加倍地下注，他会跟下等妓女过夜。内心的空虚处处以强大的力量把他推向活生生的人，因为只有与别人接触和厮混才能使他的生命放出火花；一人独处，他就会成为一个最忧伤最烦闷的人。人们在他的作品里（回忆录除外）不难发现这一点，我们从他在杜克斯那些孤独的岁月里也可以了解到这一点，在那里，他把寂寞无聊称作"但丁忘了描写的地狱"。正如一个陀螺必须不断地被抽打，否则它就会可怜巴巴地滚在地上，卡萨诺瓦也需要外力的鞭策和推动：他（像不计其数的人一样）是一个缺乏创造力的冒险家。

因此，生命的自然的紧张一停止，他就去制造人为的紧张：赌博。因为赌博是以了不起的缩微方式重现生活的紧张，它制造人为的危险和命运的缩写记号：赌博是所有只顾眼前的人的收容所，所有无所事事者的永恒的消遣。由于赌博，感情的潮起潮落好像在玻璃杯里猛烈地出现，于是赌博就变成了内心闲散者不可代替的活动。从来没有什么人像卡萨诺瓦这样沉溺于赌博。只要他看不见女人，不追求女人，他就能看见钱在赌台上滚动，他的手指就不会颤抖地离开钱袋。即使他认出庄家是一个声名狼藉的掠夺者，一个赌博作弊的同伴，尽管他知道非输给对方不可，他仍然敢于抛出他的最后一枚杜卡特。他自己也是掠夺者却一再让别人掠夺，这是因为他不能抗拒最后机会的诱惑，除此以外再也没有什么可以明确地解释他的赌瘾，他的无法遏制的赌狂劲头了。他不止一次，而是十次百次地在手气背时一再被挑起返本的愿望，把辛辛苦苦骗来的掠夺物全部输光。不过，正是这一点给他打上了天生赌徒的烙印，他不是为了赢才赌（这是何等的无聊），而是为了赌而赌。他从来都不企求彻底的放松，他是企求持续的紧张。在扑克牌黑桃与红桃当中，在红方块和梅花当中企求永恒的冒险，他总是颤颤抖抖地摸牌甩牌。在这个过程中，他感觉到他的神经的震颤，感觉到他的激情像波涛一样澎湃。——像需要心脏的收缩和舒张，像需要使人舒畅的空气一样，他需要来自赌台的输与赢，需要占有和抛弃女人，需要贫富的明显对比，需要延伸到无限之中的冒险。即使这种演电影似的五光十色的生活会因为突发事件、意外惊喜和风云变幻而出现短暂间歇，他也会用赌博中人为的紧张把这些空白填满。正是由于疯狂的下注，他才大起大落，今天口袋里还装满金币，豪华马车后边站着两名听差，明天就急忙把钻石首饰卖给一个犹太人，在苏黎世把裤子送进当铺——这绝不是玩笑，有人发现了他的当票！但这个大冒险家就愿意这样过日子，愿意被这种幸福和绝望的轮番轰炸撕成碎片。为此，他一再把他感情热烈的生命作为最后惟一的赌注交给命运去安排。他有十次在决斗中差一点丧命，十几次险些坐牢或被罚到大橹舰上服苦役，百万钱财得来又散去，他从来没有攥起手来留下一分一厘。不过，正因为他总是奉献，总是完全献身于每一次赌博，每一个女人，每一个瞬间，每一次冒险，这个死在外国养老地的可怜的乞丐，才在最后达到了最高的境界：生命的无限丰满。

好色之徒

我诱骗过人吗？没有。本性用迷人的魔法开始
工作时，我是在场的。我不能离开它，因为我
的心永远感激每一种本性。

阿尔图尔·施尼茨勒：《卡萨诺瓦在斯巴》

在艺术的一切门类里，他都是一个业余作者，大都成绩很
差。他写过蹩脚的诗和使人昏昏欲睡的哲学论文，小提琴拉得很
一般，谈吐顶多像一个杂家。他更出色的才干表现在各种各样的
赌博上，这是魔鬼发明的东西，诸如：法老牌、扑克、比里比
牌、骰子、多米诺骨牌，还精通拙劣的骗术、炼丹术和权术。但
他最拿手的，堪称魔法师和高超大师的领域却是爱情的游戏。在
这方面，他的上百种残缺不全的才能通过创造性的化学作用，结
合成了完美无缺的色情人的纯粹要素。在这方面，仅仅在这方

面，他这个非正规的半瓶醋才具有无可争辩的天才，他的身体好像生来就是为爱神效劳的。为了具有全部元气、性欲、力量和美，这个平时十分惜力的人竟破例变得十分用心了。这样一来，他便成了一个给女人带来欢乐的真正的男人，即一个男子汉或可爱的丈夫，你怎么翻译这个字眼都行，总之是这种优秀男子中一个分量足而有弹性的、粗暴而热情的样品。按照我们时兴的瘦长体型来想像卡萨诺瓦这个征服者，那就大错特错了。这个漂亮男子可不是血气方刚的小青年，根本不是，而是一个真正的壮年男子，肩膀如腓尼基的大力士赫拉克勒斯，肌肉如罗马的角斗者，棕色之美如吉卜赛少年，冲击力和放肆如雇佣兵队长，性欲冲动如蓬头乱发的森林之神。他的身体如金刚铸成，精力旺盛，生命力极强：四次梅毒，两次中毒，十几次遭剑刺，在威尼斯的监狱和西班牙臭气熏天的牢房里苦度数年之久，从炎热的西西里到寒冷的莫斯科几段突然的旅途——所有这一切都没有使他的生殖器官受到丝毫的损害。无论何时何地，只要在女人身边看上一眼，只要身体上接触一下，这种不可征服的性的力量就会迸发出火花，发挥有效的作用。在紧张忙碌的二十五年里，他都证明自己便是意大利闹剧里的那位"随时待命先生"。他不知疲倦地教女人们高等数学，犹如那些勇敢的情郎。而床上那种令人恼火的失败（司汤达在他的小册子《论爱情》里单有一章谈到这种失败的重要性），他直到四十岁的时候才从传言和传闻中了解到。他的身体，只要性欲袭来，就从来都不知疲乏。一种从未中断的性欲反而清醒地暗中等待一切女性，这是一种尽管过度耗费却尚未枯竭的激情，一种不惧赌注大小的赌博本能。事实上，这个人很少把这样一个满弦的身体乐器，这样一个爱情的中提琴，交付任何大师去进行毕生爱情游戏。

但是，不论什么事，凡能达到高超水平的，除了要有天赋，还要求这样的特别的保证：完全的献身，彻底的专一。只有一夫一妻的情欲才能达到激情的最高境界，只有沿着一个方向的结合才能创造完美的业绩。正如音乐之于音乐家，写作之于作家，金钱之于吝啬鬼，最佳纪录之于体育迷，对于一个当之无愧的好色之徒来说，女人、向女人求爱、追求和占有女人就成了最重要的事，不，是惟一的财富。由于一切爱情永远是相互妒忌的，他只能在一切嗜好中献身于这惟一的嗜好，只能沉溺于这种嗜好里。他只能在这里领会人生的意义和无限。卡萨诺瓦，这个永远的不忠诚者，却始终保持着对女人情爱的忠诚。如果送给他古威尼斯共和国元首的指环，富格家族的财宝，封爵证书，家宅和任命，统帅和作家的头衔，他都会用打人的手把这些无用的东西，这些讨厌的一文不值的东西抛在一边，宁愿去闻一个女人皮肤的芳香，向女人投去不可替代的甜蜜的一瞥，宁愿接受与她共度的时刻，宁愿接受一个顺从的女人不可替代的甜蜜注视和相偎相依的温存时刻。为了一次艳遇，甚至为了一次艳遇的苗头，他都会像从烟斗里喷烟一样，把世间一切与前途密切相关的东西，诸如荣誉、职位、头衔和时代要求都吹得四散开去。因为这个性欲强烈、游戏人生的人并不需要眷恋他所追求的人。哪怕是一种预感，一次尚且无法抓到的艳遇苗头的临近，都足以使他的幻想升温。在数百件事情当中只举一个例子就够了：在第二卷刚开始的地方有这样一个插曲，卡萨诺瓦为了一件重要的公务乘特快邮车到那不勒斯去。途中在旅馆住宿时，他发现邻室的床上有一个匈牙利大尉拥着一个美丽的女人——不，这样说有点荒唐，因为他当时不知道她美不美，他还没看见这个藏在被窝里的女人呢。他只听见了一阵青春焕发的哭声，那是一个女人的哭声，听到这哭声，他的鼻翼就不停地颤动了。他对她一无所知，不知道她是否令人着迷，不知道她是美是丑，年轻还是年老，乐意还是勉强，单身还是已婚，他对这一切都不加考虑，立刻就把公务抛到脑后，下令卸下已备好的马匹，他留在帕马不走了。使他这个喜欢孤注一掷的赌徒发疯的，仅仅是这个完全渺茫的艳遇机会啊。无论何时何地，卡萨诺瓦的行动就其最独特最天然的意义而言都是既貌似毫无意义却又十分明智的。无论白天还是黑夜，无论早晨或是晚上，为了跟一个素不相识的女人在一起待上一小时，他也会乐意干任何蠢事。只要追求，他就不惜任何代价，只要想得到，他就不怕任何反抗。为了跟一个女人再见上一面，见一见那个对他似乎并不十分重要的德国市长夫人，尽管根本不知道她会不会使他愉快，他竟在未被邀请、明知不受欢迎的情况下，厚着脸皮跑到科隆，混进一个陌生的团体，不得不咬紧牙关接受主人的训斥，任凭别人奚落；但是，在情欲冲动的时候，这匹被劈啪痛打的公马又有什么感觉呢？卡萨诺瓦会在一间冰冷的地下室里，在老鼠蚊虫的搅扰下，忍饥受冻挨上一夜，只为黎明时刻那一次根本不轻松愉快的幽会；他会不下十次地去冒风险，不顾剑刺、枪击、咒骂、敲诈、疾病和侮辱——却不是为了至少还可理解的阿娜狄俄墨涅①，一个惟一的真正的情人，而是为了随便什么女人，一个恰好可以弄到手的女人，仅仅因为她是女人，是他渴望得到的另类性别的物种。只要他的性欲被激发起来，每个拉皮条的，每个靠妓女为生的人，都可以轻而易举地把这个闻名世界的诱骗者劫掠一空，每个可接近的丈夫或每个殷勤的兄弟都会让他陷进这种最肮脏的交易里去——但卡萨诺瓦的性欲什么时候是不被激发的呢？他的性的饥渴何时完全得到过缓解呀？他任何时候都渴望得到新的猎物，他强烈的性欲任何时候都可以在一个陌生女人面前震颤。像需要氧气、睡眠和运动一样，这个男人的身体不断地需要一个柔软的满足他肉欲的皮褥子，他的不安定的感官总需要有这种艳遇的忽隐忽现的紧张。无论在什么地方，他一时一刻都不能没有女人，离开了女人他简直就没法活。从卡萨诺瓦的词汇表里翻译过来，节欲干脆就意味着麻木和无聊。

他的胃口如此强健，他的消耗如此持久，因此，他到手的人，一般说来品质都不够完美，也就不足为奇了。在性欲方面，他是一个有骆驼胃的人，他不可能成为美食家，也不会成为美酒品尝家，他只能成为单纯的贪食者，地道的饕餮者。这就是说，凡是做过卡萨诺瓦情人的，对自己无需特别介绍，人家就知道她是什么货色。那肯定不是海伦，也不是少女，既谈不上贞洁也谈不上特别有智慧，没有受过良好教育也不那么迷人，全不能让高贵之士屈尊俯

---

① 希腊神话中阿佛洛狄忒的别名，为性爱女神，同时司管人间一切爱情。

就。通常，只要她是女人，是雌性动物，有满足雄性的生殖器官，是另一极的有性别的生物，天生能满足他的性欲，对这个容易被勾引的人来说就足够了。因此，我们无须用现在的浪漫主义或美学的观点来想像他的这个大"鹿苑"。像一般职业性的，即不加选择的色情狂一样，卡萨诺瓦的收藏品真正是良莠不齐，鱼龙混杂，而且，天晓得，根本够不上一个美女画廊。诚然，其中有几个形象有着温柔可爱的未成年少女的脸，那可能是出自他祖国的画家雷尼①和拉斐尔②之手，还有几个形象是鲁本斯③画的或是布歇④用柔软的红粉色笔画在绢扇面上的。但除此之外，还有一些形象很像英国的街头妓女，那厚颜无耻的丑相只有贺加斯⑤的愤怒的画笔才能再现，还有曾使戈雅⑥怒不可遏的生活放荡的老女巫，再就是具有图卢兹-洛特雷克⑦风格的女人的麻脸，以及村姑和家仆。这一切简直是美与丑、高尚与卑贱的大杂烩。因为这个潘神一样耽于情欲者在肉欲方面具有粗野的审美情趣，所以他的情欲追求总是令人担心地转移目标，远远地延伸到特殊和错误的行为里去。卡萨诺瓦的性伴侣有的还是幼女，这在我们这个法制时代里足可让检察官把他送进牢狱。他所钟爱的女人后来竟扩展到惊人的范围，直至追求那个七十岁的遗老，封·乌尔菲戈公爵夫人——他向后人描述和这位公爵夫人的幽会，简

---

① 雷尼（1575—1642），意大利画家。
② 拉斐尔（1483—1520），意大利画家。
③ 鲁本斯（1577—1640），佛兰德斯画家。
④ 布歇（1703—1770），法国洛可风格画家。
⑤ 贺加斯（1679—1764），英国画家。
⑥ 戈雅（1746—1828），西班牙画家。
⑦ 图卢兹-洛特雷克（1864—1901），法国画家。

直是一切书面描写中最恬不知耻的自白。这种完全不同于古典时期的瓦尔普吉斯之夜竟像旋风一样刮过所有国家和所有阶层。在第一次羞臊的颤抖中满脸通红的温柔纯洁的少女，总是迅速把手伸给妓院的渣滓、海员酒店的怪人。跳轮舞的服饰华丽、珠光宝气的贵夫人，玩世不恭的驼背女人，刁钻的跛足女人，品行不端的孩子们，性欲强烈的老妪——所有这些人都参加到这个混乱喧闹的场面里来了。姑母为侄女，母亲为女儿腾出体温犹存的床，拉皮条的把他们的女儿，殷勤的丈夫把自己的妻子，推到这个永恒好色者家里去，随军娼妓和贵妇人交换享用同一夜同样快速的欢乐——不，你不要把卡萨诺瓦的情爱行为不自觉地按照十八世纪风流铜版画的方式，以优美而欢乐的格调刻画出来——不，绝对不，我们倒可以把这种不加选择的性爱看作男子性欲的魔窟。像卡萨诺瓦这样一种无穷尽的不加选择的性爱，总是超越种种障碍，来者不拒。荒唐的事情对他的诱惑一点也不亚于天天见到的事情，没有任何反常现象不使他冲动，也没有任何荒谬行为使他清醒。生虱子的床，肮脏的衬衫，刺鼻的怪味，同拉皮条者的亲密交往，发泄性欲时甚至有约定的或隐蔽的人在场，纵欲无度和惯常的性病，所有这一切对这头神圣的公牛来说都是感觉不到的小事。他是另一个想拥抱欧罗巴的朱庇特，拥抱具有各种形式和变形，具有各种体态和骨骼的全部的女人。在他的惊慌的乃至狂热的性欲激发起来的时候，他像追求自然的东西一样无节制地追求幻想的东西。但对这个性欲的化身来说：尽管性欲的血流这样持续不断，这样湍急，但它从来都不漫出男欢女爱之床。卡萨诺瓦的本能就这样毫无顾忌地停留在性别的界限上。当接触到一个阉人时，他便感到十分厌恶，他会拿起手杖把这种供人玩弄的男童打跑。他所有的荒唐和反常的性行为明显地表现出他只对女人忠诚，这是他完美的天生的素质。在这里，他的"痴迷"① 当然是没有界限、没有阻碍、没有终止的，这种性欲不加选择地、大量地、不间断地向着每一个女人放射着灿烂的光，具有一个希腊森林之神的由每一个新遇女人重新使之陶醉的永醉不醒的喜悦力量。

不过，恰恰是这种惊慌的东西，卡萨诺瓦追求的这种欣喜若狂和自然的东西，给予了他闻所未闻的征服女人的力量，这是一种几乎不可抗拒的力量。由于突然产生的一种直觉，她们在他身上感觉到他是一个野兽一般的男子，是一个性欲强烈、喷着火焰、对着她们快步走来的人。她们呢，她们就任凭他占有，因为他已被她们占有。她们归他所有了，因为他被她们迷住了。但他不是被一个单个的女人，而是被多数女人，被他的对立物，被他的另一极的人迷住了。这里终于有了一个她们凭借女性的直觉感到其存在的人。她们说，在他看来没有什么比我们女人更重要。他不像别人那样因工作和义务在身而疲于奔命，怏怏不乐，大丈夫气十足，只是有时附带向女人求爱。他是一个以其本性的山涧般的全部冲击力向我们女人冲来的人，是一个不知节制的人，一个挥霍无度的人，一个毫不犹豫、不加选择的人。一点不假，他只知道毫无保留地献身：把身体内最后一滴精血献给玩乐，把衣袋里的最后一个杜卡特掏出来花掉，他随时准备着献出一切，为了每一个女人，仅仅因为她是女

---

① 原文为拉丁文 furor，意为狂怒，瘾，迷。

人，是在那一刻能解他对异性饥渴的女人。因为愉快地看到女人，从而惊奇、狂喜、兴奋和陶醉，是卡萨诺瓦一切享受的最大享受。只要他还有钱，他就购买许多精心挑选的礼物送给任何一个女人，用豪华和轻浮迎合她们的虚荣，他喜欢给她们穿上华丽的服装，从头到脚把她们包装起来，在他把她们剥得一丝不挂之前，他喜欢用从未见过的值钱的珠宝使她们感到惊喜，他喜欢挥霍无度，以恋人的狂热游戏取悦她们——他确实像一个神，像一个给人以欢乐的朱庇特，同时用他血管里的热火和金雨把情人完全淹没。然后他又像朱庇特一样消失在云端——"我对女人总是疯狂地爱，但我又永远愿意给她们以自由。"——这并不会降低他的威望，反而更加提高他的声誉，因为恰恰是他的情欲的突然爆发和陡然消失才使她们永远怀念这样一个不同寻常的人，怀念这不可能重现的壮丽的艳遇，这艳遇不像在别人那里平庸地姘居那样内心是清醒的。每一个女人都会本能地感觉到，这是一个不可能做自己丈夫的男人：她将刻骨铭心地怀念他，但只把他当作情人，当作一夜相伴的神。虽然他离开了每个女人，但没有一个人希望他跟从前不一样：因此，卡萨诺瓦只需保持他现在这个样子，在不专一的情爱中保持他的诚实，他就会赢得每一个女人。

我刚才说过"诚实地"，这在卡萨诺瓦那里是一个令人惊异的字眼儿。但有什么办法呢，恰恰是在爱情的游戏方面，人们不得不承认这个该受惩罚的赌博作弊者和狡猾的恶棍具有一种诚实的品质。卡萨诺瓦跟女人的关系确实是诚实的，因为这是真情的流露，纯肉欲的享乐。记载这一点叫人感到很不好意思，但是不真实的爱情中开始时总掺杂着更崇高的感情。这个老实可爱的傻小伙儿在身体上并没有虚假的表现，他的身体从来不曾使他的过分激动和对性欲的贪恋超出自然所许可的程度。只有精神和感觉混合在一起，并根据其受到鼓励的本性达到无限的时候，一切激情才会变得过火，并幻想把一切永恒的东西引入我们尘世的关系中来。卡萨诺瓦的尽情享乐从来都没有超过身体的极限，因此他很容易信守他的诺言，他从他的性欲的豪华仓库里，拿出欢乐换取欢乐，拿出肉体换取肉体，从来没有欠下感情债。他的那些女人事后并不感觉自己是受了柏拉图精神恋爱种种期望的欺骗，正是因为这个貌似轻薄的人除了要从她们身上得到性欲的满足不再要求别的欢乐，因为他从不向她们表白海枯石烂的感情，他就永远避免了使她们产生什么醒悟的时刻。每个人都可以把这种性爱称作低级的爱，只是性欲的、肌肤相摩的、没有灵魂的、兽性的爱，但谁也不能动摇它们的诚实性。难道这个放荡的轻薄之徒对待他公开的直截了当的占有欲望不是比那些浪漫主义的寻欢作乐者更好更真诚吗？在歌德和拜伦的人生道路之后留下了无数心碎的、变坏了的、完全绝望的女人，正是因为在爱情中更高尚的宇宙的本性无意中扩展了一个女人的精神，以致她后来在不再享有这种火热的情绪时，就再也找不到她尘世间的形态了。而卡萨诺瓦导火线一般的春情根本不会造成心灵的损伤。他没有造成伤害，没有带来失望，他使很多女人感到幸福，却没使一个女人发疯。她们都一点伤害没有地从这种纯性爱的艳遇中返回日常生活里去，或者回到丈夫身边，或者回到情人的怀抱。他就像一股热带的风抚摩过她们的身体，她们在这热风中生出火热的性欲。他把她们烧红，但并没有把她们烤焦，他征服而不破坏，他引诱而不糟蹋。正因为他的这种性爱发生在比较坚实的表皮组织中，不是发生在真正灵魂的易受伤害的组织中，所以他的占有并不导致灾难。

他的热情只知道性欲，只知道一次性的激情狂喜。如果在亨利埃特或那个美丽的葡萄牙姑娘离开他时，他感到极度绝望，你也尽可放心，他不会抓起手枪自杀的。事实上，两天以后我们就发现他已经在另一个女人的身边，或进了一家妓院里了。如果 C. C. 修女不能再从慕拉诺到娱乐场来，便有 M. M. 半俗修女取而代之，安慰就是这样出其不意地迅速得到，任何一个女人都可以代替另一个女人。所以人们不难发现，他作为一个真正的好色之徒从来都没有迷恋上众多女人中的一个，而是永远迷恋多数人，永远不停地更换，他经历的是无数次的艳遇。有一次他无意中说出这样一句危险的话："那时我就模模糊糊地感觉到，爱情只不过是一种或多或少强烈的好奇心。"如果人们紧紧扣住这个解释来理解他，如果把好奇这个词拆开，那就是：新的欲望，对新的东西的永远贪求，对永远是在另外女人身边的永远不同的体验。刺激他的永远不是个体，而是变体，是在取之不尽的爱神的棋盘上不断更新的组合。像吸气和呼气一样，他的取舍也是不言而喻、合乎自然的，这种纯官能性的享受说明，卡萨诺瓦作为艺术家为什么根本没有描绘出他的千百个女人当中一个女人的真正逼真的形象。大胆地说，他所有的描述都使人产生怀疑，好像他没有仔细看过他所有情人的面孔，只是用某种极为普通的眼光观察过她们。唤起他热情的，按照真正南方人的说法，燃起他"欲火"的永远是同一样东西，就是土里土气、粗暴性感的东西，是可能摸到并不停跳入眼帘的女人之性兴奋时刻。总是（直到厌倦为止的）什么"雪白的乳房"呀，"绝妙的臀部"呀，"朱诺的体态"呀，一再通过其他偶然事件显露出来的"最秘密的刺激"呀，不一而足；只是这些使一个好色的中学生见到女仆时眼珠发直的东西。这样，无数亨利埃特，伊莱娜，巴贝特，玛留西娅，埃尔美利娜，马考利娜，伊格纳齐娅，卢齐亚，埃斯特，萨拉和克拉拉，留下的只是淫荡女人温热身体上的一种肉色的润肤膏，一种酒神狂欢节的号码和数字、成果和热情留下的混杂物——他清晨的样子完全像一个醉汉，醒来时仍然是头脑昏沉，不知道他夜间在哪里跟谁喝了什么酒。他只通过皮肤享用了她们，通过表皮感觉了她们，通过肉体认识了她们。这样，他的艺术的精密尺度比生活本身更清楚地向我们揭示了纯粹好色者和真正热恋者之间的差别，揭示了赢得一切却丝毫无存的人与全力把瞬间提高成永恒的人之间的差别。司汤达这位事实上相当悲惨的爱情英雄的一次经历通过升华分离出来的精神内涵，比在卡萨诺瓦这里三千夜分离出来的还要多；关于性爱能上升到何等精神愉快的高度的问题，卡萨诺瓦全部十六卷作品给人的印象还比不上歌德的一首四行小诗。从更高的意义上看，卡萨诺瓦的回忆录与其说是长篇小说，不如说是统计报告，与其说是创作不如说是军旅经历，是一部描述诸多肉欲经历的《奥德赛》，是描写男子对永恒的海伦的永恒性欲冲动的《伊利亚特》。它们的价值表现在数量上，而不是质量上，它们由于多变而不是单一，是通过多种形式，而不是通过意义深远的思想，显出其价值。

正是由于这些经历无比丰富，我们这个几乎永远只记载最佳成绩，很少衡量灵魂力量的世界，才把贾科莫·卡萨诺瓦抬高成男性生殖器胜利者的象征，给他戴上了最宝贵的有口皆碑的花环。卡萨诺瓦这个词儿，今天在德语和所有欧洲语言里的意思便是：不可抗拒的骑士，女人贪食者，高超的诱惑者，正如女性神话中的海伦、弗里娜、尼侬·德·朗克洛，他是男性神话中的代表。为了从它的千百万假面具中创造出不朽的典型，人类必须永远在一般情况中标明个别人面孔的特征，于是这个威尼斯演员的儿子便获得了意想不到的荣誉，被称为一切时代爱情英雄的化身。当然他还必须跟第二个传奇般的伙伴分享这令人羡慕的名望；在他身旁站立着他的西班牙对手唐璜，此人出身更高贵，性情更神秘，魔力更强大。在这两个勾引女人的高手之间往往可以看到潜在的对比。现在对达·芬奇与米开朗基罗、托尔斯泰与陀思妥耶夫斯基、柏拉图与亚里士多德之间的精神对照已经越来越少见了，因为每一代人都从类型学角度重复比较他们。但在性爱的这两个原型之间进行的对比却始终收获甚丰。虽然他们二人都向着同样的方向突击，这两个捕捉女人的老鹰，永远重新闯入她们那个畏缩不前或惊喜不止的群体里，但是两个人的精神特征却是完全不同的。唐璜是封建时代的骑士，是贵族，是西班牙人，即使有反叛行为，感情上仍然是一个天主教徒。作为纯血统的西班牙中世纪的天主教徒，他又是不自觉地屈从于把一切肉欲视为"罪过"的宗教观点。从这种超自然的宗教立场出发，婚外恋（因为有双倍的刺激）是恶魔的、反神的、应被禁止的行为，而女人、妻子，则是这种罪过的工具。她们的本性，她们的存在本身就是诱惑和危害，因此就连女人貌似完美无缺的道德也只不过是象征，是欺骗，是毒蛇的假面具。唐璜不相信这种魔鬼性别的人会有哪一个有什么纯洁和贞操可言，他知道在她们的衣服底下都是用来引诱男人的赤裸裸的肉体，他能用上千个事例来揭示女人的这种软弱性，向世人和上帝证明，所有这些不可接近的夫人，这些貌似忠诚的妻子，这些热狂的半成熟的姑娘，这些虔信基督的新娘，都可以毫无例外地跟求爱者上床，不过所有这些人在教堂里是天使，在床上则像猴子那样淫乱。——这一点，只有这一点，不断地驱使这个迷恋女人的男子每一次都带着新的激情去干诱奸女人的勾当。

因此，最愚蠢不过的，是把唐璜这个女性的死敌，视为多情的人，视为女人的朋友，视为倾慕女性的情人。因为，不是对女人真正的倾慕和爱，而是男性天生的恨驱使他像魔鬼似的对待女人。他获得她们，不是为了拥有，而是永远为了掠夺。这是一种对她们最宝贵东西的掠夺：对贞操的掠夺。他的掠夺的欢乐不像卡萨诺瓦是来源于精索，而是来源于大脑，因为在每一次欢乐中这个精神的性虐待狂总想通过每一个女人来贬低、羞辱和伤害所有女性。每一个被他奸污被他损害的女人在绝望中都追求奇异的预享受，他的享受就是从这种预享受中间接地实现的。因此对唐璜来说，追求女人的难度便成了他的乐趣，而卡萨诺瓦的乐趣则在于闪电般脱掉女人的衣裙。一个女人越是难以接近，这对他最终的胜利就越有价值，对他关于女人的观点就越有说服力。如果不遭到抗拒，唐璜就失去了追求的动力。不可能想像他会像卡萨诺瓦一样待在一个妓院。通奸或奸污修女的一次性行为，才能刺激他追逐女人。如果他占有了一个女人，那么他的试验也就完成了。被引诱的女人只在登记簿上留下一个编码。事实上他为此安排了一个记录员，他的雷波莱罗。他从来没有想到在最后的惟一的一夜里再柔情地看一眼他的情人，因为正像一个猎人很少留在他所射杀的野兽跟前，这个职业诱奸者在完成他的试验以后也不会留在他的牺牲者身旁，他必须永远追逐其他女人，追逐尽可能多的女人，因为他的原动力——这种原动力把他魔鬼般的形象提高成具有非凡力量的形象——鞭策他去承担不可能圆满实现的使命和情欲，也就是让他接近一切女人从而彻底向世人证明他关于女人软弱性观点的正确。这种唐璜式的性爱是不寻找也找不到任何安宁和享受的；在一种血亲复仇中，他作为男人永远献身于反对女人的战争。是魔鬼给了他进行斗争的完备的武器：财富，青春，贵族的称号，优美的体格和最重要的东西——冷酷无情。

实际上，当女人们醉心于他的冷酷花招时，她们就会像想到魔鬼本身那样想到唐璜。她们会以昨日爱情的全部热烈憎恨这个第二天早晨以冷嘲热讽的冰水回报她们的热情的骗人的死敌（关于这种情境，莫扎特以他的歌剧为我们留下了不朽的一幕）。她们因自己的软弱而感到羞愧，她们愤怒，她们发狂，她们气得发昏，她们痛骂这个欺瞒、蒙骗和伤害了她们的恶棍，她们通过对他的憎恨来憎恨所有男性。每一个女人，不论是安娜女士，还是埃尔维拉女士，她们大家，所有一千零三个这样屈从于他极端利己要求的女人，都因女性的软弱而永远带着心灵的创伤，愁苦终生。与此相反，委身于卡萨诺瓦的那些女人则像感谢神一样感谢他，因为他不止没有伤害她们的感情，没有污辱她们的女子特性，反而给了她们自我存在的一种新的安全感。唐璜那个西班牙魔王迫使她们把热烈的拥抱和感情冲动时的委身当作恶魔附身的瞬间加以蔑视，卡萨诺瓦这个柔情蜜意的老师却恰恰教她们把这一切当作生活的真谛，当作她们女人最快乐的义务对待。当他用轻柔爱抚的手剥去这些女人的衣服时，也剥掉了她们的胆怯和恐惧——她们一委身于他，就变成了完全的女人——在他感到快乐时，他也使她们感到快乐，在他充满感激之情的极度喜悦时，他还为她们开脱与他共享欢乐的罪恶感。因为，在卡萨诺瓦看来，只有当他和他的女伴从神经到血液都一起分享共同感受时，这个女人的享受才是完美的。他说："对我来说，享受的五分之四永远在于使女人感到幸福。"为了他的欢乐，他需要对方也感到欢乐，正如一个人为了自己的爱也需要对方的爱一样。他那惊人的性爱能力并不使他自己的身体，而是使他所拥抱的女人的身体特别疲乏和感到快意。使他动情的从来都不像他的西班牙对手那样是经过竞争的粗暴地获取，而仅仅是愿者上钩。因此，委身于他的女人更有女人味，因为她们更有悟性，更思性爱，更无约束。所以她们也就立刻去寻找这种愿为她们的幸福献身的新信徒：姐姐把妹妹领到这样的祭坛前去做温情的牺牲品，母亲把女儿领去见温情的导师，他的每个情妇都催促别的女人去礼拜这个赐福的神，和他共跳轮舞。出于妇女姐妹的可靠的直觉，每个被唐璜诱骗过的女人都警告新的被追求的女人，要提防这个性爱的敌人；同样出于这种直觉，一个曾委身于卡萨诺瓦的女人则毫无妒意地把卡萨诺瓦作为女性的真正崇拜者介绍给另一个女人，而且，正如他是超出每个个体范畴爱全体女人一样，她们也超出他个人的范畴把他当作热情的男人的整体来爱。

昏暗的年月

> 一生中我做过多少违背自我意愿和连我自己也
> 不理解的事啊！不过，我当时是被一种我不能
> 自觉反抗的神秘的力量所驱使。

> 回忆录中的卡萨诺瓦

　　按道理，我们不应该指责那些女人如此毫无反抗地落在这个大诱骗者手里的。若我们和他相遇，对他那诱人的激情似火的生活艺术佩服得五体投地，我们自己也会受到诱惑。对每个男人来说，不怀着强烈的妒忌心理阅读卡萨诺瓦的回忆录，是很不容易做到的。在某些急不可耐的没有得到满足的时刻里，我们总觉得，这个冒险家的疯狂生活，他的奋力攫取和享受，他野蛮地吮吸整个生活的伊壁鸠鲁的享乐观，比我们在精神中短暂的漫游要更明智，更实际，他的哲学比叔本华的一切牢骚满腹的教义和康德的冷冰冰的教条要

更充满活力。与他生活中的那些瞬间相比，我们在这些瞬间中被撞伤，通过断念而变得坚实的生活此时此刻显得多么可怜啊！我们有先入之见，也有事后判断，我们是自己的俘虏，我们每走一步都磨得良心的链环哗啦哗啦作响，因此我们总是举步维艰。而与此同时，这颗轻浮的心，这个浪子却在捕捉一切女人，跑遍各国，在偶然事件嗖嗖响的秋千上飘荡在天国和地狱之间。一个真正的人绝不会否认，他在阅读卡萨诺瓦的回忆录时总觉得自己与这位生活艺术的杰出大师相比真是相形见绌。人们时常，不，是上百次地宁愿做卡萨诺瓦，也不愿意做歌德、米开朗基罗或巴尔扎克。如果说人们初时对这个披着哲学外衣的骗子写下的文艺爱好者的玩艺儿和不着边际的胡诌多少有些嘲讽，那么，读到第六卷、第十卷、第十二卷时，人们就会认为他是最有智慧的人，把他的肤浅的哲学看作一切学说中最高明最吸引人的学说。

不过，幸好卡萨诺瓦亲自改变了我们对他的这种过早的赞赏。因为他生活艺术的记事簿里有一个很危险的漏洞：他忘记了衰老。他那种追求性欲满足的伊壁鸠鲁主义的享受技能，只能建筑在年轻人性感的身体才有的元气和力量的基础之上。一旦生命之火不再炽烈地在血液里燃烧，这种享乐的全部哲学便立刻化为无法享用的腐败的稀粥。人们只有用富有活力的肌肉和坚硬雪白的牙齿才能占有这样的生活，可叹，如果肌肉开始衰退，牙齿开始脱落，性欲丧失殆尽，那么这种让人高兴而又自我满意的哲学就会突然失灵。对这个粗俗的享乐主义者来说，生命的曲线就一定会直线下降，因为挥霍无度的人在生活中是没有储备的。他放荡不羁，转瞬间失去了他全部的热能。而一个有思想的人，一个貌似断念的人，却好像是一个蓄电器一样始终储存着丰足的热能。一个崇尚精神生活的人，即使到了日渐衰老的年岁，因为往往进入了德高望重的时期（例如歌德！），也能得到净化，变得容光焕发。他还会头脑冷静地把生活提高到闪烁知识光辉的峰顶，给人意想不到的惊喜。而对于业已衰减的生理机能来说，这种英姿勃发的概念的游戏也是一种补偿。但是这个追求感官享乐的人，只有内心秘密的震动才能使他激流勇进，现在他却像干涸水流里的一个水车的轮子，停住不动了。对他来说，衰老就意味着向死亡沉没，而不是向新生过渡。生命就是一个无情的债主，它要把他控制不了的性欲过早过快夺走的本钱连同利息一并讨回。这样一来，卡萨诺瓦的智慧便和他的幸福一起告终了，他的幸福是随着青春的消逝而完结的。只要以俊美的、胜利的、精力充沛的姿态出现，他就显得很有智慧。如果人们私下里羡慕四十岁以前的他，那么对四十岁以后的他就只能表示同情了。

卡萨诺瓦的狂欢节，这个威尼斯最五彩缤纷的节日，过早地凄凉地结束于一个忧伤的圣灰星期三。阴影十分缓慢地潜入他那充满欢乐的叙述，犹如皱纹悄悄爬上他日渐衰老的脸。他讲述的胜利越来越少，他记录的苦恼越来越多：他越来越经常地处在困境中——自然每一次都不是他的过错——被不能兑现的票据、假钞和抵押出去的宝石搞得焦头烂额，越来越少被公爵府邸所接待。他不得不在黑夜和浓雾的掩护下逃离伦敦，就在将要被逮、送上绞刑架之前的几个小时。他像罪犯一样被官方赶出了华沙，在维也纳和马德里被驱逐出境，在巴塞罗那坐了四十天牢房，在佛罗伦萨被赶出来，在巴黎被"一纸公文"通知他立即离开这个可爱的城市。没有人再欢迎卡萨诺瓦，每个人都像甩掉毛皮上的虱子一样甩掉他。初时人们还惊讶地反问，这个好青年究竟有什么罪，致使世人如此不友善，如此道貌岸然地对待他们昔日的宠儿？他已经变成了一个阴险的骗人的家伙了吗？他已经改变了他那叫人喜爱得生疑的性格，致使所有人突然唾弃他了吗？不，他没有变，他永远也不会变，直到咽最后一口气他都是一个令人着迷的人，一个招摇撞骗的人，一个寻欢作乐的人，一个文艺爱好者。他如今只是缺乏那种能出色地积聚他的活力的要素，也就是缺乏自我意识，缺乏青年人的必胜信心。他在哪里犯的罪最多，他就在哪里受到惩罚：首先是女人离开了她们的宠儿，一个可怜的小大利拉①用猎刀刺捕了这个性爱的参孙，这就是那个阴险狡猾的恶女，那个伦敦的夏尔皮隆。这个插曲是他整个回忆录中最优美的章节，因为这个最真实、最具人情味的插曲构成了一个转折点。卡萨诺瓦这个久经考验的诱骗者第一次被一个娘们儿骗了，不是被一个囿于道德观念拒绝他的高贵的难以接近的夫人所骗，而是被一个年纪轻轻的妓女骗了。不言而喻，这个妓女无非是引得他神魂颠倒，把他钱袋里的钱掏光，最终还不让他去碰她那淫荡的肉体。就是这样一个卡萨诺瓦，他虽然付了钱，而且超额付了钱，却仍然受人蔑视，遭到拒绝。这是这样一个卡萨诺瓦，他被人蔑视，又不得不干瞪眼瞧着那个小妓女同时又无偿地让一个愚蠢的狂妄的小伙子——一个理发师助手得到幸福，而她交给那个小

---

① 《圣经·旧约》里的人物，大力士参孙的妻子，但她被收买，把参孙出卖给了敌人。

伙子的正是他用贪婪的性欲、他的金钱、计谋和暴力追求不到的她整个的人。这对卡萨诺瓦的自信心是一个致命的打击，从那一刻开始，他一向胜券在握的心态就自然而然地变得没有把握、摇摆不定了。才四十岁，他就不得不过早地惊诧地认定，赋予他向世界胜利突进的发动机不再无故障地发生作用了，恐惧第一次袭上他的心头，使他瞠目结舌，他写道："我感到最痛苦的是，我必须承认，这通常与年老临近密不可分的倦怠开始了。青春和力量赋予我的无所忧虑的自信，现在我已经没有了。"卡萨诺瓦没有了自信心，失去了随时准备使女人着迷的超常的力量，既丧失了优美的仪表和性的能力，手中又没有了钱，他再也不能以男性生殖器和幸运女神宠儿的身份大肆炫耀他的意志坚强和胜券在握了。一旦在世界的赌赛中失去了这张王牌，他还能算个什么呢？"一个有了相当年纪的绅士，"他忧伤地自问自答道，"既然他已经与幸福无缘，当然更与女人无缘了。"他已经成了一只没有翅膀的鸟，一个没有男性能力的男人，一个不能给女人以幸福的情人，一个没有赌本的赌徒，剩下的只是一具行尸走肉罢了。所有鼓吹胜利和享乐的独家名言的喇叭声已经随风飘散，"断念"这个危险的字眼第一次悄悄地潜入他的哲学。"我使女人坠入情网的时代已经过去了，我必须要么放弃她们，要么花钱买她们一笑。"放弃，这种对卡萨诺瓦来说如此不可理解的想法，变成无比残酷的现实，因为要去买女人他就需要钱，而金钱一向都是女人为他带来的：这个奇妙的循环停止了，游戏结束了，这个冒险高手的烦闷的严肃生活于是开始。这样，老卡萨诺瓦，穷卡萨诺瓦，这个享乐者成了寄生虫，这个世界的好奇者成了外国的间谍，这个赌徒成了骗子和乞丐，这个快乐的社交家成了孤独的写作者和讽刺作家。

于是出现了震撼人心的奇观：卡萨诺瓦这个无数爱情战役的老英雄，这个绝妙的厚颜无耻的人，大胆地游戏人生的人，变得谨慎谦虚了。这个伟大的幸运的喜剧演员悄悄地、自动地、静静地离开了成绩卓著的舞台。他脱下华丽的服装，他说："这些衣服已不适合我的地位了。"在摘下戒指、钻石扣环，放下烟盒的同时，他也去掉了目空一切的傲慢。他像把一张被吃进的牌抛到桌子底下一样，抛弃了他的人生哲学，老态龙钟地向铁一般无情的生活法则低下了头。根据这样的法则，衰老憔悴的妓女必定变成老鸨，赌徒必定变成赌场作弊者，冒险家必定变成寄人篱下的食客。自从他的身体里不再热血沸腾以来，这个年老的世界公民在他先前那个可爱的无限广阔的世界里就突然感到冰冷难熬，他开始无比感伤地思念他的故乡。这个昔日目空一切的人——这个知道自己不会有体面结局的可怜的卡萨诺瓦——就这样懊悔地低下有罪的头，哀哀地请求威尼斯当局的宽恕。他向异端裁判所的审讯官写了一些阿谀奉承的报告，做了一篇爱国主义的檄文，一篇反对攻击威尼斯政府的"反驳文章"。在这篇文章里，他毫无愧色地写到了那些他曾在那里吃尽苦头的铅皮屋顶的监狱，他说，这些监狱的房子真的够得上"有良好空气的空间"，简直可以算是仁爱的天堂了。关于他的生活的这些最可悲的插曲，一点也没写进他的回忆录里：这些回忆录结束得太早了，根本没有叙述这些耻辱的岁月。他回到了黑暗中，也许是为了掩饰他的羞愧吧。不过人们对此倒是很高兴，因为，这个被剥了皮的公鸡，这个停唱了的歌唱家，如此滑稽地模仿我们长久以来所羡慕的那位胜利的快乐天使，这是多么可悲啊！

后来有一个矮胖的活泼开朗的先生在一两年的时间里悄然走在默塞里亚。从穿着上看，他并不像一个很高贵的人，总爱窃听威尼斯人说话，藏在酒柜里观察那些可疑的人，到了晚上就拼凑那种无聊的奸细小报告给审讯官们。安盖罗·普拉托利尼就是这些肮脏报告末尾的签名。这是一个被减刑的坐探和过分殷勤的小间谍的假名字，为了几个金币就把不相识的人送进了监狱，这些监狱他本人在青年时代就很熟悉，正是靠描写这些监狱他才出了名。不错，靠华丽的皱襞打扮起来的骑士德·塞恩加尔，女人所宠爱的情郎，卡萨诺瓦这个光辉照人的诱骗者，摇身一变，变成了安盖罗·普拉托利尼，变成了这个矮胖的露骨的告密者和无赖。这双昔日戴着钻石戒指的手现在竟干着肮脏的勾当，乱投告密信，直到威尼斯把这个牢骚满腹的家伙一脚踢开。随后几年他便杳无音信了，谁也不知道，这艘残破的船在波希米亚完全搁浅之前跑到哪条悲惨的路线上航行去了。我们只知道这个年老的冒险家又在整个欧洲流浪过一次，他曾在贵族面前自作多情，曾围着富人献殷勤，还试图施展他的旧伎俩：骗赌，巫术，拉皮条。但是曾经赋予他青春、放荡和自信的神灵都离他而去，女人讥讽他一脸皱纹。他无法使自己生活得更好一些，只好凑凑合合地艰苦度日，在驻维也纳的公使那里当了一名秘书（也许又是间谍）。这个卑贱的拙劣作家成了所有欧洲城市里无用的不受欢迎的人，一个不断被警察驱逐出境的客人。在维也纳，他最后与一个妓女结了婚，想依靠她的收入可观的职业使自己的生活多少有些保障。但在这件事上他也没有成功。最后，还是那位极富有的瓦尔德施泰因公爵，一个神秘学科的信徒，在巴黎的一个餐桌旁同情地收留了寄食在那里的这位"从海岸到海岸漂泊的诗人，波涛可悲的玩偶和遇难后的废物"。伯爵认为跟这个被免职的健谈的玩世不恭者在一起相当愉快，便仁慈地收他为图书馆馆员（其实是宫廷丑角），把他带到杜克斯去了。年薪一千古尔登，自然总是被债主预先扣除了，真是无需多付款就买到了这个怪物。他在杜克斯生活了十三年，毋宁说是消逝了十三年之久。

在多年隐没之后，突然在杜克斯出现了他的形象，出现了卡萨诺瓦，或确切地说是出现了使人隐约记起卡萨诺瓦的东西，他的已经枯死、干硬、瘦削了的，只通过自己胆汁保存下来的"木乃伊"，一个奇特的博物馆的收藏品，一件伯爵大人很喜欢向他的客人引荐的展品。他们认为，卡萨诺瓦是一个熄灭的火山口，一个有趣的、没有危险的、独具南方暴躁性情的侏儒。他就这样在波希米亚这个鸟笼里百无聊赖地缓慢地走向毁灭。但这个老骗子又一次愚弄了世人。因为当他们大家都以为他已经完蛋，只在等待棺材和墓地的时候，他又一次依靠他的回忆录创造了他的生命，并十分狡猾地使自己进入不朽的境界。

老年卡萨诺瓦的肖像

这是我呈献给世人的另一幅肖像，寻找我吧！
但不要寻找现在的我，也不要寻找过去的我，
而要寻找未来的我。

卡萨诺瓦为老年肖像所写的题词

一七九七年，一七九八年，革命的血腥的扫帚结束了这个骑士风度的世纪，最笃信基督的国王和王后的头落入了断头台的篮子里，几十名王侯和侯爷，连同威尼斯的审讯官老爷们，都被一个科西嘉的小个子将军赶去见了魔鬼。人们不再阅读百科全书，不再阅读伏尔泰和卢梭，而是阅读起报道残酷厮杀的战报来了。圣灰星期三的尘埃撒遍了全欧洲，狂欢节结束了。洛可可风格的时代告终了，钟式裙和扑了粉的假发过时了，银质鞋扣和布鲁塞尔花边也不时兴了。人们不再穿天鹅绒外衣，只穿制服和市民服装。

但奇妙的是，一个人，一个蹲伏在波希米亚高原角落里的衰老矮小的男人，忘记了时代，像 E. T. A. 霍夫曼的传奇里的格鲁克骑士先生，这个五彩斑斓骨瘦如柴的人身穿系着镀金纽扣的天鹅绒马甲、露着被磨损的黄色尖领，足蹬后跟带花纹的长丝袜，袜子上还有绣花的袜带，头戴一顶有白羽饰的礼帽，在阳光灿烂的白天，踏着高低不平的石子铺地的路面，从杜克斯城堡向山下的城市走去。这个怪人还按照老习惯戴着发囊，上面马马虎虎地扑了粉（现在已经没有仆人了！），一只颤抖的手很有气魄地挂在一根老式的金头手杖上，那手杖和人们一七三〇年在王宫里用的一模一样，千真万确，这就是卡萨诺瓦，或者说得更准确些，这是他的木乃伊，他还一直活着，尽管贫穷，不快，身染梅毒。皮肤像羊皮纸一样皱皱巴巴，索索发抖、淌着口水的嘴上面是大鹰钩鼻子，浓密的眉毛散乱而发白；所有这一切都飘浮着老迈腐朽的气息，散发着胆汁枯干和旧书尘埃的气味。只是一双黑色的眼睛还隐含着昔日的不安，它们在半睁半闭的眼皮下面闪着凶恶、犀利的光。但他很少左顾右盼，他只是哼哼唧唧、嘟嘟囔囔地直视前方，因为自从命运把他抛在这个波希米亚粪堆上以来，他，卡萨诺瓦，就一直郁郁寡欢，从来没有过好心情。抬头看什么呀，对那些呆头呆脑、冷眼围观的人，对那些讲波希米亚德语、吃土豆的人，就是看上一眼也嫌多余啊。这些只嗅过本村粪土的人，对他，对这位当初曾向波兰御前大臣的肚子开过一枪、从教皇手里亲自接过黄金马刺的德·塞恩加尔骑士，连礼貌的招呼也没有打过。更令人恼怒的是，女人们对他也都不尊重了，她们都用手捂着嘴，生怕发出一声土里土气的粗俗的笑。她们知道她们所以要笑，是因为那些女仆对牧师讲过，这个患痛风的老家伙总想钻到她们的石榴裙下去，爱用他难懂的语言，对着她们的耳朵唠唠叨叨地讲废话。不过，这些粗俗的平民百姓总比家里那些随意摆布他的恶仆要好得多。他不得不"忍受他们的践踏"，这里首先是指管家费尔特基希纳和他的爪牙韦德霍尔特。这些恶棍！他们昨天又蓄意作弄他，烧焦了他的通心粉，从他的房间撕下肖像，把它挂在厕所的抽水马桶上。这些无赖，他们竟敢痛打罗根道夫伯爵夫人送给他的黑斑纹的小母狗梅兰皮热，仅仅因为这个可爱的小动物在这些房子里拉屎撒尿。哦，要是在过去那种美好的时光里，绝不能容忍他们如此骄横，不是把这些无礼家奴关起来，就是狠揍他们一顿。可是如今，由于出了罗伯斯庇尔，这种无赖竟又嚣张跋扈起来了，雅各宾党人玷污了这个时代，卡萨诺瓦本人现在已经成了一条掉了牙的可怜的老狗。整天牢骚满腹，怨天尤人，嘟哝咆哮，又有什么用呢——最好还是唾弃这些恶棍，回到上边的房间里，读他的贺拉斯。

但是今天，卡萨诺瓦这个木乃伊却把一切烦恼暂时丢开，像一个木偶似的颤抖着，急急地迈着不稳的碎步从一个房间走到另一个房间。他穿上旧式的宫廷服装，胸前挂满勋章，全身刷得干干净净，一尘不染，因为他得到通知，说伯爵老爷大驾将从特普利茨到这里来，同行的有德·黎涅亲王和几位贵族老爷。就餐时大家将用法语交谈。那些心怀敌意的恶仆招待他时必将气得咬牙切齿，但又不得不毕恭毕敬地把盘子端上来，不能像昨天一样把黏糊糊的腐败的食物像抛给狗一块骨头似的甩在饭桌上。是的，他今天中午将与奥地利的贵族们坐在一张大餐桌前，他们知道，当一位受到伏尔泰敬重、对皇帝和国王有过各种各样影响的哲学家说话时，他们将尊重他那考究的谈话并洗耳恭听。说不定，那些贵夫人一撤，伯爵大人和亲王殿下就会亲开尊口请我朗诵一段我的原稿，是的，他们，费尔特基希纳先生，您这个下流的东西，那位高贵的瓦尔德施泰因公爵大人和那位陆军大元帅德·黎涅亲王，会请我再朗诵一段我的有趣的生平故事，而我也许给他们朗诵——也许！因为我压根儿就不是伯爵大人的奴仆，没有义务服从他。我不在那伙摇尾乞怜的恶仆之列，我是客人，是图书馆馆员，我跟这些宾客是地位平等的。——现在，你们这些雅各宾党棍甚至连这是什么意思都不知道呀！但一两段名人轶事我是可以讲给他们听听的。那么，是讲一两段我的老师格雷比莱风格的趣闻呢，还是讲一两段威尼斯类型的刺激性很强的故事？喏，我们现在都是高贵的人，我们相互之间心是相通的。他们会大笑，他们会像在国王陛下的王宫里一样痛饮色黑味浓的勃艮第红葡萄酒，他们将谈论战争、炼金术和各种图书，首先是要求一个年老的哲学家讲讲尘世和女人的趣事。

这个矮小、干瘪、病歪歪的怪人心情激动地穿过一个又一个洞开的厅堂，由于受到毁谤和狂妄自大而两眼放光。他把镶嵌在十字勋章四周的人造宝石（真正的宝石早已归一个英国的犹太人所有了）擦亮，又细心地往头发上扑了粉，然后站在镜子前练习路易十五时代宫廷屈身施礼的老姿势（在粗俗的人当中，这些礼节风貌早已被忘记了）。自然，脊背是令人担心地嘎嘎直响，人们不无惩罚地在各种各样的邮车上拖着这个老家伙穿过整个欧洲，已经有七十三年之久了。众所周知，这期间女人们从这个人身上吸去了多少精力啊。不过，至少他那个脑壳里的机智还没有漏尽，他还会逗这些老爷开心，他在他们面前还是吃得开的。为了欢迎德·莱克公主，尽管他写字时手已经有些发抖，他还是用圆润的花纹字母把一首小诗抄写在粗糙的纸张上，还在他新近为票友剧场写的一部喜剧扉页上题一段词藻华丽的献词。即使在杜克斯这里他也没有忘记礼貌周到，他知道作为骑士他应该怎样恭恭敬敬地迎接一次有趣的文学爱好者的集会。

事实上，当专用豪华马车滚滚而来，他迈着他患痛风病的腿沿着高台阶走下去时，伯爵老爷和他的宾客已经漫不经心地把帽子、外套和毛皮大衣甩给仆人。他们立刻按着贵族的礼节拥抱了他。伯爵还把他作为著名的骑士德·塞恩加尔介绍给应邀请来的宾客，同时赞扬他的文学业绩。夫人们都争抢着坐在他身旁。杯盘还没有完全撤去，这伙人就开始发话了。完全不出他所料，亲王问起他那部极其引人入胜的回忆录的进展，而老爷和夫人们则同声请求他从肯定会成为名著的回忆录里选出一段来朗读。怎能不满足他最敬重的伯爵，他的仁慈的恩人的愿望呢？这位图书馆馆员赶忙上楼走进他的房间，从十五本大型图书里拿出那本有丝绸饰带的珍藏本：这是一本主要著作的珍藏本，是很少几本无须顾忌女人在场的一本，讲的是逃离威尼斯监狱的故事。这一段不寻常的遭遇不知道给人读过多少次了，他给巴伐利亚和科隆的选帝侯读过，给英国的贵族和华沙的宫廷读过。但他们应该看到，这个卡萨诺瓦的叙述和那个因其监狱生活而被大肆吹嘘的、枯燥乏味的普鲁士人封·特伦克先生的叙述完全不同。因为卡萨诺瓦新近补充的几处转折，那是相当精彩的错综复杂的故事。最后他以但丁《神曲》中的一句颇具影响的名言结束他的朗读。朗诵博得了暴风雨般的掌声。伯爵和他拥抱，同时悄悄地用左手把一卷杜卡特金币塞在他的衣兜里，鬼才知道他会不会好好地使用这些钱，因为整个世界虽然把他遗忘了，他的债权人对他却会一直追踪到天涯海角。你瞧，当公主亲切地祝贺他，所有的人都举杯祝他这部杰出的作品即将完成时，还真有几滴很大的泪珠滚在他的面颊上！

　　但到了第二天，哦，令人伤心的事发生了：马匹套好后不耐烦地发出颤动的声响，马车都等在大门口，这些贵人要到布拉格去，尽管这位图书馆馆员先生三番两次恳切地暗示他个人也有各种急事要到那里去，却没有一个人愿意带他同去。他只好留在杜克斯这座冰冷的寒气逼人的巨大石棺里，继续忍受那个波希米亚恶仆的欺凌。伯爵大人的马车四轮扬起的尘土一落，他们就又会把嘴咧到耳根愚蠢地假笑，准备捉弄他。周围全是粗人，没有一个人会讲法语和意大利语，能谈阿里奥斯托和卢梭。他又不能总写信给那个自命不凡的好色之徒，萨斯劳的奥皮茨先生，不能总写信给那几位还赏脸跟他通信的夫人呀。烦闷无聊又像沉闷的催人昏睡的青烟笼罩在这些无人居住的房间里，而昨天他暂时忘却的关节痛今天又双倍剧烈地折磨着他的双腿。卡萨诺瓦愁苦地脱朝服，把他的厚毛呢土耳其睡袍披在那冻得发木的骨头架子上，阴郁地爬到写字台前，爬进他那写回忆录的惟一的避难所里去。削好的羽毛笔正在成堆的白纸旁边等待着他，纸张充满希望地等着笔尖触在纸上发出沙沙的声音。他长叹一声坐在那里，用他颤抖的手不停地写——那是上帝恩赐的无聊在驱赶着他！——写他的生活故事。

在这个骷髅脑壳般的前额后面，在这层木乃伊般干枯的皮肤后面，保存着他天才的记忆，像硬壳里面藏着白生生的核桃肉一样。在前额和后脑之间这个小小的骨室里，一切都还完整无缺地干干净净地存放着，那是这对闪光的眼睛、这两个翕动的宽大鼻翼、这双强硬贪婪的手在千百个奇遇中聚集起来的一切。他的痛风结节的手指每天都要握着鹅毛笔杆奋笔疾书十三个小时（"十三小时，我觉得这就像只过了十三分钟"）。在写作过程中，他时时想起他纵情享乐时轻轻抚摩的那些女人光滑的身体。在桌子上五花八门、乱七八糟地放着他往日情人的已经发黄的信件，笔记本，卷发器，账单和纪念品，如同在已熄灭的火焰上还冒着银白色的轻烟，从这些逐渐淡薄的回忆里飘浮着看不见的微香的轻雾。每一次拥抱，每一次亲吻，每一次委身，都从这种五彩缤纷的幻影中飘荡而来——不，这样召唤往昔的一切，不是工作，而是乐趣，是"他回味享乐的一种消遣"。这位身患痛风症的老人两眼闪着光辉，嘴唇因充满热情和内心激动而不停地颤抖，他压低声音喃喃自语，这是新编出来的半似回忆的对话。他下意识地模仿往日对话的声音，暗自对自己讲述的笑话发笑。当他在回忆的镜子里梦幻般看到自己又变得年轻，亨利埃特、巴贝特、苔莱莎这些他念念不忘的影子微笑着飘过来时，他便忘了吃喝，忘了贫穷、苦难、屈辱和阳痿，忘了老年的一切痛苦和可憎。这时，她们的亡魂又被他招来了，他觉得，他此刻与她们一起玩乐比他当年在真实生活中同她们作乐更有快感。他就是这样写呀写，用手指和羽毛笔去经历艳遇，一如过去用整个火热的身体。他来回踱步，反复吟诵，嘿嘿地笑，完全忘掉了自己。

那些愚笨的仆役站在门口冷笑着说："他在里边跟谁嘿嘿地笑呢，这个老笨蛋？"他们把嘴一咧，用手指指着前额，讥笑他脑子有问题，然后就咚咚地走下楼去喝酒，把老头子一个人留在阁楼里。世上再也没有人知道他了，最近的人不知道，最远的人也不知道。这愤怒的老苍鹰住在杜克斯他的塔楼上面，就像住在一座冰山之巅，谁也想不到他，谁也不认识他。直到一七九八年六月底，老人的这颗精力耗尽的心终于破裂，人们把这个历尽苦难、被上千女人热烈拥抱过的身躯埋在土里，教堂登记簿也记录不出他的真实姓名。他们登记的是"卡萨纽斯，威尼斯人"，这是一个假名，还写上"享年八十四岁"，这是不真实的终年，最接近他的人也是这样不了解他。没有谁关照他的坟墓。没有谁关心他的著作。他的肉体腐烂了，被人遗忘了；他的书信发霉了，被人抛在脑后了；他一卷卷的著作在窃贼和不在意者的手里随处带来带去，谁也不放在心上。从一七九八年到一八二二年这二十五年间，似乎还没有一个作家的死像这位最有生命力的人这样如石沉大海，无影无踪。

自我描述的天才

问题的关键在于要有勇气。

作者的话

　　他的生活是传奇式的，他的重见天日也是传奇式的。一八二〇年十二月十三日——有谁还知道卡萨诺瓦呢？——颇有声望的图书出版商布洛克豪斯收到一个无名之辈根策尔先生的来信，问他是否愿意出版一个同样不知名的卡萨诺瓦先生写的《一七九七年前我的生活故事》。不管怎样，出版商还是要求把书稿送到他手中。他让专家通读了书稿，我们可以想像，读了书稿以后他们是多么兴奋。他立刻购得原稿，让人翻译，很可能有些严重的歪曲，进行了一些掩饰，做了一些适应习俗的调整。出到第四卷时，该书大获成功，名噪一时，结果一个善于投机取巧的法国人皮拉特把译成德文的法文作品回译成法文——当然是加倍的曲解了；这时，布洛克豪斯也变得野心勃勃了，他组织人完成了自己的德译法的回译本，向皮拉特的法文译本来了一个回马枪。一句话，贾科莫·卡萨诺瓦又重返青春了，他比以前更有生命力地生活在他到过的所有国家，他逗留过的所有城市。只是他的手稿却隆重地埋葬在布洛克豪斯的铁柜子里了，也许只有上帝和布洛克豪斯知道，他的一卷卷著作是沿着什么样的秘密途径和扒窃渠道四处传扬了二十三年之久，其中有多少东西遗失了，有多少东西被歪曲、被阉割、被伪造和被改变了。作为真正的卡萨诺瓦的遗著，全部作品从里到外都渗透和散发着神秘、离奇、不可靠和营私舞弊的气息。但是，我们毕竟得到了这么一部一切时代里最无所顾忌、最精力旺盛地描写个人冒险和艳遇的长篇小说。这是多么令人愉快的奇迹啊！

卡萨诺瓦本人从来都没有真正相信过这部回忆录会出版。这位身患痛风的隐居者有一次坦白承认："七年以来，除了回忆录我什么也没有写。渐渐地，我觉得非把这件事干完不可，虽然我很后悔开了这个头。我写回忆录根本没有怀着让它与世人见面的希望，因为除了作为扼杀精神的卑鄙无耻的书刊检查不会准许它出版以外，我本人也希望在我最后患病的过程中变得理智些，让人把我所有的书稿和笔录全都当着我的面付之一炬。"所幸卡萨诺瓦始终忠于自己的诺言，他从来也没有变得更有理智，因此他所说的那种"从属的脸红"，也就是他的"因自己不脸红而脸红"从来没有阻碍他用力蘸饱他的羽毛笔，日复一日地每日一连十三小时用他圆润秀美的字体，不断地把他编造的故事写在一张一张新的对开纸上。然而，这些回忆录却是使他"不变疯或气死的惟一的一副治疗剂"；他说：

"那些曾跟我一起在瓦尔德施泰因公爵府上混过的、心怀敌意的无赖给我带来的不快和烦恼太叫我生气。"

尽管苍天可以作证，他写回忆录的朴素的动机是要消除无聊，抗御脑力的衰退，但我们并不轻视作为创作冲动和动力的无聊。我们认为，多亏有了塞万提斯单调乏味的牢房岁月才会有唐吉诃德；多亏有流亡奇维塔韦基亚的年月才有司汤达的那些最优美的篇章；只有在艺术的暗房里才能产生多彩的生活画面。倘若瓦尔德施泰因公爵把善良的贾科莫带到了巴黎或维也纳，供他以肴馔，让他闻到女人肉体的芳香，倘使在沙龙里人们对他的才智表示赞赏，那么，这些令人愉快的故事也就在吃巧克力和喝索贝特的时候轻率地说出来，它们就永远也不会见诸笔端了。这个老獾独自一人忍冻挨饿地枯坐在波希米亚的"本都王国"①里，仿佛从死人的王国里回过来讲他的故事。他的朋友都死了，他的奇遇全被忘记了，没有人再重视他尊重他，没有人再听他讲述，因此，仅仅为了证明自己活着或至少活过，这位老魔术师才又一次施展犹太神秘哲学家的本性召唤昔日的形象。饥饿者靠煎肉的香味度日，战争和性爱造成的残废者靠讲述自己的冒险奇遇生活。"我依靠回忆自己的生活来恢复快乐。我嘲笑过去的苦难，因为我觉得它已经不存在了。"卡萨诺瓦只为他整理"过去"这个五光十色的万花筒，玩弄白发老人的这个儿童玩具，他希望通过色彩斑斓的回忆忘却苦难的现在。他没有别的想望，正是这种面对一切事和一切人的完全彻底的冷漠使他的作品具

————————

① 古代小亚细亚的王国，现指偏远荒凉的地区。

76

有自我描述的独特的心理学价值。通常，只要一个人讲述自己的生活，他几乎总是使生活变得目的明确，在一定程度上像古代圆形露天剧场里演戏一样。他把自己放到一个舞台上使观众确信，他是不自觉地做出一种特别的姿态，扮演一个有趣的角色。著名人物在自我描述中从来都不会无所顾忌，因为他们的生活图像一开始就与无数人想像中或经历中的图像存在着相互对证的问题。因此他们被迫违心地让他们的自我描述与业已成形的传奇相近。这些名人为了维护自己的名誉必须考虑他们的国家，他们的子女，必须注意道德、敬畏和尊荣。事情总是这样：谁属于公众，谁就要受到公众的束缚。但卡萨诺瓦却可以不受束缚，可以享有最大的自由，他无须担心家庭、道德和事业。他已经把他的孩子作为杜鹃蛋下到别人的鸟巢里了。

跟他睡过觉的那些女人早已在意大利、西班牙、英国和德国的地下化为泥土了，他本人不受祖国、故乡和宗教的束缚——见鬼去吧，他在人世间还要爱惜谁呢？充其量只有他自己而已！他所讲述的一切，对他既不会带来好处，也不会造成损失。他自问："干吗不实话实说呢？一个人永远也欺骗不了自己，我写回忆录仅仅是为了我自己。"

做到实话实说，这对卡萨诺瓦来说是不需要搜索枯肠、冥思苦想的。这是再简单不过的事：只要无所拘束，无所顾忌，毫不害羞就成了。他只要脱掉衣服，快快乐乐地赤身露体，把他这垂死的身躯再一次放在性欲的温暖的急流里，在回忆中活泼而忘形地噼噼啪啪地击水，完全不把现有的和想像中的观众放在眼里，就成了。他不像一个文人墨客，一个统帅，一个诗人，为了宣示荣耀而描述自己的冒险和奇遇，他描述自己就像一个无赖描述他的殴斗，像一个忧郁衰老的妓女描述她的春宵时刻，完全不知羞耻，丝毫没有顾虑。"对我的自白我一点也不害羞"，这句话是作为座右铭写在他的《我的生活故事》里的。面对未来他没有一点懊悔，因为他的叙述简直是直截了当地脱口而出。因此，毫不奇怪，他的书成了世界历史上最无遮掩、最自然的一部书，在非道德方面真正是充满仿古艺术的坦率。尽管这本书可能会影响人们走向粗俗放荡，有时像一个感觉良好的运动员向温柔体贴的女人展示男性生殖器，但是，这种厚颜无耻的夸耀恐怕比性爱方面胆怯的逃之夭夭或软弱无力的谄媚要好千百倍。格雷库、克雷比荣或法布拉的性爱小册子散发着玫瑰色和麝香味的伤风败俗的气息，那里的爱神厄洛斯是一个身披褴褛衣衫的牧童，爱情则表现为贪色的相互捕捉的游戏。爱不过是骑士风度的小游戏，游戏中人们既不生育也染不上梅毒。我们不妨把这些性爱小册子与卡萨诺瓦的作品作一比较：卡萨诺瓦的作品是为充分说明人性和最基本的天性，对健康地享受欢乐所作的直率、准确的描写。在卡萨诺瓦的笔下，男性的爱不是仙女嬉笑着浣足爽身的蓝色溪水，而是水面反映水底带走人间一切污泥沉渣的巨大的天然河流。他不同于任何其他自我描述者，他让人们看到男子性冲动的惊慌和粗野的发泄。这里终于出现了一个有勇气揭示男子爱情中灵与肉的糅合的人。他不仅讲述了令人感伤的事件，闺房里私通的温存，而且讲述了烟花巷里的艳遇，赤裸裸的肌肤之间的性行为，每个真正的男人都通过的性爱的迷宫。虽然不能说其他伟大的自传作家如歌德或卢梭在他们的自我描述中也有不真实的地方，但那里的确存在着因为只讲一半和故意不说而显得不够真实之处。这两位大师以成心忘记或不屑记忆的手法仔细地对他们爱情生活中不雅观的、纯性爱的情节一概守口如瓶，只详细描述跟克莱尔辛和格莱特辛那些心灵相通的、感伤的或热烈的谈情说爱。不过，这样一来，他们也就不自觉地使男人性爱的真实生活图画理想化了。歌德，托尔斯泰，甚至一向不装假正经的司汤达，都毫不迟疑地不去描写无数纯粹床上的风流韵事，不去描写尘世的、极端尘世的爱情幽会。如果没有这么个无比坦率、极端无耻的卡萨诺瓦在这里揭开各种各样的帷幕，那么，世界文学就会缺少这么一幅描绘男人性生活的绝对真实、无比复杂的图画。在他的作品里我们终于看到了整个性的动力器官在发泄性欲时的作用，看到了追求肉欲的凡人怎样生活在贪婪好色、污浊堕落的世界里。卡萨诺瓦不仅说出了性生活中的真情，而且他的爱情世界的全部真情也像现实生活本身一样真实。——这是多么不可测度的差别呀！

卡萨诺瓦是实话实说了吗？——我听说那些死板的语文学家气得都坐不住了，他们近五十年来拿着机关枪对着他的历史性的谬误扫射，把一些重要的谎言都压了下去。但不要急，要耐着点性子！无疑，这个一向作弊的狡猾的赌徒，这个职业的说谎高手和策划阴谋的能人在他的回忆录里已经巧妙地在洗牌发牌上做了手脚。"他能改变命运"，他善于化险为夷，踢开绊脚石，踏上坦途。他在一筹莫展时便用幻想制成的各种配料，来装饰和点缀他的刺激性欲的杂烩故事，有时还撒上胡椒面和其他调味品使之更加可口。最后甚

79

至连他自己都不知道讲的是什么故事了。不，我们不可以在他身上寻找细节真实的狂热追求者和可靠历史学家的影子，越用严密的科学考核我们善良的卡萨诺瓦，他在科学性方面欠下的债就越多。但是所有这些小小的骗局，这些年代顺序的错误，故弄玄虚和夸夸其谈，这些随心所欲的、往往事出有因的忘却，在回忆录中根本无法抵消那惊人的，简直可以说是绝无仅有的生活全貌的真实。毫无疑问，卡萨诺瓦行使了他作为艺术家的无可争辩的权利，把时间和空间糅为一体，充分利用一切细节，使故事情节更加具体生动。但这对他用来把他的生活和他的时代看成整体的那种真诚、坦率、犀利的态度，丝毫无损。不是他一个人，而是一个世纪突然在舞台上活跃起来。社会和各民族的所有阶层和等级，所有的地方和领域都被卷入他的那些因差异明显而十分紧张的、扣人心弦的、五光十色的戏剧性插曲中，形成一幅举世无双的道德和非道德的图画。很明显，他在知识方面缺乏深入的研究，但他的观察方式对文化研究却具有文献的意义。他不是从大量的事实中抽象地找出根源，因此他不能解释他所记述的所有现象。不，他让一切都那么松散地杂陈在那里，让偶然事件与真实生活中的事件并列出现，从不进行分类，从不使之更加凝练。在他的笔下，只要能使他感到快乐，一切都是同样的重要——这是他这类人对世界进行判断的惟一标准！——无论在精神方面还是在现实方面，对伟大和渺小，善与恶，他都一概不懂。因此，他所描述的同腓特烈大帝的谈话，一点也不比此前以十页篇幅描写的同一个小妓女的谈话更详尽更感人。他描写巴黎的妓院，同描写卡特琳娜女皇的冬宫一样客观细腻。在他看来，他在玩法老牌中赢得几百杜卡特金币，或者他在跟他的杜布娃或海莱娜度过的一夜里有多少次占上风，与理应写进文学里的同伏尔泰先生的谈话同样重要。他从来不对世上的任何事情做道德的或美学的评价。因此，世界在自然的平衡中始终是那样的壮丽。卡萨诺瓦回忆录的智力水平并不比一个遍历有趣人生场景的有才华的普通旅行者高明。人们不能从中得出任何哲理，但它毕竟也是一本历史性的导游手册，十八世纪一位廷臣的有趣的丑闻录，一个时代日常生活完整的概览。从谁那里也不能像从卡萨诺瓦这里更好地了解十八世纪的日常生活和文化，更好地了解这个世纪的舞会，节庆活动，剧院，咖啡馆，旅馆，赌场，妓院，狩猎场，修道院和要塞。看他的回忆录，我们可以了解当时的旅行，用餐，赌博，跳舞，居住，谈情说爱和寻欢作乐，可以了解各种习俗、礼貌、说话艺术和生活方式，除了这些闻所未闻的丰富多彩的事实，除了这些实际上很具体的现实情节，还有一大群人物形象走马灯似的喧嚷骚动，足够塞满二十部长篇小说，足够一代，不，是十代小说家当作自己的主人公来塑造。他笔下的人物形象多么丰富啊！这里有士兵和王侯，有教皇和国王，有无赖和作弊的赌徒，有商人和公证人，有阉人，拉皮条者，歌手，未婚女子和妓女，还有作家和哲学家，智者和傻瓜——这是把当时最有趣的各色人等一个个赶进一本书的围栏里的人物大汇展。多亏有了他的作品，上百部小说和剧本才有了最好的人物和环境。这部作品像矿藏一样始终取之不尽：就像十代人从古罗马的广场取石造屋，几代文人墨客都可以从这位挥霍无度的人这里借用基本材料和人物形象。

因此，对他的不够正经的才能嗤之以鼻，或因他凡俗的离经叛道的行为而使之重视道德，或干脆为哲理上的鸡毛蒜皮小事而吹毛求疵地责怪他，都是于事无补的——真的是无济于事，毫无用处！这位贾科莫·卡萨诺瓦现在属于世界文学，就像那个曾被判绞刑的弟兄维庸[①]和其他形形色色不光明正大的人一样，他也将比无数道德高尚的诗人和法官更长久地活在人们的心中。无论是他生前还是死后，他都认为一切通行的美学法则都是荒谬的，自相矛盾的，他无所顾忌地把道德的教义问答手册抛到桌子底下去，因为他的经久不衰的影响已经证明：一个人不必有特殊的才华，不必勤恳、正派、文雅、高尚，就能闯进文学不朽者的殿堂。卡萨诺瓦本人证明了，一个人，即使不是作家，也能写出世界上最有趣的小说，即使不是历史学家，也能描绘出最完整的时代画卷，因为那最后的主宰不问方法，只问效果，不问品德，只问活力。每一种完整的情感都可能带来某种成果，诸如厚颜无耻和感到羞愧，没有骨气和意志坚强，恶毒和善良，道德和不道德，无不如此。对万事永存起决定作用的，永远都不是一个人的精神形式，而是一个人的丰满性格。只有感情的影响是永存的。一个人活在世上，表现得越坚强，越精力充沛，越前后一致，越超群出众，他的形象就越完美。因为不朽从来不问道德和不道德，不问善与恶；不朽不要求人纯洁、处处作出表率，不朽只要求人始终一贯，不朽只以作品及其影响为准。在不朽看来，道德一文不值，精神的强大影响便是一切。

---

① 弗朗索瓦·维庸（1432—1463?），法国诗人，曾因罪被判死刑，获赦后被逐出巴黎。

司汤达

过去我是什么人？现在我是什么人？我全说不清。

司汤达：《亨利·勃吕拉的一生》

说谎的兴趣和说真话的快乐

> 我最好是戴上假面具，并更名改姓。
>
> 书 简

说谎蒙蔽世人，很少有人比司汤达说得更多；说真话，同样很少有人比司汤达说得更好，更彻底。

他的假面具把戏和欺骗人的行径，简直是数不胜数。你刚刚翻开他的一本书，一件骗人的事实便从封面和前言跃入你的眼帘，因为作者从来都不直截了当地承认亨利·贝尔是他的真名。他时而给自己加上一个贵族头衔，时而化装成"恺撒·邦贝"或者给他姓名开头字母 H. B. 添加一个神秘莫测的 A. A.。连恶魔也猜不到他原本是一个极其卑微的"法院助理办案员"；只有使用假名字，谎报事实，他才感到自己是安全的。有一次，他装扮成奥地利的退休者，还有一次装扮成古代骑兵队的军官。他最喜欢的是冠以连他的同胞也不理解的名字司汤达（这是根据普鲁士一个小镇的名字取的，那里因他突发奇想而变成不朽的城市）。如果他写出日期，你要坚信，那不是真的。如果他在《巴马修道院》的前言里说这本书写于一八三〇年离巴黎一千二百里的地方，这种可笑之举也掩盖不住真实的情况：实际上，这部长篇小说他是一八三九年在巴黎写成的。在许多事实中种种矛盾也是混乱不堪，纠缠不清。在一部自传里他夸夸其谈地说，他曾在瓦格兰、阿斯佩伦和埃劳打过仗；这里没有一个字是真的，因为他的日记无可争辩地证明：在这些战役期间，他正舒舒服服坐守在巴黎。有几次他讲到他跟拿破仑的一次重要长谈，但真是罪恶啊，就在下一卷里你就会读到他的极其令人信服的自白："拿破仑才不跟我这样的傻瓜谈话呢。"因此，对司汤达的每一个论断你都必须小心考证，最可疑的是他的信件，据说他是为了逃避警察的追踪，才标注假的日期，用不同的假名字落款。本来他是在罗马信步闲荡，他却注明发信地点是奥尔维埃托，他自称信是在贝桑松写的，实际上那天他是在格勒诺布尔，有时是年份的标注，大多是月份的标注起着误导的作用，署名几乎是有规律地变化着。但这不像某些人所说的那样，他干这种蠢事仅仅是为了逃避奥地利警察局的牢房，他这样做也是出于他对使人上当以及伪装和隐蔽自己有一种天生的兴趣。司汤达让神秘的东西和虚假的名字旋转，就像使一柄闪光的花剑围着他人飞舞，目的无非是不让任何一个好奇的人靠近他，因此他从不隐瞒他对存心欺骗和施展诡计的酷爱。当一个朋友在信里愤怒地责怪他可耻地说谎时，他竟心安理得地在责备他的句子旁边写上"一点不假"——"正确！不错！"他笑容可掬地怀着嘲弄的满意心情在他的供职证件上填写假的履历，时而忠于波旁王朝，时而忠于拿破仑。像在沼泽里飘浮着的鱼卵一样，在他所有的文章里，包括已复印的文章和私人的文件里，都充满着种种矛盾。他的最后一次故弄玄虚——简直可说是一切谎言的最高纪录！——是根据他遗嘱里特别强调的愿望，被雕刻在蒙马特公墓的碑石上的文字。在那里至今仍可读到这样骗人的碑文：阿里果·贝尔，米兰人，受过典型法国式洗礼、（令他恼火地）出生在外省寒酸小城格勒诺布尔的亨利·贝尔的长期住所。就是面对死，他也要着假面具出现：他为死披上了浪漫的外衣。

但是，尽管如此，这位经常披着伪装的艺术大师像这样对世人敞开心扉、吐露真言，还是为数甚少。必要时，司汤达会像他喜欢说谎那样讲真话。他的坦率开始是令人吃惊的，甚至常常是令人恐惧的，随后才是动人心魄的，他初次就以这样的坦荡胸怀勇敢地说出最隐秘的经历和对自己的观察，别人却在意识到这种情况之前赶快掩饰这一切，或像变戏法似的把它们变走。司汤达说真话和说谎话一样勇敢乃至胆大包天。他毫不踌躇地越过社会道德的一切障碍。他通过一切国界和国内检查的所有关卡进行走私；他生活上胆小怕事，面对女人羞怯退缩；但只要一拿起笔，他立刻就变得无比勇敢；于是便没有任何"障碍"阻挡他了。相反，无论在哪里，只要在自己的心里发现有这样的阻力，他就抓住它们不放，把它们从内心掏出来，以便用最严格的客观态度解剖它们。恰恰生活中的最大障碍，他在心理上控制得最好。一八二〇年前后，他就直觉地以真正的天才的幸福感撬开了那心灵机械上的一些精制的扣锁，一百年以后心理分析学才以其复杂而精巧的仪器，拆开和改造这种心灵机械。——他那天生的、在体育锻炼中获得的心理学家的胆量，使缓慢发展的科学的一个原理提前出现了一个世纪。因此，当时司汤达除了自己的观察没有任何别的实验室：他惟一的工具一直是一种无比强烈的、极端精明的好奇心。他观察他所感到的一切，凡是他所感到的东西他都坦率而大胆地说出来，而且说得越大胆便越好，说得越深刻便越热情。他最喜欢透彻研究他的最坏的、躲藏得最深的感觉：我只记得他是多么经常多么狂热地炫耀他对父亲的憎恨，他多么傲慢地说他曾白白浪费了一个月时间去竭力体味听到父亲死讯时的痛苦。他对性生活障碍的最痛苦的自白，他的极端虚荣遇到的危机，他在女人当中的接二连三的失败——这一切他都像摆出一张总参谋部的地图一样那么客观精确地摆在读者的面前。人们在司汤达那里发现一些最隐私最微妙的坦诚报告，写得像临床记录那样冷静，从来没有一个人对他的这种坦率真诚感到厌恶，也没有人认为他的这种坦率真诚是被迫流露出来的。这便是他的功绩：在他的聪明才智凝结的清澈透明、利己冰冷的结晶体里，永远为后世存留着对精神的最宝贵的认识。没有这位披着伪装的神奇的大师，我们就不会了解到这么多感觉世界和他所处的底层社会的真实情况。因为谁曾坦诚地对待自己，他就会永远坦诚。谁悟得出自己的秘密，谁就发觉了所有人的秘密。

肖　像

你很丑，但你气度不凡。

加尼翁舅舅对年轻的亨利·贝尔说

　　暮色苍茫，黎塞留街的小阁楼里。写字台上点着两支蜡烛，从中午开始司汤达就在写他的长篇小说。现在他突然扔下了笔：今天就到这儿了！现在要休息一下，出去走走，好好吃一顿饭，去参加聚会，快活地谈天说地，与女人周旋，凑凑热闹！

　　他开始做准备，穿上外衣，理正了假发，又赶快照了照镜子！他仔细端详了一下自己，立刻嘲讽地撇了撇嘴：不，他对自己并不满意。这是一张多么粗俗的哈巴狗似的面孔，略圆，红红的，肥胖市民阶级的面孔，那个宽大的鼻子多像讨厌的短粗块茎镶嵌在这张外省人的脸上！那双眼睛谈不上令人讨厌，很小，黑黑的，闪闪有光，充满不安的好奇的神情，但它们在阴沉的方额头的两道浓眉

91

下面却显得太深太小。在这张脸上还有什么是好的呢？司汤达气恼地端详着自己。没有什么是好的，没有什么是柔和的，没有充满生气的线条，一切都是笨重的、粗俗的，最丑恶的资产阶级的庸人相。这个镶在棕色胡须框里的球形脑袋说不定算得上这个令人讨厌的身躯上最好的部分。因为下巴往下一动，脖子便显得太短，压出一个小肿块，下巴再低一些，他简直连看都不敢看了，因为他恨透了他那蠢笨的、极不相称的大肚皮，那长得太短的难看的腿。这两条腿如此吃力地支撑着亨利·贝尔沉重的身子，以致他的同学总是把他叫做"能移动的塔"。司汤达还在镜子里寻找某种安慰。充其量也就是这双手，是的，它们算得上是一种安慰，这手像女人的手似的细嫩，因为有那些磨得很光滑的长指甲而显得颇有弹性，从这里透着些许才智和高贵。还有这皮肤，是少女般敏感的、柔软的皮肤，它温情脉脉地显露出少许上流社会的特质，给人以高雅的印象。但是谁会注意这个男人身上的一些微不足道的女人特征呢？女人只问面貌和身材，根据五十年的经验他知道，女人都是不可救药的粗俗。奥古斯丁·费龙称他的这副嘴脸为裱糊匠的脑袋，蒙塞莱特则说他是一名"长着药剂师面孔的外交家"；但即使是这样的评定似乎对他也太友好了，因为司汤达现在恼怒地凝视那面没有怜悯心的镜子，自我断定：一张意大利屠夫的脸。

但他这个肥胖笨重的身体，至少是粗野的，有男子气概的！——确实也有这样的女人，她们钟情于有宽阔肩膀的男人，在她们眼中，一个哥萨克人往往比一个花花公子更体贴。不过，他知道，用下流的话来说，这种粗壮的农夫身形，他身上的这种血液旺盛的红色只是肉体的一种假象。在这个巨人的身体里面闪烁着一个微妙的甚至病态的敏感性的神经束，所有的医生都像注视一个"敏感的怪物"似的惊讶地注视着他。而这样一个蝴蝶的灵魂——说来罪恶！——竟被嵌入如此肥厚的肉体里：想必是某种梦魔在摇篮里更换了肉体和灵魂，因为在它粗糙的外壳里面，每当激动时那病态的超等敏感的灵魂都要不停地打寒战。看见邻室有一扇开着的窗户，剧烈的颤抖便爬过他脉络交错的皮肤；一扇门自动关上了，神经立刻在粗野的撕扯中抽搐起来；嗅到一种难闻的气味，于是他感觉有些头晕；在一个女人的身旁，他会心乱如麻，谨小慎微，或者相反，变得粗暴，不讲礼貌。这种矛盾的心理真是难以理解！干吗长了这么多肉，长了一个大肚皮？长了这么些粗笨的赶车人的骨头，内心却有如此精细和脆弱的感情？干吗有这样一个没有吸引力的、粗笨的身体，里边却是一个如此复杂、如此敏感的灵魂？

司汤达转过身来，不再照镜子，外形的不可救药，这一点他从青年时代就知道了。在这方面，就连魔术大师似的裁缝也帮不了什么忙，尽管这位裁缝给他的马甲下面加了一件紧身胸衣，巧妙地从上面压住大肚皮，还给他做了里昂丝的出色的长仅及膝的裤子，以便掩盖那可笑的短腿。生发剂虽然能使那早已花白的络腮胡子变成更具男人特质的棕色，但也无济于事，时兴的假发虽然能护住秃顶，但也无能为力。镶金边的领事馆制服和精细磨光、闪着微光的手指甲同样帮不了他。这些器具和小手法只起到少许虚饰和装扮的作用，它们能掩盖肥胖和衰老，但是在林荫大道上，还是没有一个女人转身瞧他一眼，什么时候也没有一个女人像德·雷纳尔夫人朝他的于连，或者像德·夏斯特莱夫人朝他的吕西安·娄凡那样深情地看过他。不，她们从来都没有注意到他，身为年轻的少尉时没有人注意过，到了现在，他的灵魂已深藏在一身肥肉里，年龄已在他额头上刻上皱纹了，还是没有人注意到他。过去了，好时光都在嬉戏中虚度了！一个人长了这么一张脸，是不会走桃花运的，从来没有例外！

这样，就只剩下一个办法了，那就是要聪明，机智，有吸引力，招人喜欢，把人们的注意力从脸上转到他的内心，靠令人惊异的言谈举止吸引人和诱惑人！"有才能遮三分丑"，在必要时才能可以代替美。一个人其貌不扬，便不得不靠才智打动女人，因为他不能从美的方面使她们见了动心。在多愁善感的女人面前要装出忧伤的样子，在轻薄的女人中要显得玩世不恭，有时要正好相反，保持警觉，总是显得才华横溢。"把一个女人逗乐，你就会得到她。"如果人家冷淡，你就机敏地抓住每一个弱点装出热情的样子，如果人家满腔热情，你就冷若冰霜，变着法儿使人惊诧，耍耍手腕使人心慌意乱，永远表现得与众不同。首先是不要错过机会，不要害怕失败，因为女人有时会忘却一个男人的脸，就连提坦尼亚也在一个奇妙的夏夜亲吻过一个丑陋的蠢人。

司汤达戴上那顶时兴的帽子，拿起那副黄色的手套，对着镜子试演了一个冷嘲热讽的微笑。好，今天晚上他就这样出现在德·T.夫人家里，要摆出嘲弄、讥讽、玩世不恭和冷冰冰的样子：这恰好可以使人惊异，使人感兴趣，使人迷惑，这正好可以用闪光的假面具一样的言词掩盖他丑陋的外形。只是要使人大为惊愕，要做到一出现就把注意力吸引到自己身上来，这是把内心的沮丧隐藏在大言不惭的吹嘘背后的最好的方法。当他走下楼梯时，他便虚构出一个人声鼎沸的前厅：仆人将通报商人恺撒·邦贝先生到达，然后他才走进来，装作喋喋不休高谈阔论的羊毛商人，不让别人说话，夸夸其谈地讲述他编造出来的生意情况，直到他撩拨起人们的好奇心，女人们习惯了他的面孔为止。然后再用一连串有趣感人的轶事趣闻使她们感到轻松愉快，一个昏暗的角落成功地把他的体形罩在阴影里，喝上一两杯潘趣酒，也许，也许到了午夜，女人们会发现他很迷人呢。

他的生活掠影

一七九九年。

从格勒诺布尔到巴黎的邮车在奈穆尔停下来换马。激动的人群，各式的标语牌，各种报纸都集中在一条新闻上：年轻的波拿巴将军昨天在巴黎扼杀了共和国，踢开国民议会，自己做了执政官。所有的旅行者都在热烈地争论，只有一个宽肩膀、红脸膛、年仅十六岁的小伙子对此不大关心。共和国或执政任期跟他有什么相干，他到巴黎去，说是为了进综合技术学院学习，实际上是为了逃离外省，去体验巴黎的生活。巴黎呀，巴黎！这个响亮悦耳的名字充满了五彩缤纷的梦想。巴黎，意味着奢华，优雅，轻松愉快，繁华，自由，特别是女人，许多女人。他梦想着，随便哪一个年轻、漂亮、温柔、时髦的女人（也许与他在格勒诺布尔从远处偷偷地爱过的那个女演员维克托里娜·卡布利相似），他都将会以一种浪漫的方式突然结识。他梦想着，他将迎面冲向受惊的马，从破损的双轮马车里把她救出来，为她去做出某种伟大的壮举，而她则将成为他的情人。

　　邮车继续颠簸向前，无情地碾碎了这些为时过早的梦幻。这个孩子几乎没看一眼风景，几乎没跟他的同行者说一句话。车夫终于把车停在一条道口横木前。车轮隆隆地从高低不平的街道滚过去，进入那些高大房屋之间的狭窄、肮脏的深巷，腐败食物和穷人汗臭的气味呛得人喘不过气。这个失望的孩子吃惊地看着他的梦乡。原来这就是巴黎，巴黎就是这个样子吗？日后他将一再重复这句话，在他参加第一次战役以后，在越过大圣伯纳山口的时候，在头一个爱情之夜。在这些狂热的梦想化为乌有之后，与这种非分的浪漫要求相比，现实总显得无力而乏味。

　　在圣多米尼克街一家很平常的旅馆前面，他们让他下了车。旅馆六层的阁楼，没有窗户，只有一个小天窗，那是地地道道的滋长愤怒伤感的温床，小亨利·贝尔就在这里住了几个星期，没有看过一眼他的数学书籍。他总是一连几个小时信步走在街头，欣赏女人，研究她们身穿袒胸露背的新罗马时装是多么迷人，她们跟追求者开玩笑又是多么热情。她们多么会笑，笑得又诱人又轻松。但他不敢接近任何一个女人。这个粗手笨脚的少年身穿外省人的绿色大衣，一点也不时髦，怎敢上前搭讪。连那些围着路灯转悠的只给几个小钱就行的姑娘他也不敢问津，只有愤怒地妒羡那些更勇敢的同伴。他没有朋友，没有交际，没有工作。他像一个梦游人似的愁眉苦脸地穿过一条又一条街道，期待着罗曼蒂克式的艳遇，完全沉浸在内心的幻想中，有几次差点被马车撞倒。

　　终于，在完全被拖垮了以后，在他渴望说话、温暖和亲密关系时，他去拜访了他的亲戚，那个富有的达吕一家。他们对他很友好，他们请他搬到他们漂亮的房子里来住，但——亨利·贝尔的原罪在作怪！——他们出身于外省，而这正是他不能原谅他们的；他们过着资产阶级的富有舒适的生活，而他却囊空如洗，一文不名，这使他非常气恼。他厌烦、沉默、笨拙地跟他们坐在一起用餐，简直像他们的一个隐蔽的敌人。他把他追求亲切体贴的热烈愿望深藏在郁闷的嘲讽的倔强性情的背后。大概正如达吕家老一代人私下断言的那样：这是一个讨厌的忘恩负义的家伙。晚上很晚的时候，这家的英雄人物，威力无比的波拿巴的得力助手——皮埃尔·达吕（后来封了伯爵）才从国防部回来，他是那样的疲惫，困倦，沉默不语。按照他内心的爱好，这个军人是可以成为这个小诗人的可爱的同行的（因为他一直用沉默来封闭自己，这位军人便认为亨利·贝尔是一个不开窍的蠢货，特别像一条鲤鱼似的没有教养）；因为这位军官在闲暇时翻译贺拉斯的诗，写哲学论文，而且准备在退役后撰写一部威尼斯的历史。但现在他在波拿巴的庇护下肩负着重要的使命。他是一个永不疲倦的老黄牛，他夜以继日地坐在参谋部的秘密工作室里做计划，思考问题，写公函，但谁也不知道目的何在。小亨利憎恨他，因为他想帮助他发达，而他不想发达，他只想随心所欲。

但有一天，皮埃尔·达吕把这个懒汉叫去，要亨利立刻跟他一起到国防部去，说他为亨利谋到了一个差事。在达吕的强迫下，这个胖乎乎的小亨利只好从早上十点钟到夜里一点不停地写信，写报告，直写得他手腕酸疼难忍。他一直不知道，所有这一切没完没了的抄写是干什么用的，但不久以后全世界却都知道了他所抄写的一切。他万没想到他竟参与了意大利战役，这个战役从马伦哥①开始，以帝制的建立而告终。这位"导师"终于讲出了秘密：宣战了。小亨利·贝尔松了一口气，谢天谢地，现在这个折磨人的达吕必须出发到司令部去了，恼人而乏味的书信抄写结束了。他松了一口气。尽管战争仍然是世上最可怕的东西，但比起他所憎恨的工作和寂寞这两件事来，他更喜欢战争。

一八〇〇年，五月。

波拿巴的意大利军团后卫队在洛桑。

几名骑兵队的军官并辔前行，大笑不止，筒状军帽上的羽饰不停地摇晃。一个逗人发笑的景象出现在眼前，前面，在一匹不驯顺的老马的背上，坐着一个短腿的胖少年，他像一只猴子似的笨拙地紧紧抓着缰绳，服装是半军半民；那匹老马想让这个业余骑手来个嘴啃泥，那少年一直在跟这匹不听话的老马搏斗。他的重剑斜绑在腰间，对着马的臀部不停地摇摆，使得这可怜的马痒得难受，最后它便抬起前蹄，突然急速狂奔起来，横越田野和沟壑，摇动着那忧虑不安的骑手。

几个军官乐不可支。"骑过去，"队长比雷尔维耶终于同情地命令他的勤务兵道，"帮帮这个半吊子！"那勤务兵催马疾驰，紧紧跟在后面，向那陌生的老马狠狠地抽了几鞭子，直到它站住为止。然

---

① 意大利北部的一个村庄，一八〇〇年五月拿破仑在此大败奥军。

后他抓住缰绳，把那个生手拉过来，那生手的脸愤怒和羞愧得像锅里的螃蟹一样红。"你们要干吗？"他激动地问队长，这个永远的梦想家已经想到拘捕或决斗了。但这位爱开玩笑的队长一听说他是位高权重达吕的表弟，便立刻对他十分客气。队长请他加入他的团体，并且问这个可疑的新兵此前都在什么地方混事。亨利脸红了，心想：不能向这些凡夫俗子供认，他曾在日内瓦眼含泪水在让-雅克·卢梭诞生的那所房子前伫立过。他装出敏捷而大胆的样子，以一种蠢笨的方式捉弄这些勇敢的人，倒使他们大家都很喜欢他。军官们首先以同志的情谊教他骑马时把缰绳抓在二、三指之间，皮带上扣紧军刀的高超技巧，此外还教了他一些当兵的秘诀。亨利·贝尔立刻就觉得自己成了士兵和英雄了。

他觉得自己是英雄，至少他不容许别人怀疑他的勇敢。他宁可撕下自己的舌头也不提出一个愚蠢的问题，也不因恐惧而唉声叹气。在跨越举世闻名的大圣伯纳山口以后，他在鞍桥上漫不经心地转过身来，近于轻蔑地向队长提出一个他一直没有解决的问题："这就是一切吗？"当他在巴尔特要塞附近听到几门大炮的轰鸣时，他又惊奇地问："这是战争吗？仅仅如此吗？"至少，他闻到了火药味。面对生活的一种天真无邪的心理现在消失了，他越发不耐烦地用马刺踢了一下马，便疾驰下山奔向意大利。这时其他人都失散了，惟独他通过短时间的冒险，迎着爱神的无限的艳遇奔驰。

一八〇一年，米兰，沿着东方港口乘船游览。

战争把意大利皮埃蒙特地区的妇女从被监禁的状态中唤醒了。

自从法国人到了这个国家，她们每天都乘坐自家低矮的贵宾车在蓝天下沿着闪闪发光的大街行驶，时而让车停下来，跟她们的情人或跟她们丈夫家的世交闲聊几句，也很愿意面带微笑注视年轻放浪的军官，用扇子和鲜花做传情的游戏。

在稀疏的阴影的笼罩下，一个十七岁的士官贪婪地看着那些时髦的女人。是的，亨利·贝尔没参加过一次战役，就突然成了六个龙骑兵中的一个士官；作为大权在握的达吕的表弟，干什么不是轻而易举呀！法国龙骑兵亮晶晶的钢盔上的黑色马毛在前额上飘动摇摆。大军刀在他白色的骑兵队大氅后边发出响亮的丁当声，马刺在皮靴的翻口上丁零作响。这个守旧的矮胖粗壮的小伙子，看上去的确透着尚武的精神。

他不应该在这里四处闲荡，成天挎着重剑走在石子路面上贪婪地端详女人，他本应该待在连队里，为把奥地利人赶到明韶河彼岸出把力。但这个十七岁的少年不喜欢干平庸的事。他已经发现，"用马刀劈砍厮杀根本不需要什么才智"。既然他是大人物达吕的表弟，那他就不要去做粗俗的大兵该干的事，他最好留在这个繁华的后方驻地米兰。因为在临时宿营地没有这么美丽的女人可以追求，首先没有斯卡拉歌剧院，那里正在上演奇马罗萨①的歌剧，聘有著名的女歌唱家。就在米兰，而不是在北意大利偏僻沼泽地的一个帐篷里，亨利·贝尔建立了自己的真正的大本营。晚上，每当斯卡拉歌剧院的五层楼包厢里渐渐亮起灯光时，他总是第一个到达。小姐

---

① 奇马罗萨（1747—1801），意大利作曲家。

太太们走进来，看得见个个薄纱衣下面"比半裸更裸露的"身体，而那些身穿闪闪发光的军服的人都对着她们光亮的肩头屈身鞠躬。啊，这些意大利女人，她们多美呀！她们是多么快活，多么招人喜爱呀，多么幸福地享受着这一切，因为波拿巴把五万名年轻小伙子带到了意大利，给这些女人的意大利丈夫减轻了负担，也增加了痛苦！

　　遗憾的是，在所有这些女人当中一直没有一个女人想到，在这五万青年人里选择来自格勒诺布尔的亨利·贝尔。这个骄矜的安吉拉·皮特拉格鲁瓦，这个丰满的布商的女儿，她喜欢在客人面前袒露她那白皙的胸脯，在军官的小胡子上温暖她的嘴唇，她怎么能知道，这个长着一对黑黑的闪光的眯缝眼的小圆脑袋——"他是中国人"，她多少有点冷淡地戏称他是中国人——会爱上了她？他怎么能知道，他像梦想一个可望而不可即的偶像一样日夜想着她这个并非硬心肠的人，而她，这个固执的资产阶级的姑娘怎么会因为他的罗曼蒂克的爱情而一下子坠入情网呢？当然，他每天晚上都来跟别的军官玩法老牌，他默默地羞怯地坐在角落里，她一跟他说话，他的脸就变得苍白。但他那时握过她的手，悄悄地把膝头向她的膝头移过去，或给她写过一封信，甚至对她小声地说过"我爱你"吗？这个胸脯丰满的安吉拉对法国龙骑兵的其他明确的表示早就习以为常了，她几乎没有注意到这位小个子士官，所以这个笨拙的家伙错过了得到她恩宠的机会。他没有想到她多么喜欢和愿意把她的爱给予每一个追求者。尽管亨利·贝尔佩带大号重剑，脚穿翻口大马靴，但他仍然像在巴黎一样腼腆。这个怯懦的唐璜一直像少女一样拘谨。每天晚上他都打算冒险冲击一番。他小心地在笔记本里写下年长的朋友们怎样用暴力战胜一个女人的贞洁心理。但刚刚来到那个可爱的圣洁的安吉拉身边，这个空谈的卡萨诺瓦立刻就手足无措，神思慌乱，满面通红，像一个少女。为了成为一个真正的男人，他决意抛弃他的忸怩心态。某一个米兰的职业妓女（"我完全记不得那是谁，她长得什么样了。"他后来在他的笔录中这样写道），在他看来就是圣坛，但遗憾的是，她却以相当不雅的礼貌回报他最初的奉献，她把她的病传给了这个法国人，据说这种病是法国波旁王族的康奈塔布尔元帅的人带到意大利的，从那时起就叫法国病。所以，这个寻求维纳斯温柔服务的战神马尔斯的仆人，就这样供奉严厉的商业神墨丘利达数年之久。

一八〇三年，巴黎。又是在六层阁楼里，又是身着便装。

军刀没有了，马刺和缰绳也没有了，少尉委任状被抛进了角落。士兵的经历使他尝到了足够的甜酸苦辣，他已经厌烦了军旅生活——他用法语说："我已经烦透了。"那些傻瓜还没来得及严格要求亨利·贝尔认真地在那些肮脏的村子里执行卫戍任务，要求他洗马，要求他服从命令，他就逃跑了。不，服从命令不是这个任性的人该干的事，他的最大的幸福是"既不命令任何人，也不当任何人的部下"。于是，他给那位部长写了一份辞职书，同时给他的严父也写了一封信，希望父亲能给他点钱。亨利在他的书里曾以最粗野的方式诽谤过他的父亲（说父亲是以笨拙的隐忍的态度爱自己的儿子，就像亨利爱那些女人一样）。亨利在他的笔录中，总是讥讽地称他的父亲为"神父","私生子",但父亲却真的每个月汇钱给他。当然钱不多,但也够用,足够他为自己做一件说得过去的上衣,买几条很讲究的领带,买一些白纸供他写喜剧剧本用。因为现在亨利·贝尔有了一个新的决定:他不想学数学了,他想做一名戏剧家。

他首先是采取进法国喜剧剧院看戏的方式向高乃依和莫里哀学习。其次,对一名未来的剧作家十分重要的经验则是:必须了解女人,必须爱女人和被女人爱,找到一个"美的灵魂",一颗"有吸引力的心灵"。他向小阿黛丽·勒布菲特献殷勤,得到的却是那种不幸情人的充满幻想的乐趣;所幸这位小姐的耽于享乐的母亲每周都以尘世的方式给他几次安慰(正如他在日记中所写的)。这虽然很有趣,很有效益,但总不是真正的、热狂的、伟大的爱。所以他坚持不懈地寻找高尚的崇拜偶像。最后,路阿松,法国喜剧剧院的一个娇小的女演员缚住了他那不断高涨的激情;她接受他向她表示崇拜而无需首先得到允许。但在遭到一个女人的拒绝时亨利会爱得更热烈,因为他只爱永远得不到的崇拜偶像。可是不久以后,这个二十岁的青年人便坠入情网了。

一八〇三年,马赛。发生了惊人的变化,简直令人难以置信。

这真的是亨利·贝尔,拿破仑军队的编外中尉,巴黎的纨绔子弟,明日的作家吗?这个批发兼零售殖民地农副产品的莫涅-希耶公司狭小的一层楼里腰束黑色围裙的店员,这个在马赛港口左边这个肮脏的小胡同里一个充满油烟和无花果气味的郁闷的地下室,坐在写字高凳上的伙计，果真是他吗？这确实是那个崇高的人吗？昨天他还以最高尚的情怀合辙押韵地作诗，今天却在这里零售葡萄干、咖啡、白糖和面粉，给顾客写催款单，在税务所跟那些官员讨价还价。是的，这就是他，就是那个圆脑袋，那个倔强的家伙。既然特里斯坦为了接近心爱的伊瑟装扮成乞丐，既然公主为了跟随那个知心的骑士参加十字军东征换上过宫廷侍童的服装——那么他，亨利·贝尔也是完成了一项英雄壮举。为了陪伴他的情人，陪伴那个被聘到马赛演戏的路阿松，他在一家殖民地商贸公司当了雇员，当了面包师助手和站柜台的店员。白天手指上沾满了白糖和面粉，晚上却能去剧院把一个女演员接回家来，领这个情人上床，这有什么不好啊？

多美妙的时刻，多美妙的满足！但遗憾的是，对一个耽于幻想的人来说，没有什么比离他的理想太近更危险的了。后来他发现，马赛这个梦寐以求的南方城市，其实跟格勒诺布尔一样土气，到处是南方人的喧闹和装腔作势，街道像巴黎的街道一样又脏又臭。即使他跟他心中的女神一起生活，他也只能得到这样一种令人失望的体验：这个女神尽管一直很美丽，但实在是愚蠢至极，于是他便开始觉得无聊了。假如有朝一日剧院解聘了这个女神，她像一片云似的飘到巴黎去，他甚至会很高兴呢。他将摆脱幻想，明天又不知疲倦地去寻找下一个女神。

一八〇六年，不伦瑞克。又一次改变服装。

又穿上了军服，不再是粗糙的士官服，不再是那种只在随军女贩和缝纫女工眼里才受尊敬的服装。现在，每当这位伟大军队的军需官代表亨利·贝尔先生，同封·施特罗姆贝克先生或同随便哪一个不伦瑞克社会的杰出代表，穿过街道时，那些德国小镇士绅便毕恭毕敬地刷的一声把帽子从脑袋上摘下来。不过，他现在已经不是简单地称作亨利·贝尔了；我们应该做一个小小的更正，自从他到德国身居要职以后，他便在签名时写"封·贝尔先生"，法文为"亨利·德·贝尔"了。虽然拿破仑没有封他为贵族，甚至连一个小荣誉勋章或其他荣誉饰物都没有赏给他，但亨利·贝尔是一个敏锐的观察者，他发现老实的德国人倾慕头衔就像燕雀喜欢飞向黏胶。在贵族社会里，总有各式各样妩媚的金发美女吸引人们去跳舞，他不愿意在这种场合被视为庸俗的平民：字母表中的 de（德）这两个字母极巧妙地使华丽的制服变幻出一种特殊的光轮。

原来种种恼人的使命都加在了贝尔先生身上。上司要他从劫掠一空的管区搜到七百万战时特种税，要他在管区建立和维持秩序；对这些事他仿佛只用左手便可应付自如，腾出右手可以打台球，拿起猎枪练习射击，参加别的文雅的消遣活动。德国也有讨人喜欢的女子。他可以对一个金发贵族女子明欣表示他的柏拉图式的爱情；一个朋友有一个美丽的名字，叫克纳伯尔胡伯，对这个朋友的可爱的女友他却倾泻出更粗野的情欲，满足夜间的需要。这样，亨利就又使自己的日子过得很舒适了。所有的元帅和将军都在奥斯特里茨和耶拿的露天下熬汤，贝尔一点也不羡慕他们，他在没有战争的地方静静地读书，让人给他翻译德文诗篇，而且又给他的姐姐保琳娜写了一些优美的书信。他越来越有意识地、越来越出色地成长为一个善于生活的人，他是一切战场上迟到的旅行者，一切艺术的有才智的业余爱好者，他越能广泛地认识世界，越能正确地观察世界，他便感到越自由，越接近他本人。

一八〇九年，五月三十一日。维也纳。清晨。

绍滕教堂，昏暗，只坐了一半人。

有几个老头和老太太身穿褴褛的黑色丧服跪在第一排凳子上，这都是来自罗劳的善良的海顿老爹的亲戚。法国的燃烧弹突然呼啸着飞进他可爱的维也纳，把这位风烛残年的正直老人吓死了。这位人民颂歌的曲作者临死时满怀爱国主义热情结结巴巴地说："上帝保佑弗兰茨皇帝！"于是他们便不得不在进驻军队造成的混乱局面里急急忙忙把这具像孩子一样轻的尸体从贡喷多尔夫郊区的那所小房子送到教堂墓地。现在是维也纳的音乐家们事后在绍滕教堂里为他们的大师举行隆重的安魂弥撒。相当多的人从被占领的家中挺身而出，前来悼念死者。说不定在这些人当中也站着贝多芬先生，那个留着头发蓬乱的狮子头的短腿怪人。说不定在上面那个合唱队的男孩当中就有一个来自利希滕塔尔的名叫弗兰茨·舒伯特的十二岁的小男孩。但没有一个人注意别人，因为突然进来一个身穿制服的法国高级军官，陪同他的是身穿音乐学院刺绣礼服的副主持人。所有人都不禁大吃一惊：难道法国入侵者禁止大家在这里最后一次悼念善良可亲的海顿吗？根本不是，这是封·贝尔先生，大军的高级法官，他完全是以个人身份来到这里的。他在城区某处听说，这里要为这次纪念活动演奏莫扎特的安魂曲。为了听莫扎特或奇马罗萨的音乐，这个可疑的战争的奴隶可能骑马跑了一百里地，因为在他看来，这位可爱的大师的四十小节音乐比历史上消灭达四万敌人的威武的步兵营更有价值。他小心翼翼地走到教堂长凳前，倾听此刻缓慢开始响起的音乐。这个安魂曲他非常不喜欢，他发现这个曲子"过分喧闹"，不是"他的"那个轻柔的无忧无虑的莫扎特。只要艺术超越了清晰的歌唱的界线，只要它越出人的嗓音使永恒因素达到野蛮、放纵的程度，他总觉得它陌生。晚上，在凯伦特纳托剧院里，他觉得唐璜也是慢慢地才变得可以理解。有一次，在大厅里，他的邻座贝多芬先生（关于这位先生他一无所知）冲着他大发脾气。在这种一点也摸不着头脑的混乱中，司汤达感到的惊异真是不亚于他的那位魏玛的伟大诗人兄长，那位歌德先生。

弥撒结束了。亨利·贝尔身穿闪闪发光的军服，愉快而高傲地走出教堂。他沿着壕沟漫步，发现维也纳这个美丽清洁的城市十分迷人，这里的人都能创作美好的音乐，不像北方其他各地的德意志人那样在创作音乐时要冥思苦索地先写出草稿。这时他本应到办公室里为大军的给养操劳，但他似乎觉得这种公务并不怎么重要。达吕表兄工作时像一匹马，拿破仑即将取胜，感谢上帝，是他创造了这么一批怪人，工作使他们感到乐趣无穷，他们靠自己的收入可以生活得很好。贝尔表弟更喜欢承担比较舒适的工作，在他表兄狂热工作的情况下安慰表兄在维也纳的妻子达吕夫人。从青年时代起，贝尔就熟知以怨报德的魔鬼心术，他想，对恩人的报答，有什么能比以感情和温存善待他的妻子更好的呢？他们一起骑马出城到普拉特游乐场去，在被毁坏的别墅亭榭里，他们俩各种各样的亲昵行为开始发展起来。他们参观画廊、珍宝馆和贵族美丽的乡村府邸，直到乘坐有软垫的四轮带篷马车向匈牙利疾驰。就在这期间，士兵们在瓦格兰被击穿头盖骨，她正直的丈夫达吕正在挥汗谋划战争。他俩下午谈情说爱，晚上去凯伦特纳托剧院看戏，他们最喜欢听莫扎特的音乐，凡是音乐会他们都去听。这个身穿军需官外衣的古怪的人渐渐明白了，对他来说，生活的一切意义和甜美都存在于艺术之中。

一八一〇年至一八一二年。巴黎。帝国的光辉年份。

生活越来越美丽。他有钱而不必工作（众所周知，他并没有功劳！），他却通过女人温柔的手变成国务委员会的成员和皇室家具的管理者。所幸拿破仑并不当真需要他的国家顾问。他们这些国家顾问有的是空闲时间，可以随意散步——不，可以随意乘车兜风！亨利·贝尔的钱包由于突然获得的高官厚禄而变得鼓鼓囊囊的，现在他可以驾驭自己漆得闪光发亮的双轮活篷轿车了，他在富瓦咖啡馆用餐，雇用上等裁缝做衣服，跟他的表嫂要好，还养了一个名叫贝莱特的舞女为情人（这是他青年时代的理想！）。真离奇，人到三十竟比二十岁时更走桃花运！多么难以解释，他越冷淡，她们越热情；现在，对这个贫苦的大学生来说曾经如此丑陋的巴黎，也开始慢慢使他中意了；真的，生活变得美好了。而最美的则是，他有钱了，也有时间了，时间甚至多得使他为了消遣，一再回忆起可爱的意大利，写了一本那个世界的书，一本绘画史。

啊，撰写艺术史，这确实是一项无拘无束的令人愉快的娱乐，特别是当一个人像亨利·贝尔这样舒舒服服地去写，即四分之三的内容直接从别的书里抄录，而剩余的部分则用轶事和笑话松散地填充，就坐享作家一样的成就，是多么幸福呀！亨利·贝尔想，也许他到老年才能写书，才能在回忆中描写已逝的时光和那些女人。但现在干什么好呢？现在生活这么富有，这么充实，这么美好，可不能把时间浪费在写字台上呀！

一八一二年至一八一三年。

一个很小的干扰，拿破仑又进行了一次战争，这一次是远征好几千里。但是，俄国，那个十分遥远的国度，吸引着这位永远好奇的旅行者，去看一看克里姆林宫和莫斯科人，公费到东方去逛一趟，是多么难得的机会呀！当然是随着后卫部队，舒适又没有危险，就像当初在意大利、德国和奥地利一样。事实上，他带着玛丽·路易丝给的一个大皮包，里面装满了写给她伟大丈夫的信，她郑重委托他乘坐快速专用马车和铺着毛皮的雪橇把这些秘密邮件送到莫斯科去。贝尔凭经验知道，因为他将在近处看见战争，他会越来越觉得百无聊赖，所以他便私下里带上了一些别的东西供个人消遣，这里有用绿色摩洛哥羊皮装帧的《绘画史》十二卷手抄本，还有他早年开始写作的喜剧；因为一个人为自己工作，哪里能比在大本营更好呢？最后，连塔尔玛和大歌剧团也得来到莫斯科，那时他就不会太感寂寞无聊了，随后将有新的异性：波兰女人，俄罗斯女人……

半路上，什么地方演戏，贝尔就在什么地方停留，即使在战争时期，即使在旅途中，他也不能没有音乐。不论在哪里，总得有艺术做他的伴侣。但还有更令人惊诧的一幕剧在俄国等待他呢，莫斯科，这个世界闻名的大都会，自尼禄以来没有一个诗人看到过它壮观的全景。亨利·贝尔在这激动人心的时刻并没有创作出一首颂歌。他的书信也很少写到这个令人不快的事件。在这个难以捉摸的、会享受的人的眼里，世界的军事征讨，早已不如十拍音乐或一本明智的书重要了。心的微弱颤动比波罗金诺大炮的轰击更使他感到震惊，因此他觉得除了他个人的生活，其他的历史都没有多大的意义。所以他在大火中挑出一部装帧精美的伏尔泰著作，打算把它带在身边作为到过莫斯科的纪念。但这一次战争却狠狠地伤害了这位战地的空想者。在别列西纳河畔，这位军事法官贝尔还从容不迫地把胡子刮得干干净净（在军队里他是惟一想到要刮胡子的人），然后才急急忙忙越过那座吱嘎作响的大桥，否则就没命了。日记本，《绘画史》，精美的伏尔泰，马匹，皮衣，旅行包，全都留给了哥萨克人。他只穿着撕破的衣服，尘土满面地疲于奔命，逃回了普鲁士，皮肤都冻裂了。又是歌剧使他得以喘出第一口气，为了恢复精神，他像别人跳进澡盆一样立刻跑去听音乐。对亨利·贝尔来说，这次远征俄罗斯，伟大军队的被歼，只不过是两个晚会之间的一个间奏曲而已，撤退时在柯尼希贝格看的是歌剧《狄托的仁慈》，出征时在德累斯顿看的是《离婚》。

一八一四年至一八二一年。米兰。

又穿上了便服，亨利·贝尔受够了，彻底受够了战争的磨难。

从近处看，一次战役跟另一次战役没有什么不同，一个人在每次战役中看到的都是同样的情形，"也就是虚无"。他已经厌烦了一切任务和官职，厌烦了祖国和争战，厌烦了文件和军官。如果拿破仑由于严重的战争狂发作，又一次征服法国，那也好，他这么干好了，但他不会再得到军事法官先生的支持。亨利·贝尔绝不想再命令谁，也绝不想再听命于谁了。除了最自然的事和最艰难的工作，他什么都不想做了，最后他终于要过他自己的生活了。

早在三年前，在两次一般性的拿破仑战争之间，他腰包里还有两千法郎的时候，他幸福愉快得像个孩子似的南下意大利度过假。在青年时代之后，乡愁就在他的心里涌动了，直至生命的最后一刻，这种乡愁一直没有离开日益衰老的贝尔。——意大利便意味着他的青年时代，意大利啊，他作为士官羞答答爱过的安吉拉·皮特拉格鲁瓦啊，自从马车向南驶过那些老山口以后，他便突然情不自禁地想到了她。晚上，他到了米兰，急忙洗了洗手和脸，换了一套衣服，便走进心灵的故乡，走进斯卡拉歌剧院去听音乐。的确，按照他自己的话说，就是"音乐唤醒爱情"。

第二天早上，他就赶到她那里，通报自己已经到来。她出现了，仍然是那么美，她客客气气地跟他打招呼，但显得很陌生。他自我介绍道：亨利·贝尔，但这个名字没有引起她任何反应。现在他开始回忆儒安维尔和其他朋友。终于，那张可爱的、他多日朝思暮想的脸泛起一丝微笑。"哦，您就是那个中国人。"——这个带鄙视性的绰号便是安吉拉·皮特拉格鲁瓦对她的罗曼蒂克的情人所知道的一切。不过，亨利·贝尔现在已不是十七岁的青年了，也不再叫布拉肯堡了，他勇敢而贪婪地承认他当时和今天的激情。她不胜惊异地说："是啊，为什么您当初不告诉我呢？"这么一点小事她本来是很乐意接受的，这在一个慷慨的女人看来根本算不得什么，但所幸还有时间，于是，在十一年以后，这个耽于幻想的人的背带终于绣上得到安吉拉·皮特拉格鲁瓦爱情的日期：九日二十一日，中午十一点半。

但是后来，他们又把他召回了巴黎。一八一四年，他不得不又一次也是最后一次为那个战争狂科西嘉人管理外省事务，保卫祖国。但很幸运——确实很幸运，这个卑劣的法国人亨利·贝尔乐得要死，战争尽管失败了，但军事指挥事宜也幸好结束了——三个皇帝进了巴黎。现在他可以完全彻底地到意大利去了，永远摆脱了任何职务，也永远离开了祖国。这是最美好的岁月，他全身心地把自己献给音乐、女人、谈话、写作和艺术。这是跟情人在一起的岁月，当然是跟那些寡廉鲜耻地欺骗他的情人在一起，如过分慷慨大度的安吉拉，或者为了保持贞洁而拒绝他，如美丽的玛蒂尔德。但在这些年里，他越来越清楚地感觉到和认识到自我，每天晚上在斯卡拉歌剧院借助音乐净化自己的灵魂，有时跟当代最高贵的诗人拜伦先生谈谈话，从那不勒斯到拉文纳把整个山川的美景、一切有艺术才华的名人的财富都尽收眼底。他不从属任何人，不受任何人阻碍。总是自己做主，不久便成为自己的老师，这是无可比拟的自由的年月！"自由万岁！"

一八二一年。巴黎。

自由万岁？不，在意大利再也谈不上什么自由了，奥地利的统治者和当局一听到这个词就大发雷霆。他也不能写书，因为，即使这些书纯属剽窃，如关于海顿的通信，或四分之三内容抄袭别人的《意大利绘画史》和《罗马，那不勒斯和佛罗伦萨》，他也会在不知情的情况下往字里行间撒盐和胡椒粉，让奥地利官方鼻孔发痒想打喷嚏，不久后那位严格的书刊检查官瓦布鲁舍克（谁也捏造不出一个更好的名字，但他确实叫这个名字，的确如此！）就会向维也纳的警察总监塞德尔尼茨基汇报，说书刊中有"无数该受指责之处"。于是，一个有自由思想的人，一个自由迁徙者，便很容易陷入危险境地，被奥地利人当作烧炭党人，被意大利人看成奸细——因此，还是走为上计，不能再抱幻想了。此外，为了自由，还有一件东西是必不可少的，这就是钱。父亲这个"私生子"（贝尔很少更客气地称呼他）便完全证明了他是一个多么愚蠢的傻瓜，因为他连一小笔微薄的年金都没留给他这个冷酷无情的儿子。那么到哪里去呢？回到格勒诺布尔吧，那里能把人闷死。可惜，自从波旁王朝那些又胖又懒、傻里傻气的人头像被刻在硬币上以后，在后卫队里乘坐马车悠闲自在地游逛的日子已经一去不复返了。那就回巴黎吧，回到那间阁楼里去，从事他迄今只当作娱乐和业余爱好的工作：写书，书，书。

一八二八年。巴黎。

在一位哲学家的妻子德·特拉西夫人的客厅里。

午夜。蜡烛几乎已经燃尽。先生们在打惠斯特牌，德·特拉西夫人，一位年纪稍长的太太，坐在沙发上跟侯爵夫人及其女友聊天。但她并没有全神贯注在谈话上，她一再不安地竖起耳朵倾听。从她座位的后面，靠近壁炉的另一个房间，传来各种可疑的声音，一种尖利的女人的笑声和一个男人的响亮的模糊的怪声大叫。然后又是愤怒的呼喊："啊，不，这太过分了。"接着又是这种奇特的大笑爆发并迅速被憋回去。德·特拉西夫人变得神经紧张起来。这肯定又是那个讨厌的贝尔，他总要刺激太太小姐们。一个聪明而又善解人意的人，同时又很放肆很有趣，跟女演员交往，特别是跟这个名叫巴斯塔的意大利女士交往，这样做他就有失风度了。她道了声歉意，就小步跑到一边去了，她这样做，是要求对方注意礼貌。果然，正是他站在那里，俯身躲在壁炉的阴影里，为了掩饰那个大肚子，手里拿着一杯潘趣酒，讲着一些名人轶事，即使是一个旧式步兵听到这些趣闻也会脸红的。女士们好像要逃跑，她们大哭，她们表示抗议，但她们却被这位出色的讲故事的人吸引住了，一再感到好奇和兴奋。他看上去很像锡仑①，满脸通红，全身胖得滚圆，两眼闪闪发光，性情温和，十分聪明；现在，当德·特拉西夫人走近他时，他一看见她那严峻的目光便赶紧停止了讲述，其他女士趁机赶快笑着溜掉了。

不一会儿，灯烛熄灭了，仆人们换上蜡油直滴的枝形吊灯送客人下楼。三四辆马车等在那里，女士们和她们的丈夫上了车，贝尔独自一人情绪沮丧地留下来。没有一个女人带他走，没有一个女人邀请他。他的名人轶事讲得够好的了，他在女人面前还能做什么

---

① 又译西勒诺斯，希腊神话中的精灵，形象是秃顶老人，经常醉酒，能预见未来。

呢？居里亚尔伯爵大人中断了与他的关系；像以前一样占有一个舞女，他没有足够的钱。他慢慢地变老了。他情绪低沉无精打采地在十一月的苦雨中走回他在黎塞留街的家；衣服弄脏了，又能怎么办呢，已经付不起裁缝的钱。总之，他深深地叹了一口气，一生中最美好的时光已经过去了。应该有个结束了。他快快不乐地（连呼吸在他的短脖子里都有时变得很困难）爬上楼梯，走进最高一层的阁楼里，点上灯，翻阅那些票据和账单。多么令人悲哀的结算呀！财产都耗尽了，书籍没有一点收入，《情人》几年来只卖出二十七本（他的出版商昨天讥讽地对他说："大家都把它称作一本圣书，因为没有人敢碰它。"）。这样一来，他每天就只有五法郎的社会保险金了，也许这对一个漂亮的精力旺盛的青年并不算少，但对一个喜欢女人和自由的肥胖老人却是少得可怜。最好是结束生命。亨利·贝尔取了一张账簿纸，在这个忧伤的月份里第四次写他的遗嘱："我，遗嘱的签署者，把我在黎塞留街七十一号旅馆里的一切物件都留给我的表兄罗曼·科隆。我希望把我直接运送到公墓，安葬费不得超过三十法郎。"此外还有一段附言："我请求罗曼·科隆原谅我给他带来的一切不快，我特别要请求他不要为这个不可避免的事件悲伤。"

"为了这个不可避免的事件"，第二天如果人们把他的朋友喊来，发现子弹不是放在军用左轮手枪里，而是留在头骨之间，他们就会理解这些谨慎地写出的字句了。所幸今天亨利·贝尔累了，他还要等一天才自杀，而在第二天早上，朋友们来了，他的心情顿时快活起来。一个人在房间里走来走去，看见桌子上有一张空白的账簿纸，上面写了一个标题：《于连》。他好奇地问，这是什么意思，哦，司汤达答道，他想写一部长篇小说。朋友们都很兴奋，都鼓励这位过度忧伤的人打起精神来，于是他果真开始写这部作品了。这个标题被抹掉了，换上了一个后来成为不朽著作的标题《红与黑》。事实上，从那天起，他作为亨利·贝尔已告终结，另一个名字开始出现并流芳千古，那就是司汤达。

一八三一年。奇维塔韦基亚。又有了新的变化。

炮舰庄严地发射礼炮，信号旗匆匆挥动表示致敬，因为这时有一位身穿华丽法国外交官制服的矮小肥胖的先生从轮船上走下来。致敬！——这位身穿刺绣马甲、金银边裤子的先生，便是法国的领事亨利·贝尔先生。一次变革又一次把他推上了台，从前是战争，现在则是七月革命。当初作为自由党人坚定不移地反对愚蠢的波旁王朝，是很值得的。幸亏有女人们为他说情，新政府立刻任命他为驻可爱的南方即的里雅斯特城的领事，但遗憾的是，那里的封·梅特涅先生鉴于他是令人恼怒的书籍的作者，宣布他为不受欢迎的人而拒绝给他签证。因此，他很不高兴地来到奇维塔韦基亚做法国的代表，但这总是在意大利，所以他的薪金是一万五千法郎。

难道一个人因为不能立刻在地图上找到奇维塔韦基亚就感到羞惭吗？根本不必，在意大利所有的城市当中，这大概是最可怜的小巢，一个到处是石灰岩的、气候恶劣的蒸笼，待在里边像在非洲一样炙热烤人。这里是一个古罗马帆船集散的现已衰败的狭小运货港口，一个土地贫瘠的城市，荒凉、寂寥、空荡荡，"一个人会因寂寞无聊而憋死"。在这个被放逐者的驿站，最使亨利·贝尔满意的是通往罗马的大道，因为这条大道只有十七里长，贝尔先生立刻决定更多地利用它来为个人服务，而不是为他的要职服务。他本来应该工作，编写报告，从事外交活动，留在工作岗位。但外交部的那些蠢货压根儿就不看他的报告，干吗要把精力浪费在这些无用功上呢。因此，他宁愿把一切文件都交给他的部下，即那个无赖吕西玛丘斯·卡夫唐留酒店老板去办。此人是一个憎恨他的可恶的畜生，但为了让这个流氓对他的经常缺席守口如瓶，他不得不为他弄到一个荣誉勋章。即使在这里，亨利·贝尔也喜欢轻松愉快地干他的差事，一个国家竟然把一个诗人放在这样可憎的泥沼里，他欺骗这个国家似乎就是一个诚实的利己主义者的光荣义务了。难道跟罗马的聪明人一起参观画廊，找个借口乘车驶向巴黎，不比在这里缓慢地注定变成呆子更好吗？难道能总到那个古玩商布基先生那里去，跟这个无聊的半贵族闲谈吗？不，还不如自言自语呢。他可以从旧的藏书室里买来几本编年史材料，据此写出一些最美的小说，他现在可以在五十岁时描述自己了，他人虽然已经老了，但内心里仍然是年轻的。是的，这是对的，为了忘却时间，他回顾自己，这位肥胖的领事觉得他所描述的那个羞怯的男孩离他已经很遥远了，以致他一边写一边以为自己"发现了另外一个人"。亨利·贝尔，别名司汤达，就这样写他的青年时代，用暗号在厚厚的本子里写，让任何人也猜不到这个 H. B.，从前的这个亨利·勃吕拉是谁。他在自我年轻化的骗人的艺术游戏中忘记所有人早已忘记的那个自己。

一八三六年至一八三九年。巴黎。

又一次——奇妙地!——复活了,又一次回到光明里来。上帝保佑女人,一切好运都是她们带来的。她们如此之久地讨好现在已担任部长的德·莫莱伯爵,直到他情愿闭目不看那个敌视国家的事实:奇维塔韦基亚的领事亨利·贝尔先生私下里大胆地把他的三周假期延长为三年,而且不想回到原来的岗位就职。是的,这位领事不是在他的那个泥沼里而是在巴黎待了三年,他让手下那个希腊骗子替他辛辛苦苦地工作,而他却在这里领他的薪水。他时间充裕,心情良好,可以参加社交,又一次非常羞怯地试着谈情说爱。他能够做他愿意做的事,尤其是能做他认为他一生中最美好的事情了:在旅馆中自己的房间里来回踱步,口授长篇小说《巴马修道院》。他不工作便可从国家领取丰厚的工资,是完全可以过着豪华的生活的,他不用亲自动笔就可以写成一部没有糖果和香味的长篇小说,因为他现在确实是完全自由了。在人世间,对亨利·贝尔来说,除了自由就没有别的天堂。

但这个天堂不久便分崩离析了。那位正直、宽容的部长德·莫莱伯爵,他的保护人(他说,真到了为他建一座纪念碑的时候了!)被拉下台了。一位新的法老进了外交部,这就是陆军元帅苏尔特,他根本不知道有一个司汤达,只在职务名单上发现一个亨利·贝尔领事先生,他以驻教皇国家法兰西代表的身份领取薪俸,但三年来没有在驻地办理公务,而是优哉游哉地在巴黎的各个剧院里闲坐。这位将军大人先是感到惊奇,接着便对这个只顾享乐而不办公务的懒惰的官员感到愤怒。一道严厉的命令马上下达,要求贝尔立即赴任。亨利·贝尔愁眉苦脸地穿上制服，结束了诗人司汤达的生活，这个五十四岁的人不得不在烈日炎炎的夏季到南方的流放地去，他很不情愿，而且已经心力交瘁了。他感觉到，这是最后一次了。

一八四一年，三月二十二日。巴黎。

一个相当肥胖、身子沉重的人吃力地拖拖拉拉地走过那条可爱的林荫大道。他在这里像一个花花公子手摇纤巧的手杖打情卖俏地张望女人的时光到哪里去了？现在则是每走一步，那颤抖的臂膀都要用力挂一下手杖啊。他，司汤达，怎么就老成这个样子了呢？去年一年中，他那闪闪发光的眼睛就开始萎靡不振地藏在透着微蓝阴影的沉重的眼睑下边，神经质的裂纹在嘴角不停地抽搐。几个月以前，他第一次得了中风，他愤怒地回忆起在米兰的第一次爱情礼物；医生给他放了血，使用了药膏，他吃了不少苦头，最后外交部便批准这个病人离开奇维塔韦基亚，他回国了。但现在，巴黎又能对他有什么帮助呢？巴尔扎克写的那篇论述《巴马修道院》的文章有什么助益呢？这种刚刚绽出第一批花蕾的荣誉对一个"行将就木"、已经触到死神冷手的人有什么好处呢？这个阴郁的影子疲惫地拖拖沓沓地继续走向他的住宅，几乎没有抬眼看一看那些华丽的灯火闪烁的四轮马车，那些边走边聊的闲人，那些衣裙窸窣的妓女——这个不幸的人像一个慢慢离去的黑点，走在夜晚人来车往的街道忽隐忽现的灯光中。

突然起了一阵骚动，人们好奇地拥来挤去，这位肥胖的先生昏倒在交易所大门跟前了，现在他就躺在那里，两只眼睛呆滞地凸起，脸色发青，第二次致人死命的中风向他袭来。人们撕开卡住这个呼吸微弱的病人脖子的衣领，先是把他抬到一家药房里，后来又把他抬到他住的楼上那个小房间里去。房间里到处都是纸片、笔录、刚开头的作品和很多日记本。在其中的一张纸上写着这样一句奇妙的有预见性的话："我认为，死在大街上一点也不可笑，只要不是故意这么做。"

一八四二年。大木箱。

一辆车从奇维塔韦基亚出发，横穿意大利，向法国驶去，车上那个装着不值钱东西的大木箱被颠得摇来晃去。人们是要把这些东西送到罗曼·科隆，司汤达的表兄即遗嘱执行人那里去。（谁会关心这个死者呢，各家报纸连六行的讣告都不肯登载！）可是，这位遗嘱的执行人却出于对死者的崇敬，希望编辑出版这位怪人的作品全集。他让人们撬开这个箱子——哦，天呀，多大一堆纸，用暗号和密码写得多么杂乱，一个孤寂的著书人多么混杂的遗物啊！他从中找出几篇最容易辨认的已经写就的作品，抄成副本，随后这位忠实的执行人自己也累垮了。他在长篇小说《吕西安·娄凡》上面写了一句泄气的话："没法办。"就连自传《亨利·勃吕拉》也被判定不合宜而被放回原处，一放就是几十年。现在怎么处理这一大堆东西，这些无用的杂物，这些杂乱无章的纸片？科隆又把这一切捆起来装到箱子里去，送给了司汤达青年时代的朋友克罗泽，克罗泽又把箱子送回格勒诺布尔图书馆永久保存。在那里，按照图书馆的古老惯例，这些纸片都编了号，贴上案卷标签，重重地盖上图章，登录造册。安息吧！六十大卷手稿，这是司汤达的毕生著作和自我记述的生活札记，全部由官方装箱封存，放在图书馆的书库里，除了积满灰尘不受任何干扰。一放就是四十年，没有人想到碰一碰这些沉睡的大部头的书稿。

一八八八年，十一月。巴黎。

人口在增长，城市在扩大，巴黎已经有八百万条腿了。这八百万条腿也不能总步行呀。于是，汽车公司便计划开辟一条通往蒙马特地区的线路。可惜道路上有一个令人烦恼的障碍：那就是蒙马特公墓。现代技术倒是有办法对付这个弊端，人们只要修一座桥，让活人从死人上边跨越过去。当然也不得不挖掉几座坟，就在这时，人们在第四排第十一号发现一个完全无人过问的衰败的坟墓，碑上写着稀奇古怪的题词："贝尔之墓，米兰人，爱过，写过，活过。"这个坟墓里葬的是一个意大利人吗？奇怪的碑，奇怪的人！偶然有一个人路过，他想起有一个法国作家亨利·贝尔谎称自己是意大利人，埋葬在这里。人们迅速组建了一个委员会，凑了一点钱，买了一个新的大理石墓碑，换掉了旧的墓碑。这个已经消失的名字突然又在这腐烂了的尸体上空放出异彩，这是一八八八年，在他被人遗忘了四十六年之后。

就在人们想起他的坟墓，把尸体掘出重葬的同一年，又发生了一个古怪的偶然事件。当时有一个年轻的波兰语言教师，名叫斯坦尼斯拉斯·施特里恩斯基，他流落到格勒诺布尔，因为闲极无聊便到图书馆里去，想找点东西阅读，他看见有各种各样落满灰尘的手写书册堆在角落里，便开始阅读和辨认那些潦草的字迹。他越读，便越感到这些阅读材料有趣。他找到了一个出版商。日记，《亨利·勃吕拉》，《吕西安·娄凡》都问世了，真正的司汤达也第一次见了天日。他这个真正的同时代人热情地赞颂司汤达的博爱精神，因为他不是把他的作品献给他的真正的、同时代的人，而是献给未来的、下一代的人。"我将在一八八〇年闻名于世"，这句话多次出现在他的书里，那时的一句无可奈何的空话，现在则是一种令人惊异的现实。在与他的尸体被掘出检验的同一个世界性时刻，他的作品也从昔日的阴影里走了出来，直到这一年，过去那么不值得信任的人复活了，他的每句话都证明他永远是诗人，而他的这句话则证明他是一位先知。

我和世界

> 他不能使人满意，
>
> 他太特殊了。

亨利·贝尔的创造性的矛盾性格，是从父母身上承袭来的。就他父母的精神而言，他们本来就是两种不同性情的勉强相配。谢吕宾·贝尔——你不要一听见这个前名就想到莫扎特，千万不要！父亲，或这个被愤怒的儿子和敌人一向咬牙切齿地称为"私生子"的人，完全代表着那种顽强、吝啬、精明和渗透铜臭气的外省资产者，福楼拜和巴尔扎克都把这种人愤怒地挥拳抛向文学的绝壁。亨利·贝尔从他父亲那里继承的不仅有粗壮肥胖的体形，而且有浸入头脑和血液的利己主义。他的母亲亨利埃特·加尼翁正好相反，她来自耽于幻想的南方，她的气质属于罗曼语民族。拉马丁很可能写诗赞颂她，让-雅克·卢梭很可能为她感伤：这是一种温柔而有音乐感的、感情饱满的、南方人的天性。从这位过早离开人世的母亲那里，亨利·贝尔继承了性爱的激情、充盈的情感、痛苦的几乎是女人式的神经过敏。这个奇特的造物，在血液里一直被这两种相互矛盾的气质摇来晃去，始终具有相互矛盾的性格，一生中都摇摆在父亲的遗传和母亲的遗传之间，摇摆在现实主义和浪漫主义之间：因此，这个未来的诗人亨利·贝尔永远是不统一的、双重性格的人。

小亨利在感情上很早就有倾向性，他爱母亲（甚至像他自己承认的那样，他有一种危险的早熟的激情），他怀着嫉妒和鄙视的心理恨这个"父亲"，那真是一种西班牙式冷酷的孤傲讥讽的、像审讯般一追到底的恨啊，恐怕什么地方也找不到比司汤达自传《亨利·勃吕拉》头几页里更无可指摘的恋母情结的描写了。但是，这种过早的紧张心情突然中断了，因为母亲在他七岁上就死了。这个男孩十六岁时乘坐邮车一离开格勒诺布尔，就在内心里把这个父亲看成离开人世的人了。从这一天起，他就用沉默、憎恨和鄙视把他彻底埋葬在心底了。然而，尽管他严厉谴责父亲、冷嘲热讽地贬低父亲，这位顽强、冷酷、讲求实际的资产者父亲却又在他的血肉之躯中活动了五十年之久。他的两种精神品格，父母的先辈，贝尔的先辈和加尼翁的先辈，讲究实际的精神和耽于幻想的精神，在他的内心里一直不停地斗争，二者没有一方完全取胜。在这一刻，司汤达是他母亲的真正的儿子，在下一刻，往往在同一刻，又是他父亲的儿子，时而腼腆畏缩，时而死硬讥讽，时而热狂浪漫，时而又猜疑心重，工于计算，甚至以转瞬即变的间隔一秒钟又一秒钟地嘶嘶作响地冷热交替。感情淹没理智，理智又粗暴地堵塞感情。这个矛盾的造物从来都不完全属于这一方面，也从不完全属于另一方面。在精神和感情的永恒的战争中，很少见到比我们所说的司汤达的伟大的心理斗争更壮丽的战斗。

立即可以预见到，这里没有决战，没有毁灭性的战役。司汤达没有被战胜，没有被他内心的矛盾撕碎，这种享乐主义的天性可以保护某种伦理的冷淡，保护一种冷眼静观的有警觉性的好奇心，免遭任何真正的悲剧命运。这位本质上清醒的人一生一世都小心地躲避一切破坏性的自然力，因为他奉行的第一条准则便是保存自我，正如他在拿破仑的战争中每时每刻都理解的那样，要待在后卫队里，避开枪林弹雨，所以司汤达在他的精神战斗中宁愿选择观察家的安全地点，而不选择有生命危险的决一死战的阵地。他完全缺乏帕斯卡尔、尼采、克莱斯特那种道德上的自我牺牲精神，这些人都强行把他们的每一个矛盾提高到生命攸关的地步。而他，司汤达，在他直觉地忍受内心矛盾的同时，却满足于从精神上的安定出发，把这种矛盾当作美学的活剧来享用。因此，他的自相矛盾的本性任何时候都没有被完全动摇过，他从来都没有认真地恨过他的这种二重性，他甚至还爱这种特性呢。他把他的这种锋利而精密的理智当作宝贵的东西来爱，因为是理智使他理解了世界。另一方面，司汤达也爱他的充盈的感情，爱他的过分敏感，因为是过分敏感使他脱离日常生活的迟钝和麻木。他同样也认识到了走极端的危险：一种是理智的危险，恰恰是过分理智使他在热情高涨的时刻变得冷静，清醒；另一种是感情的危险，过于感情用事会诱使他的思维进入极其模糊失去真实的境界，从而破坏他借以生存的清醒理智。所以他最希望这两种精神类型的任何一种都具有另一种精神类型的特性。司汤达不断从理性上阐明他的感情，又不断向理智注入感情——他一生都是一个存在于同一个紧张而敏感的机体里的浪漫的理智主义者和理智的浪漫主义者。司汤达的每一个公式总是导出一个两位数，从来不会产生一个一位数：只有在这种双重的精神世界里，他才能实现自我。每逢他感到自己强有力的时候，他都把这种精神状态归因于他天生的内心矛盾的交错和并列。"没有情感的迸发，就没有理智。"有一次他这样谈到他自己，意思就是，在没有直觉地产生内心激动的情况下，他不能很好地思考，而在没有立刻测出自己激动的心跳时，他也不能有准确的感觉。他一方面把梦想尊为他生活感情的最宝贵的条件（"我喜欢梦想胜过一切"），同时没有梦想的对立面，即没有头脑清醒，他也不能生活（"如果我不亲眼目睹，我心中的整个世界就会化为乌有"）。正如歌德曾经承认的，人们通常称为享受的东西对他来说永远飘浮在感情和理智之间，司汤达也是由理智和感情的充分混合而感觉到世界的意义深远的美。他知道，只有他内心的矛盾不断地摩擦才能产生心灵的电，才能产生神经网络的每一次刺激和火花，才能产生我们今天一触及司汤达的一本书一张纸就感觉得到的各种紧张的、不断被激励的、噼啪作响的生命活力。多亏这种生命活力从一极到另一极的跳跃，他才感受到强有力的热量，他的天性中创造性的、开拓光明的强有力的热量。他那永远清醒的自我提高的直觉激发了保持这种高度紧张的一切热情。在他从心理学角度所进行的无数异乎寻常的观察中，他曾说出一次最突出的观察：正如我们身上的肌肉需要不间断的锻炼才不会变得软弱无力，精神的力量也必须得到不断的训练、提高和完善。司汤达比任何人都更加坚持这项完善化的工作。为了进行认识上的斗争，他爱惜和保护他性格中的这两个极端，像音乐家珍惜自己的乐器，像士兵爱护自己的武器。他也不断地锻炼他精神中的"我"。为了保持感觉的高度紧张，保持"精神坚挺"状态，他每天晚上都在歌剧院里通过音乐来激发他的官能，极力鼓励自己在年纪较大时不断投入新的情网。他已觉察到自己记忆力衰退的迹象，为了加强记忆力的准确性，他自己进行特种训练。像每天早上磨刮脸刀一样，他通过自我观察来磨练自己的感知能力。他每天通过读书和谈话获得"数倍新的思想"。他充实自己，他激动，他紧张，他约束越来越灵敏的感觉；他不断强化他的理智，不断地丰富他的感情。

由于有了这种实现自我完善的熟练而精湛的技巧，就心灵感知而言，司汤达在理智和情感上都达到了不同寻常的高度。必须在世界文学中上溯几十年，才能找到一种类似的感觉细微、理性深邃的意识，一种既有皮肤细腻、神经震颤的敏锐感觉，又有像水一样清晰、冷静的理智。诚然，他的神经末梢如此轻柔，不停地震颤，紧挨在皮肤下面又是那么会意那么欣喜，这是无可指摘的。感觉细腻总要造成轻微的伤害，凡是对艺术恩赐有加的东西，几乎永远成为艺术家的生活灾难。这种超常结构的本性使司汤达在自己的环境里受了多少苦啊！他在这种感伤而充满激情的时代里感到多么格格不入，多么不快！这样一个有知识讲礼貌的人必定把任何野蛮行为都看成一种伤害，这样一个浪漫的灵魂必定认为庸碌之辈的麻木和怠惰是一种精神压力。正如童话里的公主在上百层的鸭绒和羽毛的下面发现了豌豆，司汤达也痛苦地感觉到了每一句假话，每一个虚伪的姿态。一切虚伪的浪漫，一切愚蠢的夸张，一切怯懦的模棱两可，对他意识清醒的直觉的影响，就像冷水对病牙的作用一样。因为他的真诚和自然的感觉，他在精神上的识别能力，都因别人感觉太多和太少而受到伤害，无论是陈词滥调还是矫揉造作都会造成伤害（"我最憎恨庸俗和矫饰"）。只要有一句话，或者因为感情过分亲切，或者因为激情含有过多的酵母，都可能毁掉他的一本书的名声，一个不相宜的动作就可能损坏最美好的艳遇。

有一次，他怀着激动的心情观察拿破仑的一次战役：相互残杀的混乱场面，地动山摇的大炮的轰鸣，在腥风血雨中，落日的色彩变幻照得天边一片通红——所有这一切都不可抗拒地影响着他的艺术家的心灵，使他的神经猛然变得麻木。他站在那里，怀着同情的紧张心理全身瑟瑟发抖。不幸的是，这时，站在他身旁的一位将军突然心血来潮，竟用一句狂妄自大的话形容这宏大的场面。"真是一场巨大的会战！"他高兴地对身旁的人说。这句粗鲁的装腔作势的话立刻击碎了司汤达心里任何同情的希望。他赶快走开了，嘴里骂着这个笨蛋，心中备感气愤、失望和悲凉。每当他高度敏感的味觉器官感觉到感情表达中有些许空话或谎言的怪味时，他便会产生强烈的反抗。思想的模糊，言词的夸张，感情的夸耀和做作，都立刻从美学的角度使这位敏感的天才感到厌恶。这样，他也就很少从任何同代人的艺术中获得有兴味的东西，因为他们的艺术当时具有特别甜美的浪漫主义（夏多布里昂）和假英雄主义（维克多·雨果）的色彩，所以他能接纳并与之相处的人就很少。不过，这种过分的敏感也同样妨害了他本人。无论在哪里，只要他发现感情上的少许偏差，不必要的语声渐强，陷入多愁善感，或因胆怯而含混不清和不够诚实，他就会像一个严厉的小学教师惩罚学生那样责罚自己。他的永远清醒的、无情的理智偷偷进入他那怪癖的梦想里去，无情地撕去他的一切遮羞布。一个艺术家很少有被教育得如此正直的，一个灵魂的观察家很少这样严厉地监视自己最秘密的内心偏差和迷误。

因为他如此熟悉自己，所以司汤达本人比其他任何人都更明白，这种过高的神经上和精神上的敏感性是他的突出的才能，他的美德，也是他的危险。"我总因那些伤害他人的事而感到痛苦。"凡是对别人有一点伤害的事，都会刻骨铭心地伤害这位超级敏感者。因此，从青年时代起，司汤达就直觉地把"他人"视为自己的不可调和的对立面，视为另一种类灵魂的成员。当这个笨拙的小男孩在格勒诺布尔看到他的同学无忧无虑地喧哗打闹时，他就在自己身上感觉到了这种异类的存在。后来，这位朝气蓬勃的下级军官亨利·贝尔在意大利更痛苦地体验到了这一点，他当时心怀嫉妒，无可奈何地模仿其他军官，赞赏他们，他们都善于使米兰的女人顺从，善于夸海口，故意把佩刀甩得丁当作响。不过，那时他总因自己的柔弱、窘迫和敏感而感到羞愧，认为这是一个男人的缺点，一种一文不值的卑贱。多少年当中他都——极其可笑而又徒劳无益地！——试图抑制他的这种天性，学这些喧扰不休的暴徒拼命吹牛，以便跟这些粗鲁的伙伴一样胡来，让他们佩服。这个爱动感情的人渐渐地十分吃力地，非常痛苦地在自己的不可救药的另类本性中发现了一种多愁善感的美——这个心理学家觉醒了。司汤达渐渐对自己产生了好奇心，开始发现自己。他首先认定，他与众不同，身体组织比别人更细密，感觉更敏锐，听力更灵敏。周围没有一个人像他感受如此强烈，思维如此清晰，像他有这样的混合的天性，使他在任何地方都能感觉到最细微的东西。尽管如此，他却不能在实践中实现他的感觉之万一。毫无疑问，肯定还会有另外一些具有这种奇异特征的人（"优越的人"），因为，如果不能根据自己的特性像莫扎特那样去感觉，如果在他心里没有同莫扎特一样的轻松灵魂主宰一切，他怎么能理解蒙田，怎么能理解他这位辛辣、聪慧、蔑视一切平庸的高人呢？大约在三十岁的时候，司汤达才头一次想到他并不是一个不幸类型的人，而是属于极少数高贵的"享有特权"的人，这种人总是零星地散布在不同的民族、种族和国家里，正如宝石隐在普通的矿石里。他觉得，他就定居在他们中间（不是法国人中间，他像扔掉一件穿着显小的衣服一样抛弃了这种属性），定居在另外一个看不见的祖国，定居在那些具有更细密的精神器官和更敏感的神经的人中间，这些人从不聚合成粗鲁的人群和庸碌的帮派，他们只是间或向时代派遣一名使者。他写书，只是献给那些耳聪目明者，献给那些无需强调、无需暗示，由于内心的直觉立即就能读懂的明白人——他超越他本人所生活的世纪，把他的书献给这样的人，他通过镜子般的书把个人情感的秘密透露给这样的人。自从他终于学会蔑视以来，他便这样想：周围那些眼里只有涂着粗大刺目的广告字体、嘴里只有可口的辛辣香料和油腻烤肉的说大话的粗人又关他什么事呢？他让他的于连骄傲地说："别人跟我有什么相干？"不，一个人在这样一个下流、庸俗的世界里没有任何成就不必感到惭愧。"平等是使人愉快的最高准则。"要取悦这个庸俗下流的世界，一个人必须与他人采取平等的态度。但是，谢天谢地，他是一个"特殊的人"，一个"优越的人"，一个特殊体，一个与群体有细微差别的人，而不是愚蠢的羊群中的一只。因其貌不扬而遭受的一切侮辱，在仕途上发展缓慢，在女人面前屡屡出丑，文学上成功无望——司汤达自从发现自己的特殊以来，便把这一切看作自己高人一等的证明。他的自卑感突然胜利地变成了强烈的高傲，变成了司汤达的那种明显欢快而无忧无虑的高傲。现在他故意远离各种团体，只关心一件事，"塑造自己的性格"，把自己的性格、心灵的面貌独具一格地塑造出来。特殊只在一种美国化的即泰罗制世界里才有价值。他认为，"只有少许不同凡响的事物才会使人感兴趣"。那就让我们不同凡响吧，让我们保持和加强我们身上这个不同凡响的种子吧！没有一个酷爱郁金香的荷兰人，培育最宝贵种类的杂交体时，比司汤达保养他的矛盾性和特殊性更细心周到。他把这种特异性保存在他称之为"贝尔主义"的独特精髓里，保存在使亨利·贝尔永葆亨利·贝尔本色的、只能称之为艺术的一种哲学里。为了使自己更坚定地与他人相隔离，他有意识地与他的时代相对立，像他的于连那样生活："向全社会开战。"作为诗人，他鄙视美的形式，宣称资产阶级的法典是真正的诗艺；作为士兵，他讥讽战争；作为政治家，他挖苦历史；作为法国人，他嘲笑法国。他处处在他自己和别人之间挖壕沟，拉铁丝网，防备别人接近他。当然这样一来，他也就失去了任何飞黄腾达的机会，无论是当士兵还是当外交官或当文学家，他都一事无成，但这却使他变得更加自豪了："我不是畜群里的牲口，我什么也不是。"不，只对这些粗俗的人而言什么也不是，在这些微不足道的人面前始终什么也不是。他很幸福，没有什么地方需要他去适应，不需要适应他们的阶级、他们的种族、他们的阶层和祖国，他热情地提出用自己的脚走自己的路的怪论，而不是在奴性十足的愚蠢公仆中间走通向成功的康庄大道。他宁可停步不前，站在局外，孑然一身，但始终保持着自由。对这种自由自在，对摆脱一切束缚和影响的自由行动，司汤达有独到的见解。如果他有时出于需要不得不接受一种职业，穿上一种制服，那么，他为了保住饭碗，去做他非做不可的事，但不为此多花半点精力和时间。如果他的表兄给他披上一件轻骑兵的外套，他绝不会觉得自己便是一名士兵；如果他写长篇小说，他也并不因此而就说自己是在从事专业的写作；如果他必须戴上外交官刺绣的金银丝带，那么，他就得在工作时间内把一个贝尔先生拴在写字台前，而这位贝尔先生跟真正的司汤达仅仅有共同的皮肤、滚圆的肚子和骨骼。但不论对艺术，还是对科学乃至对公务，他都没有献出他真正生命的一份。事实上，他的一个同事一生也没想到，他是跟法国最伟大的诗人在同一个连队里进行操练，在同一张写字台上处理公文。即使他的文学界有名望的同行（巴尔扎克除外），也只把他看作一个有趣的闲谈者，一个星期天偶尔骑马越过田间的退役军官。也许在他的同代人当中，只有叔本华像他的心理上的伟大兄弟司汤达一样生活和工作在一种类似封闭的精神孤立的状态中。

司汤达独特本质的最后一部分始终在于袖手旁观。从化学上探究这种稀奇的因素则是司汤达惟一实际的深入细致的活动。他从来都不否认这种内向型生活态度的自私自利，自我欣赏，相反，他还夸耀他的自私自利，并给它取了一个新的挑衅性的名字：自我中心。自我中心——这个词不是印刷错误，千万别跟它的平庸而粗健的混血兄弟利己主义相混淆。因为利己主义是想要把别人的一切东西都粗暴地据为己有，它有一双贪婪的手和一副嫉妒的扭曲的嘴脸。利己主义是猜忌的，心胸狭隘的，贪得无厌的，即使它具有某种精神动力，也不能使它摆脱那没有幻想的粗野感情。与此相反，司汤达的自我中心则不想从任何人那里掠取什么，他以高贵的傲气让那些夺取金钱的人去抓他们的钱，让那些野心勃勃的人去抢他们的官职，让那些追逐名利的人去夺他们的勋章和绶带，让文学家去做他们获取荣誉的美梦——但愿他们因自己孜孜不倦的追求而安享幸福！从上面轻蔑地向他们微笑，看他们怎样围着猫金①伸长脖子，低三下四地弓腰屈背，身上挂满各种头衔，塞足各种身份，看他们怎样拉帮结派，误以为可以统治世界——很好！很好！他对他们付以嘲讽的笑，没有嫉妒，也没有贪欲：让他们装满衣袋，把肚皮填饱吧！司汤达的自我中心只是热情的防守，它不迈进任何人的管辖区，但它也不让任何人跨进自己的门槛，它只希图在亨利·贝尔这个人的内部创造一个完全孤立的空间，一个小暖房，有个性的热带稀有植物能在里边不受阻碍地生长。因为司汤达只想从自身为自己

---

① 即黄色云母。

一个人培育自己的观点，自己的爱好，自己的欢乐。一本书，一件事，在多大程度上适用于他人，在他都无所谓，都不重要。一件事对现代、对历史或对千秋万代能产生怎样的影响，他都不予理睬。他喜欢的，他就说好；他眼下视为重要的，他就说是正确的；他所蔑视的，他就说是可鄙的。即使他因为有这种看法而陷入完全孤立，他也不会感到不安，相反，孤立能满足并加强他的自尊自信。"别人跟我有什么相干？"于连的这句座右铭在美学方面正好符合这位真正的、成熟的自我中心主义者。

　　"但是，"这里也许有人轻率地提出异议，"这一切都是绝对不言而喻的，有什么必要使用自我中心这个夸张的词语呢？一个人认为美的东西便称之为美，一个人只按照个人的感觉安排生活，这是再自然不过的！"诚然，人们可以这样想，但仔细看来，有谁能做到完全独立地感觉，完全独立地思考呢？在那些仿佛凭借个人的判断形成对一本书、一幅画、一件事的看法的人当中，有谁敢于坚持不懈地反对整个时代，反对整个世界？我们承认，时代的空气就藏在我们的肺腑里，我们的心房里，我们的判断和观点在无数同时代的判断和观点中磨砺，不知不觉地磨掉了棱角，众人看法的诸多联想像无线电波一样通过这种氛围振动，这时，我们就会在无意中受到超出我们想像的影响。人的自然的反射绝不是坚持己见，而是个人观点对时代观点的适应，是向多数人感觉的投降。如果多数人，绝大多数人，不是软弱地顺应人类，如果他们千百万人不是出于本能或惰性放弃私人的、个人的观点，那么，人类社会这个庞大的机器早就停止运转了。这就每每需要完全特殊的力量，需要一种高度的反叛勇气——能认识到这一点的人是多么少啊！——才能顶住来自千百万人的精神压力而坚持自己的孤立见解。一个人的身上凝结了非常稀有的、经过考验的力量，他才能具有特殊的品格：对世界准确无误的认识，精神上高度敏锐的感觉，对各类人不可调和的鄙视，大胆的无视道德的果决，特别是勇气，三倍的勇气，毫不动摇地坚持个人信念的勇气。

司汤达这个最彻底的自我中心主义者是有这种勇气的。从这一点出发可以更好地观察这个人：他是多么勇敢地猛烈攻击他的时代，一个人反对所有的人，他是怎样不用盔甲而只靠个人锋芒毕露的高傲或闪烁不定的佯攻或直截了当的攻击斗争了半个世纪，他受了伤，从许多看不见的伤口往外流血，但一直到最后一刻，也丝毫没有放弃他的特性和成见。敌对是他的生活中不可缺少的要素，独立自主是他的快乐。我们可以从上百个例子里看出，这位坚定不移的反对派是多么无畏多么义无反顾地对抗普通的观点，他是多么勇敢地向它们挑战。在一个所有的人都热衷于谈论战斗的时代里，正如他所说的，在法兰西都认为"英雄主义这个概念必然与军乐队的指挥密切相联"的时代里，他把滑铁卢战役描写成乌合之众的一场混战；他毫无顾忌地承认，在远征俄罗斯期间（历史学家把这次战役颂为世界历史的伟大史诗），他本人感到无聊之极。他不羞于承认，在他看来，到意大利去跟他的情人再见一面，比关怀他祖国的命运更重要，欣赏莫扎特的咏叹调比关心政治危机更有趣。"他不在乎被征服，"法国被外国军队占领跟他有什么关系，他早已是名誉上的欧洲人和世界主义者了，他一分钟也没关心过战争命运的急转直下，他不关心时兴的观点，"可笑而又愚蠢的"爱国主义和民族主义，他只关心他的精神本性的保存和实现。他在世界历史的可怕的崩落期间，如此自负而温柔地强调他的这种个性，以致人们在阅读他的日记的时候不时怀疑他是否真的目睹过所有那些重要史实。不过，就某种意义而言，司汤达根本就不在场，虽然骑马通过了战区或坐在机关里，但他只干他自己的事，他从来没有感觉到因为自己参加了行动而有义务从精神上参与那些不使他心动的事件。正如歌德在他的编年史里提及的年代只记录了他阅读过的译自中文的作品，司汤达也只在他的时代震惊世界的时刻里记下了他私人的大事：他的时代的历史和他本人的历史仿佛有不同的字母和词汇。因此，司汤达便成了他所处的世界的一个不可靠的目击者，同时又是他的个人世界的杰出的见证人。对于他这个完美无缺的、值得称赞的、无与伦比的自我中心主义者来说，一切事件只能还原为司汤达—贝尔个人从世界发展进程体验到的内心冲动。恐怕从来没有一个艺术家像司汤达这样为他的这个"我"更顽强、更果敢、更狂热地生活过，把这个"我"更巧妙地发展成"独特的我"，成为这个英雄的自我和坚信不疑的自我主义者。

不过，正是由于有这种竭尽全力的与世隔绝，这种小心谨慎地拔出软塞并密封地塞紧，司汤达的精华才毫不掺假、毫不减少地、连同其本性的芳香留给了我们。他并没有染上时代的色彩。我们看到，他是一个杰出的人，是在心理上完全不同的稀有敏感类型的永恒的个人。事实上，在他所生活的法兰西的这个世纪里，没有一部作品在形式上如此生气勃勃，保持着如此新颖和如此完好的精神。

因为他让时代远离他，所以他的作品是不受时代限制的；因为他只过最内在的生活，所以他的影响充满活力。一个人越是跟着他的时代随波逐流，他就越会随着时代一起死亡。一个人越是在自己身上保留真正的本性，就越能凭借其本性流芳百世。

艺术家

老实说，我不敢说我自己能读书。我往往更喜
欢写作。这就是全部。

司汤达致巴尔扎克的信

　　司汤达这个不遗余力保存自我本性的人，没有完全献身于任何
事情，没有投靠任何人，没有献身于任何职业，也没有献身于任何
职务。如果他写作，无论是创作长篇小说和中篇小说，还是撰写心
理学著作，他都把自己融入书中。这种激情也只是为了满足他的个
人乐趣。他在自己的悼文里说"凡是他不喜欢的事他从来不做"，
把这颂为他一生最大的功绩。司汤达只在艺术这一行使他振奋的时
候才是艺术家，只有艺术服务于他的最终目的，使他愉快，满足他
的自我欢乐时，他才服务于艺术。他的遗嘱执行人简直是一意孤
行，是他故意歪曲司汤达的最后意愿，把这种文学上的过高评价刻

在了石碑上。"爱过，写过，活过。"他把这句话刻在大理石上，而遗嘱明确规定的则是另一种顺序："活过，写过，爱过。"因为这个忠于自我选择的司汤达，希望凭借这个顺序让人们在他死后知道，他是把生活放在写作前头的。他认为享受比创作重要，所有的写作只不过是他的自我发展的一种有趣的补充，一副对付烦闷的强身剂。如果人们认识不到，在这个充满激情的生活享乐者的眼里，文学只不过是他性格的一种偶然的而非决定性的表现形式，那就是对他很不了解。

当然，作为年轻人，初到巴黎这个理想的坟墓时，他也想过要成为诗人，自然是成为一个著名的诗人，不过有哪一个十七岁的少年不这样雄心勃勃呢？当时他用心写了几篇哲学论文，还用诗体写了一部未完成的喜剧；在后来的四十年当中他完全忘记了文学，他不是坐在马背上就是坐在写字台前，或在大马路上闲逛，或抑郁地徒劳无益地向意中的女人献殷勤，关心绘画和音乐远远超过关心写作。一八一四年，在经济拮据时刻，更加令人不快的是他甚至不得不卖掉他的马，这时他急急忙忙用一个陌生的名字出了一本书：《海顿的生平》，说得准确些，他是厚颜无耻地剽窃了该书的意大利作者即那位可怜的卡帕尼的原文。卡帕尼后来竟面对这位不知名的邦贝先生大呼救命，因为他惊讶地看到他的书被这个邦贝先生洗劫一空。随后，司汤达又东拼西凑地写了一本《意大利绘画史》，同样是摘自别人的书，往里边塞了一点名人轶事。他这样做，一方面是因为书能给他带来点钱，另一方面是因为他在这里能找到乐趣，他让手中的笔疾书不止，以各式各样的假名字戏弄世人，今天他称自己是艺术历史学家，明天则充当国民经济学家（《一个针对工业家的阴谋》），后天又变成了文艺美学家（《拉辛和莎士比亚》）或心理学家（《论爱情》）。在偶然做了这些尝试之后不久，他认识到，写东西并没那么难。如果一个人聪慧，能很快把心中所想形成语言，那么在写作和交谈之间就不会有很大的区别，而说话和口授笔录之间的差别就更小了（用什么形式，司汤达都觉得无所谓，他写书或者是用铅笔乱涂一气，或者口授，让人用手指轻松地打出来都一样）。他认为文学只不过是一种令人愉快的消遣。要知道，他从来都不觉得有必要把他的真名亨利·贝尔写到他的著作上，这充分证明了他对一切功名的冷淡。

四十岁他才更经常地坐下来工作。为什么？是因为他已经变得更看重功名，更充满激情，更热爱艺术了吗？不，根本不是，只是因为他变得更肥胖了，因为他——可惜！——更不能得到女人的青睐，重要的是钱更少了，而时间却充裕得填不满了。一句话，因为他需要找到代替的东西，"为了消愁解闷"，以免在烦闷中度日如年。正如用假发代替以前厚密蓬松的头发，现在对司汤达来说是用写长篇小说代替生活，他用各种各样虚拟的梦想补偿现实奇遇的减少；最后，他甚至认为写作是很有趣的事，觉得自己就是一个比沙龙里一切平庸的雄辩家更令人愉快更精神饱满的谈话对象。是的，假如一个人不像那些巴黎的文人墨客那样采取不太认真的态度，不像他们那样用汗水和功名弄脏自己的手指，写长篇小说真是无愧于一个自我中心主义者清白而高尚的乐事，一种完全无拘无束的精神消遣。这个日渐衰老的人在这种消遣中越来越多地找到诱人的美。

这种事干起来倒也不很吃力，没有草稿，而是通过口授让报酬微薄的书记员笔录写成一部长篇小说只需三个月时间，确实无需花费太多的精力和时间。此外他可以嘲笑敌人，讥讽世人的粗俗，以寻开心。他可以戴上假面具，不暴露自己，把最温情的灵魂的冲动推给年轻人，以此表达自我忏悔之心。他可以表现得激情满怀而不丢面子，作为老年人像孩子似的充满幻想而不害羞。这样，司汤达的创作就变成了一种享受，逐渐变成这位善于享受者个人的隐秘的自我陶醉。但司汤达从来也没有意识到要创作出伟大的作品，甚至进入文学史。他坦率地向巴尔扎克承认："我过去总爱讲我喜欢的事情，从来没有想到运用艺术手法来写小说。"他不考虑形式、批评、读者、报纸和千古流芳。他作为一个完善的自我中心主义者，在写作中只考虑自己和自己的乐趣。最后，很晚很晚了，在五十岁的时候，他才有了一个奇特的发现：人们甚至能够靠写书赚钱。他感到更愉快了，因为亨利·贝尔的最高理想一直是孤寂和独立。

但是，书没有获得真正的成功，读者的胃不习惯这种枯燥的、不抹黄油不加香料的食物，于是他便不得不为自己的人物形象想出一群读者，那是未来的什么时候，在另一个世纪里的一群精英，"一些幸运者，"一八九〇年或一九〇〇年的一代人。但同时代人的冷淡对司汤达的伤害并不严重，最后，那些书甚至只是写给他自己的书信。"别人跟我有什么相干？"司汤达只为自己写作。这位衰老的享乐主义者为自己找到了一个新的、最后的、可心的乐趣：在上面阁楼里就着木桌上的两支烛光写作或口授，而这种跟自己的灵魂和自己的思想的完全的自我谈话在他生命终结前变得比所有的女人和欢乐都更重要，比富瓦咖啡馆，比在沙龙里的讨论，甚至比音乐都更重要了。孤独中的享受，享受中的孤独，他的这种头一个和最早的一个原始理想，终于被这个五十岁的男人在艺术中发现了。

不过，这是一个迟来的欢乐，一个已被断念遮蔽的阴沉的欢乐，因为司汤达的创作开始得太晚了，以致不能使他的生命得到创造性的发展，他的创作是在用音乐伴送和实现他缓慢的死。司汤达四十三岁开始写他的第一部长篇小说《红与黑》（早年的《阿尔芒斯》略而不计），五十岁写《吕西安·娄凡》，五十四岁写第三部长篇小说《巴马修道院》。三部长篇小说耗尽了他的文学才华，从主题来看，三部长篇小说只是一个主题，是同一个原始的基本生活经历的三个变种，即亨利·贝尔青年时代的精神历史。这个日渐衰老的人不让它在自己心中泯灭，而是想一再地更新它。所有三部作品都可以冠以他的后辈人和蔑视者福楼拜的标题：《情感教育》。

因为这三个青年人，受虐待的农民的儿子于连，娇生惯养的法布里斯侯爵和银行家的儿子吕西安·娄凡，以同样炽热的不受限制的观念走进一个感情日渐冷漠的世纪。他们都是拿破仑的热情拥护者，都是英雄业绩、伟大事业、自由的向往者；他们都是首先从充沛的感情出发寻找一种比现实生活所允许的更高、更明智、更轻松的形式。他们三个人都对女人充满隐忍的激情，都有一颗迷乱的童贞的心。他们三个人都深刻地认识到，一个人即使在一个冷冰冰的、与人敌对的世界里也必定隐藏着一颗热烈的心并抛弃他的寻欢作乐的情愫，所以他们才猛然醒悟过来。他们怀着纯洁的心所作的初次尝试都因遇到"他人的"（即司汤达的永久敌人的）心胸狭隘和市民恐惧而彻底失败。他们渐渐都学会了对手的阴险狡诈，耍小权术，诡秘地打小算盘，他们变精了，变得虚假、世故和冷冰冰的了。更讨厌的是，他们变得像年老的司汤达一样聪明、机智和自私，他们成了杰出的外交家、商业天才和高级主教。一句话，他们向现实妥协了，只要他们从自己真正的灵魂王国，从青年时代和纯洁观念的王国产生一种被摒弃的痛苦的感觉，他们就会适应现实。

为了这三个青年，或说得确切些，为了曾悄悄地活在他心中、后来下落不明的那个年轻人，为了"他二十岁的生活"，为了自己的缘故，为了再一次热情地体验那个二十岁的人，这个五十岁的亨利·贝尔写了这些长篇小说。作为一个博学、冷静而失望的英才，他通过他们叙述了他内心的青年时代；作为通晓艺术的头脑清醒的理智主义者，他开创了不朽的早期浪漫主义的先河。于是，这些长篇小说便把他本性的原始矛盾奇妙地统一起来；在这里，也把老年时期的清醒与青年时代的迷惘描述出来。司汤达一生中在精神与感情之间、现实主义与浪漫主义之间的斗争，在这三次令人难忘的战役中胜利地解决了，每一次战役都像马伦哥、滑铁卢和奥斯特里茨战役一样长久留在人类的记忆里。

这三个青年，虽然命运不同，阶层和性格各异，但在感情上却是兄弟，他们的创造者促使他们继承和发展了他本性中的浪漫主义成分。同样，他们的三个对立角色也是一个人，莫斯卡伯爵，银行家娄凡和德·拉·莫勒侯爵，又都是贝尔，但在这个完全精神化的理想主义者身上，在这位后来变明智了的老年人的身上，所有的理想主义观念都被理智的灵光渐渐烧尽和消灭。这三个对立角色象征性地指出，生活把这个青年最终造成了什么样的人，他怎样"体验了一切欢乐，然后感到厌倦了，渐渐变得清醒了"（《亨利·贝尔谈他的个人生活》）。

英雄主义的狂热消亡了，老谋深算的伎俩代替了美妙的陶醉，一种冷静的消遣代替了火热的激情。他们统治着世界，莫斯卡伯爵统治着一个侯国，银行家娄凡控制着交易所，德·拉·莫勒侯爵控制着外交界。但他们都不喜欢由他们任意操纵跳舞的木偶，他们看不起这些木偶，正因为他们太了解身边这些人的卑劣。他们对美色和英雄业绩还是有同感的，但也只是有同感而已，他们都把履行自己的义务换成了一事无成、永远耽于幻想的青年时代的朦胧而不切实际的梦想。正如那位冷静聪明的国务大臣安托尼俄对待年轻热情的诗人塔索一样，那些表现生活的散文作家也是又乐于帮助又心怀敌意、又瞧不起又暗含妒意地面对这个年轻的对手，像精神面对感情，清醒面对梦境。

司汤达的世界就是在这种男人命运的永恒的两极之间，即在孩童般对美色的朦胧的渴慕和对现实权势力量坚定自信而又嘲讽冷静的追求之间周旋。女人们所面对的就是这些青年人，这些羞怯而热情似火的追求者，她们穿着窸窣作声的美丽的衣裙，婉然拒绝他们强烈的渴念，她们用柔美的轻声细语平息他们得不到满足的愤怒。司汤达的这些温柔的、即使充满激情也不失高尚的女人，德·雷纳尔夫人，德·夏斯特莱夫人，桑塞维利纳女公爵，人人都怀着一颗纯真激动的心。不过即使是虔诚的献身，也不能为她们的情人保持灵魂的处女似的纯洁，因为这些年轻人每向生活迈进一步，就在人的卑劣性泥潭里深陷一寸。这些大智大勇的女人具有高尚的品质，她们能使人的心胸宽广，她们与龌龊的现实和低劣的实用主义世道是相对立，她们有别于蛇一样狡猾的渺小的阴谋家和钻营者——一句话，就是有别于司汤达以蔑视和愤怒的态度所面对的那些平庸者。司汤达以青年时代浪漫主义的眼光美化这些女人，作为一个年老的人依然蹚进爱的旋涡，这时，他便以郁积心头的全部愤怒把那伙卑劣的强盗推上了断头台。他以愤怒的态度和不洁的言词塑造了那些法官，检察官，部长，仪仗队军官，沙龙里的饶舌者和背后讲人坏话的卑鄙小人，每个人都像粪土一样黏滞和松软，但改变不了的厄运使所有这些无足轻重的人成群结队地膨胀，数量多得惊人，像通常在人世间一样，他们总能成功地闷死崇高的人。于是，在他的史诗风格的作品里，不可救药的梦想家的痛苦忧伤便与失望者匕首般犀利的讥讽交替出现。司汤达在他的长篇小说里怀着憎恶的心理描写真实的世界，不亚于他怀着火热的激情描写虚构的理想世界，他是两个领域里的艺术大师，在精神方面和感情方面都十分熟悉，能够驾轻就熟。

正是这一特点使得司汤达的这些长篇小说具有特殊的魅力和地位，因为它们都是晚期作品，感情是青年人的，思想却是深邃的。只有间距才能创造性地阐释每种激情的意义和美。——"受感动者本人在被感动的那一刹那并不知道自己感情的细微差别。"他也许会以抒情诗和赞歌的形式任意颂扬他的狂喜，却绝不会解释它，不会以叙事的形式说明它。真实的、叙事的分析永远要求洞察秋毫，心绪安宁，头脑清醒，要求有一种超越激情的立足点。司汤达的长篇小说就极具这种内涵和外延；在这些作品里，艺术家恰恰是在男人生涯浮沉之间的界限上意识清醒地描述了这种感情；他又一次心情激动地感受到他的激情，但他已经理解它并能从内心里抒写它，从外部约束它。仅只这一点就说明司汤达的这些长篇小说里存在着观察他的新生激情内幕的动力和强烈的渴望——外部发生的事情恰好相反，艺术家并不重视小说手法方面的东西，他只以相当即兴的方式草率从事（他自己承认，在一章结束时还不知道下面的情节该怎样安排）。他的作品只从内心的波涛起伏上看具有艺术魅力和动人心弦的特点。他的作品之所以是最好的，是因为人们觉察到他们在内心里也有同感，最不可比拟的是因为司汤达自己的羞怯和隐蔽的灵魂涌入了他心爱人物的语言和行动中，他让他的人物为他自己的双重性格而受到痛苦的折磨。在《巴马修道院》里关于滑铁卢战役的描写是他青年时期旅居意大利全部生活的精湛的缩写：像他本人奔向意大利一样，他的于连奔向拿破仑，想在战场上建立功勋，但现实却不断地夺走他关于意大利的想像。他经历的不是地动山摇人喊马嘶的骑兵进攻，而是现代战争丧失理智的混乱，他找到的不是大军，而是一群骂骂咧咧、玩世不恭的雇佣兵，不是英雄而是人，是跟穿着五颜六色或普通服装没有什么两样的平庸的人。这种清醒的时刻只能出现在他这个大师的笔下。在我们这个凡人的世界里灵魂的狂喜一再在严峻的现实面前化为泡影，还没有一个艺术家把这种心态描述得如此尽善尽美，他才会成为超出自己的艺术理念的艺术家："谁没有激情，谁就没有精神。"

但是奇怪的是，司汤达这位长篇小说作家竟不惜任何代价隐藏他的这个感同身受的秘密。他羞于让一个偶然的、最终冷嘲热讽的读者猜到在虚构的于连、吕西安和法布里斯身上赤裸裸地暴露了多少他灵魂中的秘密。因此，司汤达在他的这些叙事作品中故意装出不动声色的冷冰冰的态度，他故意使他的文笔冷气逼人："我尽力使人感到枯燥乏味。"宁可显得坚强也不显得感伤，宁可没有艺术性也不慷慨激昂，宁可要逻辑也不要抒情！于是他便把这期间反复说过的话令人作呕地传播于世，他每天早上工作之前都读民法，以便习惯于这种枯燥的务实的文风。但司汤达绝不认为枯燥是他的理想。事实上，他仅仅是凭借他的"过分理智的爱情"，凭借他的清醒的热情寻找那种在描写的背后显得雾蒙蒙的难以察觉的文风："写作风格应该像清漆一样透明：它不应该改变事物的本色，不应该改变反映这一风格的事实和思想。"这句话不应该借助巧妙的声乐花腔，借助意大利歌剧的"装饰音"抒发出来，相反，它应该消失在具体东西的背后，它应该像一位绅士剪裁合体的西服那样不引人注意，只准确清楚地表达心灵的活动。因为司汤达的主要着眼点是明确，他的高卢人的清醒的知觉使他憎恨任何模糊不清、遮遮掩掩和臃肿累赘，尤其憎恨卢梭带进法国文学的那种自我享乐者的感伤情绪。即使在最混乱的感情里他也要求清晰和真实，直至罩在内心阴影中的迷宫都清晰可见。"写作"对他来说便是"解剖"，也就是把混合的感情分解成几部分，各部分可以按照度数测知热情，可以像临床观察疾病那样观察激情。只有清楚地测出自己感情深度的人才能真正以男子汉的气概欣赏自己的深奥感情。只有观察到自己的混乱感情的人，才能认识自己感情的优异之处。因此他愿意遵守古老波斯的美德，用这种道德精神认真思考，看他的这颗在幻想中自我陶醉的狂喜的心究竟暴露了些什么。就精神而言，他是受精神驱使的最幸福的奴仆；就逻辑而言，他同时又是他的激情的主人。

认识自己的内心，通过理解增加激情的奥秘，同时对激情加以研究——这就是司汤达的公式。他的精神上的儿子们，他的那几个主人公，都有跟他完全一样的感觉。就是他们也都不愿意被盲目的感情欺骗；对自己的感情他们要检查、监视、研究和分析，他们不仅想要感觉他们的感情，而且还要理解他们的感情。他们经常心怀猜疑地检验他们的情感是真是假，在这种情感后面是否还隐藏着另一种更深的感情。如果他们愿意，他们就总要在这中间中止内心的这检验飞轮的运转，查一查它的统计结果。他们不断地扪心自问："我爱上她了吗？我还爱她吗？在这种情感下我感觉到了什么？为什么我没有什么感觉？我的倾慕是真实的还是被迫的？是我自己追她，还是我在逢场作戏？"他们不断地把手放在激烈跳动的脉搏上，只要他们在激动时体温曲线停顿一个节拍，他们立刻就会觉察到。即使在事件的发展犹如湍湍急流一往直前时，永远出现的"他想"，"他自言自语"等等就会使叙述的急不可耐的进程中断。他们像物理学家或生理学家一样试图对每一次肌肉的推拉和每一次神经的撕扯从知识上加以评注。在这里我以《红与黑》里那个著名的爱情一幕的描写为例来说明，司汤达让他的人物形象在一个少女献身于他的激情似火的时刻表现得多么理智，多么机警清醒。于连竟然冒着生命的危险，在夜里一点钟用一个立在母亲房间开着的窗户旁边的梯子爬进德·拉·莫尔小姐的房间里去——这本是一颗浪漫的心想得出来的、受激情支配的举动；但在他们热烈地相亲相爱时，二人都立刻变得理智起来。"于连很尴尬，他不知道应该怎么行动，他压根儿就没感到这是爱情。他在窘迫中认为必须大胆些，于是他便试图拥抱她。'别碰我。'她说，伸手把他推开。对这样的拒绝他倒很满意，他赶快扫视了一下四周。"司汤达的主人公在冒险的艳遇中头脑还这么冷静，神志还这么清醒。现在请看这一幕的继续发展，看看经过心情激动时的各种思考，这个骄傲的少女最后怎样投入她父亲的这个秘书的怀抱。"玛蒂尔德对他以'你'相称是费了很大气力的。因为这个'你'说出来没有一点温柔的情调，于连听了一点也不高兴；他惊奇地发现，他一点幸福感都没有。为了体味这种幸福，他最终只好求助于思考：他看到自己受到一个少女的宠爱，不过她平时从不不无保留地称赞人。多亏这么一思考他才为自己缔造了一种虚荣心得到满足的幸福。"多亏有"这么一次思考"，也就是多亏有"这么一种发现"，这个满脑子情欲的人才在完全没有温情没有热情的情况下诱奸了这个浪漫的情人。她反而一字一句地直截了当地自言自语道："我必须跟他谈一谈，一定要谈，一个人应该跟自己的情人谈一谈。"难道说一个女人在这种心境中就得到解脱了吗？难道我们在这里必须用莎士比亚的话来问一句吗？在司汤达之前有哪一个作家敢于让人在被诱骗的时刻如此冷静地受到检验和考虑一己的私利？再说，这些人就像司汤达笔下的所有人物一样根本不是像鱼一样冷淡的性格？但我们在这里已经接近了他的心理描写艺术的核心技巧，这种技巧本身就把热情分在不同的温度中，把感情分在不同的刺激范围内。司汤达从来不曾整体地观察激情，他永远都是观察激情的局部，他是用放大镜甚至用快速摄影机追寻激情的结晶。凡是在现实的领域里作为惟一的冲击和搐动的运动，都被他天才的分析精神精细地分成许多时间小段，他人为地在我们面前放慢心理活动的速度，使我们更容易理解它。司汤达长篇小说的情节只发生在心理的时间内，而不是尘世的时间内（这是它的创新之处！）。由于有司汤达的创作，叙事艺术第一次（而且预见到一种发展地）转向揭示无意识的官能行为。《红与黑》开创了"实验小说"的先河。这种试验后来使心理科学与文学创造彻底结为兄弟。司汤达长篇小说里的一些段落事实上总使人想起实验室的客观或教室的冷静。尽管如此，司汤达炽烈的写作热情仍然与巴尔扎克一样充满创造精神，不同的是，司汤达更注重逻辑，更狂热地追求明确，更有决心揭示心灵世界。刻画世界对他来说只是通向把握灵魂的间接途径，在整个壮观的宇宙里他的热烈的好奇心总是紧紧盯着人类，而在人类中却又总是盯着那个他无法理解的独特的人，那个人的缩影是司汤达。要探究这个人，他才成了诗人，成了只是为了刻画他这个人的创造者。虽然司汤达由于天资聪慧成了一位最完美的艺术家，但他本人却从来没有献身于艺术；他只是把艺术当作最精密最有灵气的工具来利用，目的是测知灵魂的振动，把这种振动转化为音乐。艺术从来都不是他的目标，艺术永远只是达到他惟一的永恒目标的途径。他所追求的目标是：发现自我，认识自我的乐趣。

令人愉快的心理学

我真正的激情是认识和感受的激情。它们永远
都得不到满足。

在一次社会聚会上，有一个很老实的市民走到司汤达身边，彬彬有礼地问这位陌生先生的职业。一丝不怀好意的微笑掠过亨利·贝尔这个玩世不恭者的嘴角，两只小眼睛闪着狂妄自大的光，他故作谦逊地回答道："我是人类心灵的观察者。"当然，这是一种嘲弄，出于喜爱虚张声势，他朝着一个大惑不解的资产阶级眨着眼睛，但在这种貌似戏弄人的游戏中却搀杂着相当一部分的坦率，因为事实上，司汤达一生中有目的地从事过观察心灵的活动。

司汤达是具有心理学家神秘爱好的人，这种人为数不多，他们沉湎在"令人愉快的心理学"之中，几乎是罪恶地沉湎在精神类型人的享乐者的激情里；但他以高尚的态度陶醉于探索心灵的奥秘是多么意味深长啊，他的心理学的艺术运用得多么轻松自如，多么扣

人心弦啊！在这里，好奇心从敏感的神经，从耳聪目明的感官把它们的触角伸到前面来，怀着微妙的贪欲从有生命的东西里吮吸甜蜜的精神的精华。这种灵活的才智无需抓住手边的任何东西，他从来都不用暴力手段把奇特的现象挤压在一起，折断它们的骨头，以便使它们适合死板的普洛克儒斯忒斯的床。司汤达的分析使人感到有一种突然发现的惊异和愉快，一种偶然相遇的新鲜和欣喜。他的那种男人的、贵族的贪得无厌过于骄傲，不可能气喘吁吁、大汗淋漓地去追求知识，也不可能用一连串论据把它置于死地。他憎恨过分咀嚼事实并像哈鲁斯佩克斯那样在事实的内脏里翻寻这种叫人大倒胃口的手艺：他的敏锐的感觉，他的手指尖对美学价值的感觉，从来都不需要野蛮贪婪的抓握。各种东西的芳香，它们的本质飘浮着的气息，它们像乙醚那样轻的精神影响，向这位品尝的天才泄露出它们内在本质的全部意义和秘密，他从微小的刺激认识到一种感情，从轶事中了解历史，从格言中辨别一个人。只要有转瞬即逝的、几乎抓不住的细节，只要有"缩短的"、梅花草那么大的感觉，对他说来就足够了。他知道，正是这些对"细小的事实真相"的观察，在心理学里具有决定的意义。他的银行家吕西安·娄凡说："细节中存在着独创和真实。"而司汤达本人则自豪地把这赞为一个时代的方法，"这个时代是喜欢细节的，而且完全有理由喜欢细节"，它已经预示着下一个世纪，这个未来的世纪不再凭借空泛、艰深和漏洞多的假设来推动心理学的研究，而是要从细胞和芽孢杆菌的分子情况来研究身体，从过细的观察，从振动和神经的震颤来计算出心理活动的强度。当康德的门徒谢林和黑格尔等人在他们的讲坛上还变戏法似的把整个宇宙都变到他们教授帽子的下面时，这个孤独的人已经知道了，哲学家称霸的高尖塔的无畏舰队的时代彻底结束了，现在只有悄悄接近的潜水艇施放的细心观察的鱼雷控制着精神的海洋。但他是多么孤单地在片面的专家和怪癖的诗人中间从事这种机智的猜谜艺术啊！他是怎样的孑然一身，他是怎样走在当时那些片面的权威心理研究家的前面，他是怎样由于背上没有被学识束紧的假设而跑在他们前面。他说："我既不指责，也不赞同，我是在观察。"他把知识当作游戏，当作运动，他追求知识仅仅是为了自得其乐！正如他精神上的弟兄诺瓦利斯，诺瓦利斯像他一样通过诗人的感觉走在一切哲学的前面，他只爱知识的"花粉"，这些偶然吹来的，但包含着生物内部最核心意义的花粉内部却是假想中的盘根错节的广阔体系。司汤达的观察总是局限在细小的、只在显微镜下才能看到的变化，局限在感觉初次结晶的那短暂的一刹那。只有到那时他才会感觉到从肉体到灵魂都接近生活的那种内在联系的时刻，那些经院哲学家傲慢地把这种时刻叫做世界之谜，他正是从最小的感知预测到最大的感知。所以，他的心理学初看只不过是思想的金银丝编织品，是一种雕虫小技，一种有敏感性的游戏，但他具有一种不可动摇的（和正确的）信念：认为最细小精确的感知比任何理论都能赋予感情世界更重要的认识。"人心不像一般人想像的那样容易被感知。"心灵的科学除了这些偶然中断的感知以外没有其他任何通向黑暗的安全通道。"只有感觉才有可靠的真实性"，因此，"一生中注意观察五六种思想"也就足够了。从中可以——不是强制地而是符合个人意愿地——形成规律，这是一种精神的法则，理解这种法则或哪怕只意识到这种法则，便体现出每种真正心理学的兴趣和热情。

这样一些小的大有益处的观察，司汤达进行过无数次，难得的罕见的发现也不在少数。从此便使每一次艺术家的心理说明变得十分肯定，甚至完全彻底。但司汤达本人却从未利用过他的这些发现，他只是把这些在脑海里闪现的思想漫不经心地写在纸上，但不加整理，更不使它系统化。在他的书信、日记和长篇小说里人们可以发现这些散在的繁殖力很强的种子，一任将来在偶然中被人发现。概括说来，他的全部心理学的成果是由一二百个警句和长篇小说段落组成的，他很少下功夫把几个部分组合在一起，从来都没有对它们做一次真正的整理，使之成为一种完整的理论。就连那篇论述激情的专题文章，即那篇论述爱情的文章，也只不过是传奇、警句和轶事的一个大杂烩。他十分谨慎，并不把这篇研究文字称为《爱情》，而叫作《论爱情》，我们最好还是译成《关于爱情的一些研究》。他至多勾勒出了几个结构松散的基本区别，把爱情分为"激情的爱情"、"肉体的爱情"和"情趣的爱情"，或者他草草地写出了一种爱情的产生和消亡的理论，但实际上只是用铅笔来写的（事实上他写书也是使用铅笔）。他的目光只局限在暗示、猜测、不负责任的假设，这一切都贯穿在他闲谈时讲到的一些逸事趣闻里。因为司汤达绝不想成为深邃的思想家、彻底的思想家、服务他人的思想家，他从来都没有下苦功夫去继续深入探究偶然碰到的东西。这个心灵欧洲的懒散的"旅行者"，宽宏大量、满不在乎地把具体安排、扩大和充实故事的辛勤踏实工作留给那精神领域的赶车人和粘贴者。事实上，整个一代法兰西人已经对他顺便提到开头的大多数主题做了诠释。从他的关于爱情结晶的著名理论中产生了十几部心理分析的长篇小说（他的爱情结晶论是把感情觉醒跟一个在矿山盐水中浸泡很长时间后突然在一刹那间生出看得见的结晶的"萨尔茨堡的树枝"相比）。从他的一段仓促潦草写就的关于种族和环境对艺术家影响的评注中泰纳①引出了一个对奠定他的哲学的基础十分重要的假说。但司汤达这个不工作的人和即兴作者从来都是把他的心理学写在断简残篇和格言中。他的法国祖先在这方面的门徒帕斯卡尔、尚福尔、拉罗什福科和沃维纳克，他们和司汤达一样，出于对一切真理发展的敬重，从来没有把自己的观点压缩成一种坚实而持久不变的真理。他只是零散地抛出自己的见解，根本不关心它们是否能够被人接受，不关心它们今天已被认作真理，还是一百年后才被承认为真理。他不关心它们是某人先于他写出来的，还是别人将在他之后把它们写出来：他像呼吸、说话和写作那样毫不费力地自然而然地进行思考和观察。寻找同道者从来都不是这位自由思想家所操心的事。观察，更深刻地观察，思考，更透彻地思考，才是他最大的幸福。

像尼采一样，他不仅敢于想，而且有时会像着了魔似的毫无顾忌地想。他坚强而果敢，甚至把真理置于手掌上把玩，爱知识犹如怀着一种肉欲的喜悦。这个人充满生活情趣，像冒着泡沫的香槟酒，酒珠欲滴，晶莹透明！他的警句永远只是他内心财富偶然超出

---

① 依波利特·泰纳（1828—1893），法国哲学家、历史学家、文艺理论家。

酒杯的边缘喷洒出来的零散的水滴。司汤达原来的精神财富兼有冷静和火热的两面，始终保存在他的内心中，犹如保存在透明的高脚杯里，只有死才能把这个杯子打碎。但是这些泼洒出来的水滴却具有极大的振奋精神的麻醉作用。它们像名牌香槟酒一样加速心脏的跳动，使忧郁的感情焕然一新。他的心理学不是受过良好训练的大脑里的几何学，而是一种生活浓缩了的精华。这使他的真实变得如此逼真，使他的观点变得如此具有远见卓识，使他的知识如此广泛运用，而这一切既是无与伦比的，同时又是持久不变的，因为没有任何一种勤于思索像一个信心十足的人无忧无虑地敢于思索，能充分地理解这种活生生的东西。思想和理论，就像《荷马史诗》中冥府的阴影一样，永远只是松散的模型，没有形体的镜中影像；当它们吮足了人的血液时，它们才会有声音有形体，才能够与人来交谈。

自我描述

我从前是什么？我现在是什么？我很难说清。

只有司汤达本人才有这样令人惊异的描写自己的匠人之笔，这是任何别的大师都办不到的。"要了解人，只要研究自己；要了解众人，却要接触他们。"他说，并立即添加了一句，说他只是从书本上了解人，他的所有学业都是通过自学完成的。司汤达的心理观察总是从自己出发。它的目的仅是返回自身。但这条个人道路周围却是人的整个精神世界。

童年时代司汤达就经过了观察自我的第一个学程。他热爱他的母亲，但母亲的早逝使他成为弃儿以后，他就看到周围充满着敌意和陌生的心理。他不得不把自己的内心活动全部隐藏越来，不让别人看到他的内心，他很早就以各种伪装的方式学习说谎"这种奴隶的本领"。他躲在角落里，用不满和怨恨的目光窥视父亲、姑妈、老师、一切折磨和统治他人者。憎恨把他的目光磨砺得充满无限的愤怒。在进入社会实际生活之前，他就由于迫不得已的自卫，由于受人误解的精神压力，熟谙对人的心理分析。

这位如此冒着风险地接受预备教育的人，他的第二学程持续了很久，实际上持续了一生。这个学程就是爱情，女人成了他的高等学校。人们早就知道——他本人也不否认这个令人忧伤的事实，司汤达作为追求女人的人并不是英雄，不是征服者，只不过是一个爱装作唐璜的人。梅里美写道，司汤达从来都没有感觉到自己被爱，很遗憾，他几乎永远是不幸地被爱。"在爱情方面我几乎永远都是不幸的，"他不得不承认，"在拿破仑的军队里像他这样占有极少女人的军官寥寥无几。"他从他肩膀宽阔的父亲和本性温和的母亲身上继承了一种非常迫切的情欲：欲火旺盛，虽然司汤达总是急不可耐地检验每一种情欲表现，看她对他是否"忠诚"，但他一生始终都是相当悲哀的爱情骑士。在家里，在写字台旁，在远离危险的情况下，这个典型的享乐者在性欲战略方面总是出类拔萃的（远离了她，他总是很勇敢，什么都敢做）。他在日记里十分精确地写着他使自己眼下的女神完全堕落的时间（"我要在两天后得到她"）。不过刚刚来到她身边，这位自封的卡萨诺瓦立刻就变成了一个腼腆的中学生。第一次向女人进攻通常（他本人也承认）以男人在开始表示顺从的女人面前感到内心羞愧而告终。每当他必须主动献殷勤的时候，他就变得"又羞又窘"。每当他应该表现出温存体贴的时候，他就变得玩世不恭。在需要进攻的时候，他却优柔寡断。一句话，他由于左思右想和言谈拘谨而耽误和错过最佳时机。他由于窘迫，由于畏惧，显得多愁善感和"易于上当受骗"，为了避免这一切，这个与时代格格不入的耽于幻想的人便"披上轻骑兵的外衣"，表现出十分粗暴无礼和哥萨克人般直率的样子，从而藏匿起他的温情。因此他在女人那里屡遭惨败，这是他一生中那种隐蔽的、最终被无意中透露出的绝望。司汤达一生中只盼望有明显的爱情上的胜利，他说："对我来说，爱情始终是最大的事，更确切地说是惟一的大事。"对任何人，对任何哲学家、任何诗人，甚至包括对拿破仑，他都没有表现出像对他舅舅加尼翁或对他表兄马齐亚尔·达吕这样真心的敬佩，他的舅父和表兄没有使用过任何精神的或心理的手段就征服了无数女人的心，也许正因如此，司汤达才逐渐认识到，只要一个人真动感情，就没有任何东西妨碍他受到女人的青睐。"只要一个人像对待一场台球戏那样不在乎输赢，他就一定会博得女人的欢心。"最后他就是这样规劝自己，"我特别需要有色鬼的手段。"他对任何问题都不曾较长久较深入地思考过。恰恰由于他（以及我们和他一起）对性欲进行过神经过敏、猜疑心重的自我解剖，他才对他最细腻的感情脉络有了完整的认识。他自己说过，没有任何东西像恋爱的屡屡失败这样教会他进行心理分析，他追逐女人的失败次数也不算多，一共也就六七次吧；如果他能像别人那样有艳福，他也就不必这样坚持不懈地探测女人的灵魂，了解她们最精巧最温柔的意识流向了。他在女人那里学会了怎样考察自己的灵魂，正是在这里屡遭拒绝的感受把这个观察者训练成了一个娴熟的心理学家。

　　司汤达的这种系统的自我观察老早就发展成自我描述了，这里还有一个特殊的、极为奇妙的原因：司汤达的记忆力很坏，准确地说，他的记忆力非常任性，变幻莫测，总之他的记忆力很不可靠，所以他总是手不离笔。他从不间断地做记录，记在读物的书眉上，记在零散的纸张上，记在信上，特别是记在日记里。他害怕忘记重要的生活经历，中断他生活的连续性（即害怕中断他有计划地长久写作的这惟一一部艺术作品的连续性），他总是立刻把每一次感情的波动和每一个事件固定在书面文字上。他给居里亚尔伯爵夫人写了一封动人心弦、沾满泪痕的爱情书信，在信上他以一个记录员冷漠的客观态度记下他们的关系何时开始何时结束的日期，他记录了他是在几月几日几点钟终于征服安吉拉·皮特拉格鲁瓦的。人们通常都有这样的印象：他把笔拿在手里才开始思考。我们最终应该把那六七十卷以一切想得到的创作的、书信的、轶事的形式所做的自我描述归功于这种神经过敏的书写癖好（到今天为止发表的还不到一半）。不是一种爱虚荣好表露的自白愿望，而是担心名为"司汤达"的这种不可能再造的特殊物质从他那沙漏般的记忆中渗漏一点一滴的利己的恐惧心理，为我们如此完整地保存了司汤达的传记材料。

像对待他的所有其他特性一样，司汤达以具有先见之明的明确态度分析了他的记忆力的这种特殊性。首先他承认他的记忆能力是具有极端自我中心特点的。"我不感兴趣的东西，我一点也记不住。"因此他很少记住心灵以外的东西，他记不住数字，记不住日期、事实和地点；最重要的历史事件的一切细节他都忘得一干二净；他不记得他在什么时候见过某些女人和朋友（甚至包括拜伦和罗西尼）。不过，他从不否认这个缺点，他毫不犹豫地承认："我只在那些触及我的感觉的东西里面探究真实。"只要他的感觉是准确的，他就敢保证事情是真实的。在一部作品中他坚决地表示"抗议"，说"我从来也不敢描写事物的真相，而是只描写它们留给我的印象"。事实再清楚不过地证明，对司汤达来说，"事情本身"是根本不存在的，只有当这些事情引起他心灵震荡时，这种绝对片面的感觉记忆才空前敏锐地发生作用。他也完全不记得他是否跟拿破仑说过话。他不知道，他是真的记得自己曾经越过圣伯纳大山口，还是只根据一幅铜版画记得这件事。同一个司汤达，只要内心深受感动，却对一个擦肩而过的女人的声音笑貌和婀娜多姿的体态记得一清二楚。无论在哪里，只要他没有感情，他的记忆就像静止的黑暗的云层一样模糊不清，静止的黑暗的雾层会储藏几十年以上——使人们往往弄不清他几十年的生活状况。更奇怪的是，在感情太强烈的时候，司汤达的记忆能力也会遭到破坏。他恰恰在他生活的最紧张时刻（在描述越过阿尔卑斯山口，描述巴黎之际，描述第一次爱情之夜时）上百次地重复这个论断："我再也想不起那件事了，因为感受太强烈了。"在这个狭隘的有局限的感情领域以外，司汤达的记忆（也包括他的艺术家的气质）从来都不是很完善的："我认为我只是一个人类的画师。除此以外，我什么也不是。"只有那些使灵魂产生最强烈印象的东西才能经受得住被司汤达遗忘的考验。因此这位最坚决的自我中心主义者写自传时从来都不能成为世界的见证人；他其实不能回想自己的经历，他只能重新感受往事。他在心灵中不是直接地，而是通过反射的曲折途径再现事情的经过。"他虚构他的一生"：他不是根据感觉的回忆找到事实，而是根据感觉的回忆杜撰和虚构事实。这样，他的自传便有点像小说，他的小说有点像自传。人们不能指望在他那里看到一种类似歌德在《诗与真》里所做的对个人世界博大精深的描述。作为自传作者，司汤达按其天性也必定是断片作品的作者，是印象主义者。事实上他描述自己的画像只是以松散的偶然的笔触和他那些"日记"里的记录开始的，他的日记几十年都不曾间断，不言而喻，他写日记完全是为个人的需要。首先只是记录，只是抓住那些微末的令人激动的感情，只要它们是热烈的，只要它们像一只被捉到的小鸟在手心中不安地跳动！只不过不让它们飞走，抓住和留住一切，不信赖记忆这条不安定的河，它在整个流程中会把一切都冲走和淹没！不怕把无关紧要的东西，把感官上的纯粹的小玩艺儿杂乱地堆散在大衣箱里。谁知道，也许这个成年人恰恰最喜欢观察这些曾经使他心动的古怪而平庸的东西呢。因此，这是一种使这个少年能够收集和保存感情的霎时图像的天才的本能。这个成熟起来的人，这个娴熟的心理学家和杰出的艺术家，终将怀着感激之情，像专家那样熟练地把它们安排在那幅描述他的青年历史的大型绘画里去，即安排在他取名《亨利·勃吕拉》的自传里。那是以晚年奇异而浪漫的眼光来看他的童年。

像写长篇小说一样，司汤达很晚才在有意识地撰写的自传体作品里阐明他青年时代的思想状况。一位日渐衰老的人坐在罗马城里蒙托里奥的圣彼得教堂的台阶上回想他的一生。再有几个月他就年满五十周岁了；过去了，青年时代已完全消逝，女人也好，爱情也好，都不复存在了。现在也许正该发问："我过去是什么人？我现在是什么人？"那个为更有准备更有战斗力的晋升和冒险、而对人心进行仔细研究的时代现在已经过去了。现在需要的是总结和回顾。有天晚上司汤达百无聊赖地从公使的晚会刚刚回来（感到寂寞无聊，是因为再也不能占有任何女人，厌倦了一切轻浮的交谈），便突然决定："我必须把我的生活记录下来！如果这件事在两三年后完成了，我也许就会知道我过去究竟是什么样的人了：愉快的还是忧伤的，聪慧的还是愚蠢的，勇敢的还是怯懦的，说到底，是一个幸福的人还是一个不幸的人。"

下决心容易，做起来就难了！司汤达已经下定决心在《亨利·勃吕拉》这本书里写出纯粹真实的东西（这个名字是用代码写的，这是为了使那些好奇者认不出他来）。但他知道做到真实，一反自我常规写出来这种真实的存在，是很难的！怎样在这鬼影憧憧的往昔的迷宫里找到路径，怎样区别鬼火和明灯，怎样摆脱那些戴着假面具蹲伏在各个弯路岔道后面的谎言！司汤达这位心理学家在这第一次，也许是惟一独创地发明了一种方法：为了让自己不至于被令人愉快的回忆的假象所蒙蔽，奋笔疾书，不重读，不深思。（"我的原则是不使自己为难，也不让他人忘却。"）干脆丢掉羞臊，抛弃疑虑；在内心的自我法官和检查官醒悟之前，令人惊奇地突然出现他的自白。不是像画家那样细描，而是像摄影师那样抓拍！永远及时抓住特征动作原始的激动心情，不让它形成艺术的戏剧的模式。司汤达快笔如飞地写他的自我回忆，一蹴而就，事实上就是没有再通读一遍这些笔录，完全不在乎风格、统一性和有条理的表现力，整个就像一封写给朋友的私人书信："我写这些，没有说谎，也不抱幻想，心情愉快得像给朋友写信。"这句话里的每一个词都是重要的，司汤达做自我描述，"正如他希望的那样"，是按真实的面貌写，没有幻想成分，"怀着愉快的心情"，"像写私人信函"，这一切"都像卢梭那样不做艺术的渲染"。他有意识地为了真实而牺牲回忆录的美，为了心理分析而牺牲艺术。

事实上，从纯技巧角度看，《亨利·勃吕拉》和它的续篇《一个自我中心者的回忆》一样，是很成问题的艺术成果。此外，两部作品都写得太匆忙，太松散，太没计划。某种回忆的事实浮现在司汤达的脑际，他便闪电般快地把它写进书里，不管它是否适合于安插在那个地方。正像在他的笔录里，最崇高的东西与最浅薄的东西并列，不恰当的泛泛空论与最秘密的个人私事混杂在一起。不过正是这种无拘束地信笔写来，这种随随便便的叙述自己才透露出各种各样的真实情况，这当中的每一件真情都比平时的一页书更能发挥心灵文献的作用。那类关键性的自白，如关于他对母亲的颇具危险的倾慕的那段留有骂名的自白，关于对他父亲的凶残的不共戴天的憎恨，这些自白在别人那里，只要一位检查官有时间监督它们，总是在胆怯地躲进下意识角落不冒出来：这些深藏心底的东西——只可以这么说——是在勉为其难的道德方面的疏忽大意的情况下故意偷运出来的。司汤达从来都不给他的感受留有时间把自己修饰成"美的"或"有道德的"东西。仅仅是由于有这种绝妙的心理学家做法，他才在这些感受最敏感的地方抓住它们。而这些感受在别人那里，在那些蠢人和慢性子人那里，他们往往大叫一声跳起来就跑。这些被当场抓住的罪行和非常显眼的事情赤裸裸地，灵魂完全赤裸裸地，而且全然不知羞耻地突然出现在光洁的白纸上，人们第一次看见它们无不目瞪口呆。这时从一颗小小的赤子之心里爆发出的，是多么奇异的悲剧般怪诞的惊恐不安，是怎样恶魔般的无比强烈的愤怒感情啊！人们怎能忘记，他切齿痛恨的姑妈死去时的那一幕（"她是降临到我的可怜的童年时代的两个魔鬼中的一个"——另一个是他的父亲），当时那个小亨利，那个痛苦的无比孤独的孩子是"怎样双膝跪地感谢上帝呀！"紧挨着这句话（在司汤达心里多种多样的感情是错综复杂地交织在一起的），便是那句简短的注释：就是这个魔鬼也曾在（被精确描写的）一秒钟内撩拨起这个孩子早熟的性爱。在司汤达以前人们几乎不曾探寻过人类有多少不同的层次，不曾探寻过最对立的东西和最矛盾的东西的神经末梢怎样相互触动，不曾探寻过不成熟的孩童的心灵怎样包含着卑劣和高尚，残忍和温柔，它们都层层叠叠地存在于极薄的层面上。正是有了这些完全偶然的不经心的发现，自传里的分析才真正开始。

对形式和风格，对后世和文学，对道德和批判的这种不留意和漠不关心，这种尝试的显著的个人特点和自我欣赏特征使《亨利·勃吕拉》成为一个无与伦比的精神文献。尽管司汤达总想通过他的长篇小说成为艺术家，但他在这里只是一个受好奇心驱使而挖掘自我灵魂的人和个体。他的自画像包含着零星事物所引起的难以言表的刺激和即兴创作的天然的真实。人们既不能从他的作品中也不能从他的自传中彻底认识他。人们不断地感觉重新受到诱惑，希望去破解他的那些猜不透的谜，在辨认中理解他，在理解中辨认他。这样，他的双重色彩的、又冷又热的、受着神经和精神震荡的灵魂才会至今仍然对活在世上的人产生强烈的影响。通过塑造自我，他把他的好奇的兴致和观察灵魂的艺术传给了新的一代，教给了我们大家怎样从自我询问和自我探察中寻求激动人心的乐趣。

司汤达的现代特征

我将在一八八〇年闻名于世。

司汤达

　　司汤达跳过了十九世纪这一整个世纪，他开始于十八世纪狄德罗和伏尔泰的朴素的唯物主义，结束于我们这个时代的心理物理学，即已成为科学的心理学。正如尼采所说的，"无论如何也需要两代人才能追赶上他，揭示使他陶醉的谜"，他的作品里很少有过时和受到冷遇的东西，一大部分预见性的发现早已成为共有的精神财富，他的某些预言在不断实现的长河中依然生气勃勃。在长时间落在他的同时代人的后面之后，最终他竟然超越了巴尔扎克之外的所有的人，因为巴尔扎克和司汤达这两位作家在艺术作用方面尽管是互相对立的，但他们二人都创造了超越自己时代的作品，巴尔扎克是通过现行的社会关系，把社会各阶层及其结构的改组、从社会学角度来看的金钱至上和政治机器，放大成畸形怪物，司汤达却是"借助于他比他人更有预见性的心理学家目光，借助于紧紧抓住的事实真相"，把个人研成碎末，从中研究细微的差别。社会的发展证明了巴尔扎克观点的正确，新的心理学也肯定了司汤达方法的合理。巴尔扎克的修正世界的观点预见到了现代，司汤达的直觉观点预见到了现代的人。

司汤达的人就是今天的我们，在观察自我方面更熟练，在心理分析方面更训练有素，生活上更自得其乐，更不受道德规范的约束，精神上更敏感，对自己更好奇，讨厌一切冷静的认识论，只渴望认识自己的本质。对我们来说，与众不同的人不再是巨大的怪物，不再是特殊情况，这位孤身独处于浪漫主义者之中的司汤达就是把自己视为特殊情况，因为心理学和心理分析这门新科学从此为我们提供了各式各样探清奥妙、分析纷繁事物的精密工具。这个乘邮车来到巴黎、穿过拿破仑军服的"极有预见性的人"（尼采又一次这样称呼他），我们是多么熟悉他啊！他的非教条主义，他早期的欧洲人自由选择身份的主张，他对世界的不由自主的客观化的厌恶，他对一切浮夸的群体英雄主义的憎恨——所有这一切跟我们的看法多么一致！他对同时代人多愁善感的无病呻吟采取极端蔑视的态度，是多么正确，他对他的那个时代和我们这个时代的区别的认识是多么深刻啊！他以自己文学上的怪癖的试验开辟的道路和走过的足迹是数不胜数的：没有他的于连，陀思妥耶夫斯基的拉斯柯尼科夫便不可想像，没有司汤达关于滑铁卢战役第一次真实描写的古典主义典范，便不会有托尔斯泰所描写的波罗金诺战役。尼采进行思考的无上快乐是在阅读了司汤达的作品以后逐渐形成的。这样，司汤达寻找了一生也没找到的"亲如手足的杰出的人"、"最优秀的人"，终于来到他身边了。一个惟一承认他的自由的世界主义者精神的迟到的祖国，也就是那些与他类似的人的祖国，永远给了他公民权利和公民桂冠。除了巴尔扎克这位惟一以手足情敬重他的人以外，在他同代人中没有一个人像司汤达这样在精神和感情上与今天的我们更为接近。通过心理分析的媒质出版物，通过冰冷的纸张，我们感到与他的形象声息相闻，脉搏相通，深不可测，虽然像他这样探究自己的人寥寥无几，虽然他总是在矛盾中摇摆不定，带着鬼火一样难解之谜的色彩，透露秘密又隐蔽另一些秘密，看似完成却又没有结束，但这一切永远是生动的，逼真的，有生命力的。下一代人最喜欢呼唤到自己中间来的，正是前一个时代的这些有怪癖的人。正是灵魂的最柔弱的振动具有时代的最远的波长。

托尔斯泰

没有什么人的毕生事业，说到底就是像他的整
个的人生一样，产生如此强大的影响，并迫使
所有的人产生同样的心情。

日记，一八九四年三月二十三日

前　奏

　　重要的不是人所达到的道德的完善，而是道德
完善的过程。

老年日记

　　"乌斯地有一个人名叫约伯。那人完全正直，敬畏神，远离恶
事。他的家产有七千羊，三千骆驼，五百对牛，五百母驴，并有许
多仆婢。这人在东方人中就为至大。"①

　　约伯的故事就是这样开始的。直到神向他举起手来，让他患上
麻风病，使他从昏沉沉的舒适中觉醒，让他的灵魂受到痛苦的熬
煎，他一直都生活在天赐的心满意足之中。列夫·尼古拉耶维奇·
托尔斯泰的精神危机也是这样开始的。在人世间的权势者之中，他
也是"首屈一指"的人物，他富有，他恬适地居住在祖传的家园。
他身体健康，精力充沛，把他一心追求的姑娘娶到了家里，妻子给

他生了十三个孩子。他用手和心灵创造的作品已经成为不朽之作，照耀着整个时代。这位显要的封建贵族，在亚斯纳亚波利亚纳从农民身旁走过时，他们都怀着崇敬的心情向他鞠躬。就连整个世界也对他如雷贯耳的声誉深表崇敬。就像约伯面对考验那样，列夫·托尔斯泰也别无他求。他曾在一封信里写出一句世上最放肆的话："我是彻底幸福的。"

然而一夜之间，这一切就都再也没有意义、没有价值了。工作使这位辛勤劳动的人厌恶，他感到妻子陌生，孩子都无关紧要。夜里，他从一团糟的床上起来，像病人似的走来走去；白天，他沉闷地坐在写字台前，手木然不动，目光呆滞无神。有一天，他急急忙忙走上楼去，把猎枪锁到柜子里，以防把枪口对准他自己。他有时呻吟，胸腔几乎要爆裂，有时在昏暗的房间里像一个孩子似的呜咽。他不再拆看书信，不再接待朋友；孩子们都胆怯地望着他，妻子对这位突然变得阴沉郁闷的丈夫十分失望。

这种突变的原因是什么呢？难道是疾病在悄悄吞食他的生命，是麻风病侵袭了他的肌体，还是他遭遇了外来的不幸？列夫·尼古拉耶维奇·托尔斯泰到底出了什么事？这位最有影响的人物怎么会突然变得如此郁郁寡欢，这位俄罗斯土地上最伟大的强者怎么会变得如此凄凉悲惨？

最令人惊惧的答案是：什么也没有！他没出什么事，或者从根本上说，是更加可怕的：虚无。托尔斯泰在所有事物的背后看到的

① 出自《圣经·旧约·约伯记》。译文参考和合本《圣经》。

只不过是虚无。在他的灵魂里有什么东西被撕碎了。一道罅隙直裂到心底，那是一道狭长的黑洞洞的罅隙。大惊失色的眼睛被迫呆呆地望着这空虚，望着这位于我们自己温暖的血脉流通的生命背后的异样、陌生、冰冷和不可理解的东西，望着转瞬即逝的存在背后的永恒的虚无。

谁一旦往这个不可名状的深渊望去，他就再也不能把目光转向别处，黑暗便流进各个感官，他的生命的光华和色彩便消失殆尽。他嘴角的笑是冰冷的。感觉不到这种冰冷，就抓不到任何东西；不联想到另外的东西——虚无，就什么东西也看不见。本来还是完全感觉得到的东西，如今都枯萎了，变得毫无价值了。荣誉变成了捕风捉影，艺术变成了小丑表演，金钱变成了黄色炉渣，自己生机勃勃的头等健康的身体变成了蠕虫的寄居地。这看不见的黑色的唇吸光了一切宝贵东西的汁液和香甜。有谁一旦怀着造物的原始恐惧发现这个可怕的、吃人的、黑夜般的虚无，这个埃德加·爱伦·坡的席卷一切的"大旋涡"，帕斯卡尔的比一切思想深度还要深的"深渊"，他就会感到世界已经冻结了。

这一切无论怎样遮掩和隐藏都是白费气力。把这种黑暗的吮吸称之为神，并且宣告为圣徒，也是于事无补。用福音书的书页封贴这个漏洞，同样毫无用处，因为这种原始的黑暗能穿透一切古代文献，熄灭教堂的灯烛，这种宇宙极地的冰冷是无法通过言语微温的呼吸变暖的。人们像孩子们在森林中高声歌唱企图压倒内心的恐惧一样，开始扯着嗓门说教，企图压倒死一般的沉寂，照例无济于事。没有任何意志，没有任何智慧再能照亮这位受惊者的阴沉沉的心。

托尔斯泰在他具有世界影响的生命的第五十四个年头第一次看到了这种巨大的虚无。从那时起，直至他的生命终结，他都毫不动摇地呆呆望着这个黑色的洞，望着自己生存背后的这个不可理解的内在的东西。不过，即使转向虚无，列夫·托尔斯泰的目光仍然是犀利的、明亮的，这是我们这个时代所见到的一个人知识最多智力最高的目光。从来没有一个人以如此巨大的力量同不可名状的东西、同非永生的悲剧进行过斗争。从来没有一个人更坚定地针对命运向人提出的问题追问人类命运的问题。没有一个人更可怕地遭遇过彼岸那种空虚的吮吸灵魂的目光，没有一个人更出色地忍受过这样的目光，因为托尔斯泰黑色瞳孔里男子汉的良知向艺术家明亮、勇敢、善于观察的目光提出了异议。面对生存的悲剧，列夫·托尔斯泰从未胆怯地垂下目光或闭上眼睛。这是我们的新艺术的最警觉最诚挚最无法收买的眼睛。因此，没有什么更杰出的东西比得上这种英勇的尝试：即使对不可理解的东西也要赋予形象的意义，即使对不可避免的东西也要赋予真理。

从二十岁到五十岁，托尔斯泰无忧无虑、自由自在地创作和生活了三十年。从五十岁到生命终结这三十年里，他仅仅生活在探索生活的意义和认识生活的过程之中。在他为自己提出这个无法测度的使命之前，他一直生活得十分轻松愉快。现在，他为真理而奋斗，不仅是为了拯救他自己，而且为了拯救全人类。他担负起这个使命，使他自己成了英雄，甚至成了圣徒。他为这一使命蒙难受苦，使自己成了一切人当中最富有人性的人。

肖　像

　　　　　　　　　　我的脸是一张普通农民的脸。

　　胡须遍布的面孔，长胡子的地方比不长胡子的地方多，探测内心的一切通道都被堵住了。流动的主教式的胡须很宽，并向嘴里飘摆，高高地一直长到面颊上，几十年来一直湮没着性感的唇，盖住如同龟裂的棕色树皮的皮肤。他浓重的眉毛有一指粗，丛生在他的额头，像树根一样盘绕交错。头顶上是像起着泡沫的灰色海潮里不安定的浪花般密集而杂乱的头发：那太古世界一样的风长的头发，像热带植物似的繁盛，处处都那么纷乱茂密。跟米开朗基罗笔下的摩西，那位最富男子气概的人的肖像一模一样，一眼望去，托尔斯泰的脸上也有一把圣父那样的泛着白色浪花的大胡子。

　　因此，为了认清这张被覆盖的脸，连同其内心的纯粹的本质，人们不得不从他的脸部特征上删除这灌木丛一般的胡须。那些没有胡须的青年时代的肖像对这种删除很有帮助。人们这样做了以后，就会大吃一惊。因为不可否认的是，这位高贵智者面孔的轮廓是粗线条的，跟一个农民的面孔没有什么两样。一所低矮的烟熏火燎的茅舍，一顶真正的俄罗斯帐篷，便是守护神在这里为自己选择的住所和工作间；不是希腊的能工巧匠，而是一个懒散的乡村细木匠为这颗宽爱的心灵装修住宅。像劈开的木头粗粗刨过，还露着粗木纤维，他的一对小眼睛上面是粗糙低矮的横梁一般的前额，皮肤上好像只有土和黏泥，油腻腻的，没有光泽。阴沉的四方脸膛中间，是一个有着宽阔而敞开的动物鼻翼的鼻子，像被人打了一拳似的又宽又黏腻。乱蓬蓬的头发后边是两只不成形的软耳朵。塌陷的面颊中间有一张闷闷不乐的厚嘴唇的嘴。

总之，这副容貌，没有一点艺术感，十分粗野，甚至平庸低俗。

在这张悲戚的劳动者的脸上到处都是阴影和昏暗，坑洼不平，透着严酷的神情。没有一处显出奋发向上的热情，没有一处闪现波动的光亮，不像陀思妥耶夫斯基圆圆的前额那样显出一种勇于攀登的精神。没有一处透出光亮，闪烁光辉——谁不承认这一点，谁就是故意美化，谁就是撒谎。不，这一张低洼的被封闭的脸是不可挽救的，从这张脸上你想像不到神庙，只能想像到一座监狱，一座阴暗无光的、霉味呛人的、毫无快活的、令人厌恶的监狱。年轻的托尔斯泰早就知道自己其貌不扬。关于他的外貌的任何隐喻"他都觉得不舒服"；他怀疑，"一个鼻子这么宽、嘴唇这么厚、灰色眼睛这么小的人会得到人间的幸福"。因此，这个青年很早就用浓密的浅黑色胡子掩饰他那令人生厌的面部特征，这把到了老年才完全变成银白色的胡须，令人见了肃然起敬。只有在最后十年，那阴暗的云团才渐渐消散，在秋日的苍茫暮色中一线日渐善良的美丽的光线才投射在这个悲苦的地方。

在低矮阴暗的小屋里，那位永远游荡的守护神在托尔斯泰那里暂住下来。从这副普普通通的俄国人的相貌上，人们可以估计到他是任何行当的人，就是看不出他是文化人、作家、塑造艺术形象的人。作为儿童，作为青年，作为成年人，乃至作为白发老翁，托尔斯泰看上去都只像普通大众中的一员。他什么样的衣服都可以穿，什么样的帽子都可以戴，一个人有了这样一张无名的普通俄罗斯人的面孔，既可以主持部长会议，也可以在流浪者小酒店里醉醺醺地游乐；可以在市场上卖白面包，也可以穿上大主教的锦缎盛典服装向跪在面前的众人高举起十字架。不论从事什么职业，不论穿什么衣服，不论在俄罗斯的什么地方，这样一张脸从来都不会特别引人注目。作为大学生他看上去跟别人没有区别，作为军官他跟任何一个腰挎军刀的人完全相同，作为农村贵族他跟容克地主毫无二致。如果他坐在车里，旁边有一个白胡子仆人，人们就得仔细察一察照片，看车座上这两位老者究竟哪一位是伯爵大人，哪一位是车夫；如果在一张跟农民谈话的照片里有他，你就会不知道哪个是他，没有一个人能猜得出在乡村帮会里这个叫列夫的是一位伯爵，平时在他身边的格里高尔、伊万、依里亚和彼得岂止成千上万。好像这个人同时又是所有人，好像这一次这位天才人物并没有戴上一个特殊人的面具，而是化装成了人民大众里的一员，他的脸完全是无名氏的脸，完全是普通俄国人的脸。正因为他胸怀整个俄罗斯，所以他的面容才不是他个人的面容，而是俄罗斯的面容。

因此，几乎所有第一次见到他的人，一见到他，无不感到失望。他们都是先乘火车，然后从图拉坐马车远道而来的，现在他们坐在会客室怀着对这位大师的敬畏心情静静地等候接待；每个人内心里都期盼着不同寻常的一刻的到来，心中预先塑造他的形象：一定是一个高大威严的人，面前飘动着圣父似的胡须，盛气凌人，有着巨人和天才的形象。等待中的敬畏心情使每个人肩膀下垂，目光不自觉地躲避即将抬眼看到的这位教长的高大形象。这时，门终于开了，可是瞧啊，一个矮小敦实的人迈着小跑的步子，长髯飘摆，十分轻捷地走进来，然后停住脚步，亲切地微笑着站在深感惊异的客人面前。他以较快的语速兴致勃勃地跟客人攀谈，敏捷地向每个人伸出手来。他们握住他的手深感震惊：怎么？这位亲切和蔼的矮小男人，这位"灵活的须发雪白的长辈"，他真是列夫·尼古拉耶维奇·托尔斯泰吗？预先埋在心中的对这位崇高人物的敬畏消失了，倒是多少有些大胆地产生了一种对他的面孔的好奇心理。

这些景仰者突然都惊呆了。在热带丛林般浓密的眉毛后面，灰色的目光像一只豹一样向他们冲过去，托尔斯泰那罕见的目光没有一幅肖像能画得出来，只有亲眼见到这位大人物面孔的人才能说出这种目光。像刺刀一样，那犀利的目光闪烁着，死死地抓住每个人不放。谁也不能动一动，谁也休想摆脱它。每一个人都必须忍受这催眠般的束缚，因为这目光已经穿透每个人的心底。托尔斯泰目光的第一次冲击是无法抵御的：像一次射击，这目光能穿透一切伪装的盔甲，像一个金刚钻，能切碎一切玻璃镜。屠格涅夫、高尔基及其他数以百计的人都可以证实，在托尔斯泰的这种能穿透一切的目光逼视下，谁也不能说谎。

不过，这目光只是如此犀利地审视冲击那么一小会儿，随后又露出了眼球的虹膜，这双眼睛闪出的灰色的光，或笑容可掬而忽隐忽现，或变得柔和而善良，给人带来温暖。像云彩的影子笼罩着水面，感情的千变万化也不停地游弋在富有魔力的动荡不安的瞳孔上面。愤怒能使这双瞳孔射出独特的冷酷的闪电，烦恼能让它们凝结成冰冷的结晶，善良能使它们充满温暖，激情能让它们燃起火焰。这无比神秘的星辰般的眼睛，它们会露出发自内心的微笑，无需绷紧的嘴巴去动一动。当音乐使它们动情时，它们会像农妇那样"泪如泉涌"。它们会由于心满意足而熠熠生辉，也会因为伤感而突然变得昏暗，并且逃避他人，令人捉摸不透。它们会冷静无情地观察，它们会像外科手术刀一样切割，像 X 射线一样透视，然后又立刻流露出轻松好奇的闪烁不定的反光——可见它们能讲出表现一切感情的语言。这双"最会说话的眼睛"任何时候都从他的前额向外发光。像往常一样，还是高尔基为这双眼睛找到了最富形象性的语句："托尔斯泰的眼睛里有一百只眼睛。"

由于有这双眼睛，而且多亏有这双眼睛，托尔斯泰的面貌才具有天才的特性。这位洞察一切者的目光的所有力量都无一遗漏地集中表现在它的千变万化上，正如那位思想深邃者陀思妥耶夫斯基在他那大理石般拱形的前额里无一遗漏地集中显现出了美。托尔斯泰脸上的其他器官，胡须和浓密的毛发，只不过是这些极其吸引人的发光宝石中被埋没的宝石的套子、外壳和宝库。这些发光的宝石把世界吸引过去，又向世界放光，使人们认识到我们这个世纪宇宙万物的丰富多彩。没有什么东西这样细密微小连这双敏锐的眼睛都看不见：托尔斯泰的目光能像苍鹰一样箭一般射向每一个具体的东西，同时又能对广阔的宇宙作全景的观察。它们能够在精神的高峰燃起火焰，同样，在灵魂的暗处也能像在上界一样敏锐地扫视。这闪光的晶体，它们感情充沛，纯真无邪，完全可以怀着极大的喜悦仰望天上的神。它们有勇气面对虚无，面对美杜莎的虚无，审视那化作石头的面孔。没有什么事情他的眼睛做不到，或许做得到的只有一件事：那就是无所事事，遐想联翩，纯粹的平静和欢乐，梦想的幸福和恩惠。因为眼皮刚刚睁开，他的眼睛就必定无情地醒着，坚定而毫无错觉地追逐猎物。他的眼睛将击破任何幻想，揭穿任何谎言，粉碎任何信念，在这双真实的眼睛前面，一切都变得赤裸裸的毫无遮饰。因此，每当他抽出这把钢青色的匕首对准他自己，而且把刀尖凶残地使劲捅到内心深处时，总是十分可怕。

谁有这样的眼睛，他就能看到真实，于是世界和一切知识便属于他。但是，一个人有了这样的永远看到真实的、永远清醒的眼睛，他就不会有幸福了。

生命力及其对立面

> 我希望长寿，特别长寿，一想到死，我就像孩
> 子一样心里充满富有想像力的恐惧。

摘自青年时代的信

天生的健康。天赐的能活一百年的身体。一身坚韧的筋骨，有棱有角的肌肉，真正的熊一般的力气，年轻的托尔斯泰躺在地上，能用一只手托住一个很重的士兵。肌腱富有弹性，在体操方面，无需助跑他就能轻盈地跳过拉得很高的绳索，他游泳像一条鱼，骑马像一个哥萨克，割麦像一个农民——至于疲倦，这副钢铁般的身体只能在想像中体会。遇到需要发挥最大的爆发力时，他的每根神经都会绷紧，像托利罗的利剑一样既坚硬又有韧性，他的每个感官都很健康、灵敏。在生命力的环城上，任何地方都没有缺口、缺陷、裂缝、缺损和破坏。因此，重大的疾病从来没有侵袭他那铁石般的

身体，托尔斯泰的令人难以相信的强壮体格是排斥任何虚弱、不受年龄影响的。

他的生命力是史无前例的：新时代的一切艺术家，在这位长髯飘逸的《圣经》人物，这位农民般粗俗的男人面前，都如同女人或弱者。即使像他一样的那些人也都活到创世者至祖先时代的高龄，年老以后他们的身体也会变得疲惫不堪，因为像猎人取出猎物内脏那样，他们的身体也被长期的精神活动所磨损。歌德和托尔斯泰的生日都是八月二十八日，因为具有放眼世界的胸怀和勤恳笔耕的劳作都活到了八十三岁，成为星象学上的两兄弟。歌德六十岁畏惧冬日的寒冷，虽然很胖，但总小心地坐在紧闭的窗前；伏尔泰是坐在写字台前一张纸又一张纸地涂写，他已骨质硬化，与其说是人，不如说更像一只被剥了皮的猛禽；康德像一个机械的木乃伊，僵硬而吃力地啪嗒啪嗒地沿着柯尼希贝格的林荫大道迈着缓慢的步子；而这个年龄的托尔斯泰却是一位精力充沛的老人，还能哼哧哼哧地把冻红的身子伸到冰水里，还能在花园里从事繁重的劳动，还能在网球场上跟着小球飞跑。六十七岁还有兴致学习骑自行车，七十岁还穿着溜冰鞋在闪闪发光的跑道上运动，八十岁还天天做体操，锻炼肌肉；八十二岁，死神已近在咫尺了，当牝马疾驰了二十俄里以后停顿下来或不听使唤时，他还能呼啸着在它头顶上抽鞭子。足够了，我们不用再作比较了：在十九世纪里，没有一个人具有这样的史前人的生命力。

尽管俄罗斯这棵巨大橡树的树梢已达到祖先年龄的巅峰，但是这棵树的每一根纤维汁液饱满，它的根一点也没有松动。直至弥留之际他仍然目光敏锐：那好奇的目光能从马背上跟踪从树皮里爬出来的小甲虫，不用望远镜也能看见飞翔中的猎鹰。双耳听力极好，那宽大的、简直像动物的鼻孔很善于嗅闻：每当春天那刺鼻的肥料混合着泥土融化的烟气突然袭上他那飘逸的银白胡须时，就有一种醉意钻进他的肺腑，而到了八十岁，他仍能根据记忆清楚地感觉到那些昔日的春天，感觉到每一个春天的特有的气浪，感觉到每一个春天第一次抛洒过来的馥郁的芬芳；他觉得这香气如此强烈，如此感人，连他的眼皮都睁不开了。老人穿着很笨重的农民穿的靴子，迈着两条肌肉发达的猎人的腿，重步横穿潮湿的土地。上年纪人的手即使颤抖也从不显得没有力气，他的告别信的笔迹跟他少年时代遒劲的笔体没有什么两样。他的精神如同他的肌腱和神经，确实极为坚定。他的谈吐胜过他人，十分精确的记忆力总能使他想起任何遗漏的细节。每当遇到矛盾，烦恼便会使老人眉头紧锁，哄然大笑能使他的嘴唇变圆，他的语言总是那么生动形象，他的血液总是那么急急地流淌。七十岁时，在一次关于《克莱采奏鸣曲》的讨论中，有人责难说，一个人到了老年控制情欲是很容易的事，这位瘦削粗健的老人眼里竟射出自豪而愤怒的光来，他说："这是不对的，肉欲还是很强烈的，我也不得不跟它搏斗、扭打哩。"

只有这样一种不可动摇的生命力可以解释这种不知疲倦的创造精神，在他从事具有世界意义的事业的六十年中，他没有真正休息过一年。因为他那创造者的精神从不休息，他的十分清醒而敏捷的思想从未睡过大觉，从未舒舒服服地打过一个盹。托尔斯泰直到老年时期都不知道，生病是怎么回事。这位每天工作十小时的人从未感到过疲倦。处于待命状态的感官从来都不需要人为的增强。它们不需要用兴奋剂加以刺激，不需要饮酒也不需要喝咖啡；他从来不需要通过火热的激情或肉欲的享受来加温，相反，他的这些极有节制的感官充满活力，如此健康，如此紧张，如此界限分明，以至轻轻触动一下都能使它们产生震动，能使滴水成流。托尔斯泰除了粗健以外，同时又是一个"感觉敏锐的人"——如果没有这种最高度的敏感易怒，他怎么会成为艺术家呢！

不过，只能小心地按动他那十分健康的神经的键盘，因为恰恰是这键盘的猛烈反弹会造成每种情感的危险。他像歌德和柏拉图那样害怕音乐，因为音乐会太强烈地引起他神秘莫测的心潮澎湃。"音乐对我有极大的影响。"他坦白地说。事实上，当他全家亲切友好地围坐起来听钢琴演奏时，他的鼻翼便令人不安地抽动起来；眉毛厌恶地紧蹙，他感到"嗓子眼里边有一种特殊的压力"，于是，他突然很不礼貌地转身走出门去，因为他已经泪流满面了。"这音乐要使我怎么样呀？"有一次他因为要极力控制着自己而惊恐地说。的确，他感觉到，音乐想从他那里得到点什么，音乐眼看着就要从他身心里攫取他坚决不肯交出的东西了；那是他藏在感情的保密柜最底层的东西，可是现在它正在发酵膨胀，立刻就要漫过堤坝。有一种空前强大的东西开始活动，他惧怕它的力量和超常。在内心里，在内心的最深处，他不情愿地感到，是情欲的波涛抓住了他，把他引入邪恶的洪流。为了一种也许只有他才了解的过分，他憎恨（或者说他惧怕）自己被热血冲昏头脑，因此，他甚至也怀着一种对健康人来说反常的隐士的憎恨心理追求"这"女人。他觉得，一个女人只有在她尽了做母亲的义务，表现出端正的品行或到达令人尊敬的"高龄"，也就是超然于"他一生都认为是身体的深重罪过的"性欲之外，才是"无害的"。对这位反对希腊文化的人，假装的基督徒、专横的修士来说，女人和音乐绝对是恶，因为二者都是通过情感使人偏离"我们的勇敢、果决、智慧和正义感等天生的特性"，因为正如后来神甫托尔斯泰所宣讲的，它们使我们犯下"肉欲的罪"。就是女人也"想从他那里得到"他拒绝给予的东西；她们也触动他害怕唤醒的危险的东西——触动可以猜到的不属于精神的东西，即他那特有的强烈的性欲。当意志的束缚松开时，音乐这匹"野兽"便露出头来。女人则发出猎犬的嗜血的嚎叫，晃动着栅栏上的铁条。仅从托尔斯泰的狂躁的僧侣式的恐惧中，从他面对健康快乐、纯粹自然的性欲所怀有的宗教狂热的恐惧中，就能想像到他那潜藏的男性要求，想像到他内心的动物的性欲。他在青年时代是疯狂地放纵这种性欲的——他曾对契诃夫说他是一个"不知疲倦的嫖客"，五十年以后他竟硬把这种性欲砌在地下室里，是砌藏，而不是埋葬。这位无比健壮者的性欲一生中都是很旺盛饱满的，可是在他的严格遵守道德法则的作品里只泄露了一点：这就是他在"女人"面前，在女性诱惑者面前，所表现的恐惧，他的沙漠祖先的、超基督教的、强迫自己掉转目光的、闹闹哄哄的恐惧——事实上是在自己的、貌似无节制的欲望面前的恐惧。

人们时时处处都可以感觉到这一点：托尔斯泰只是害怕他自己，害怕他的熊一般的力量。一种对动物般无节制性欲的恐惧，总是不断地给自己对超级健康不时感到的幸福罩上阴影。诚然，没有第二个人像他这样制服自己的性欲，但他知道，他不是免受惩罚的俄罗斯人，他是一个情欲亢奋的普通人，一个放纵的狂热者，过激主义的奴隶。托尔斯泰的富有意志力的智慧扼制了他自己的身体，因此他不断地研究感官的问题，让它得到宣泄，让它进行没有危险性的消遣，供给它以空气和娱乐这样的食粮。他拼命地用长柄镰刀割草，用犁翻地，以乏其筋骨，他进行体操运动，以消耗体力。为了除去感官的毒素，为了使感官变得没有危险，他把强壮体力的危害从私生活挤到大自然里去，在那里他把用意志力保持在内心里的能量热情奔放地彻底释放。因此，他最喜欢的活动便是狩猎，一去打猎，一切明确的和模糊的情欲都会自动消失。这位圣徒似的托尔斯泰喜欢上了骏马的汗味，陶醉在勇猛骑马奔跑、追猎和瞄准时的神经紧张的兴奋中，甚至迷恋上了恐惧（这对这位后来变成了狂热的同情者的人来说简直不可理解），以及被射倒在地、鲜血淋漓、用伤心的目光凝神直视的野兽的痛苦。"看到临死的动物的痛苦，我有一种快乐的感觉。"当他用棍子猛击一头狼的脑袋时，他这么说。而在这嗜血欢乐的胜利叫喊声中，人们才会想像到他一生中（青年时代那些癫狂的年月除外）都埋藏在心底的残忍的本能。就是在他出于道德信念放弃狩猎的时期，当他在田野里看到一只兔子跳跃时，他的手总还不知不觉地举起来，流露出对射击的向往。但他像压制别的爱好一样顽强果决地把这种爱好压制下去。最后，他就只能单纯地观察和仿制有生命的东西，以满足他肉体上的性欲欢乐了——这至今仍然是一种十分强烈的和意识到的欢乐！每当他从一匹骏马旁边走过去，他都张大嘴巴喜悦地欢笑。他几乎是狂喜地拍打和触摸那锦缎般温热的肩胛，让它身上跳跃的温气传到他的手指上：一切纯兽性的东西使他感到兴奋。他能够几小时地用着迷的目光观看年轻姑娘跳舞，仅仅是醉心于她们那松弛的身体的妩媚可爱。当他碰到一个漂亮的人，一个女人的时候，他便停住脚步，忘形地交谈，只是为了更仔细地端详她，并且热情地呼叫道："要是一个人漂亮，那该多好啊！"因为他爱身体，把它当作蓬勃生命的容貌，当作可以感觉到光的一面镜子，当作滚滚热血的外壳，他是以起伏波动的暖融融的全部肉感，把身体当作生命的意义和灵魂来爱。

的确，他是以他文学家热烈崇拜动物神经本性的精神爱他的身体，正如艺术家爱他的乐器和画笔；他是把身体当作人最自然的形态来热爱它，他爱自己，便是爱他原始的身体甚于爱他破碎的言行不一的灵魂。他爱他的自始至终一切形态的身体。不过，有关这种性爱激情的第一次自觉的报告可以追溯到——这并不是笔误——他两岁的时候！那是他两岁的时候，这一点必须强调指出，这样人们才能理解，托尔斯泰在时间长河里的每一个回忆为什么这样历历可见，像清水中的石子一样闪烁，像脉络那样鲜明。歌德和司汤达只能比较清楚地回忆起七八岁时的事情，而托尔斯泰两岁时就像他后来成为艺术家时那样能够准确地集中收集一切感官的许多感受了。我们不妨读一读他对自己第一次身体感觉的这段描述："我坐在一个木制浴盆里，完全被罩在一种我觉得很新鲜但并不使人不快的液体的气味里，有人用这种液体揉搓我的身体。我最可能得到的，大概是麸皮水。我得到一种新颖的印象，我第一次高兴地注意到我的小小的身体，前胸有历历可见的肋骨，第一次注意到那光滑模糊的面颊，我的看护人卷起来的袖子，还有那冒着热气的麸皮水和水的气味。但最强烈的印象是：每当我用我的小手触摸时浴盆在我心里唤起的光滑的感觉。"

谈了这段描述以后，再按照各个感觉的区域来分析和整理这些童年的回忆，就能正确地赞叹他的感官的空前的机敏。托尔斯泰就是这样机敏地戴着两岁的小假面具把握周围世界的：他看见了看护人，他闻到了麸皮的气味，他分辨得出新鲜的印象，他感觉到了水的温暖，他听到了嘈杂的声音，他触摸到了木浴盆壁的光滑。身体是一切生命感觉惟一可感知的表面，而各种不同神经束的所有这一切同时发生的感知，都汇入这身体的和谐"愉悦的"自我觉察里。这样，人们才会理解他的感官的吸取器在这里多么早就摄住了生活，世界的多种多样的冲击是怎样强有力地、怎样精细自觉地变成孩提时代托尔斯泰的清晰的感觉。于是，人们便可以判断，成年的托尔斯泰如何使每个印象一方面难以捉摸，另一方面又得到加强。这个小身体在这狭小浴盆里的微不足道的舒适感，必然扩大为一种粗野的近乎狂热的生存乐趣。这种乐趣像这个孩子一样把外界和内心、世界和自我、大自然和生活混合为惟一的圣歌般飘飘然的感觉。事实上，这种与世界形成一体的飘飘然的感觉往往使完全成熟的人产生一种莫大的陶醉；人们可以读一读这位壮实的男人怎样常常站起身来，走进森林，观察在千百人当中选中了他的这个世界，他比任何其他人都更强烈更充实地感觉到这个世界；他怎样突然欣喜若狂地舒张胸怀，伸展双臂，好像他能在这呼呼移近的空气中抓住使他内心激动的那种无限的东西；要么就是微小事物使他受到的震动并不亚于宇宙间丰富多彩的自然。他弯下腰来轻轻地扶起一棵被踩倒在地上的蓟草，热情地观赏一只蜻蜓的闪烁飘逸的游戏，接着，朋友们看见了他，他就赶快把脸转到一边，以免让人看见从他眼里滚滚流出来的眼泪。没有一个现代作家（包括瓦尔特·惠特曼在内）像这位具有潘神性欲和远古神明无所不在的性欲的俄罗斯人这样强烈地感受到尘世器官的欢乐。于是人们便可理解他的这句豪言壮语了："我本人便是自然。"

这个结实健壮的人毫不动摇地在莫斯科附近的土地里扎下了根。他本人便是宇宙中的一个宇宙。人们认为，没有任何东西能动摇他那强大的世俗性。而大地，即使它常常颤抖，常常被地震摇动，托尔斯泰却往往立足坚定，能够蹒跚地在上面行走。突然，目光呆滞了，感官动摇了，却抓住了空虚。因为有某种东西进入了他的视野，那是一种他抓不住的东西，他温热的身体和丰富生活之外的东西，他怎么集中精力也理解不了的东西——这对他这个感性的人来说，始终是不可理解的，因为这不是人世间的东西，是一种他吸不进、融合不了的物质，这种物质拒绝被触摸、被衡量、被编排到永远充满渴望的世俗感情里去。如何理解这种突然切断现象的完整空间的可怕思想？怎样想像得出这些流动的、有生命的感官会突然变得又聋又哑，这只皮包骨的手已经没有知觉？怎样想像得出，这个绝对健康的身体本来还有温热的血脉流通，现在会变得被虫蛀空，变成冰凉的骨头架子？如果说这种虚无，这漆黑的一团，这暗藏的东西，这不可阻挡的东西，不是今天就是明天，竟能进入他的内心，如果说这种感官无法感知的东西竟能进入这个本来还有血有肉的强有力的人的内心，那是怎么回事呢？每当托尔斯泰想到暂时性，他的血液就会凝结。第一次遇到这种情况，他还是一个孩子，人家把他领到母亲的遗体跟前，那里躺着一个人，冰冷而僵硬，可是头一天她还活着呢。到了八十岁，他仍然忘不了他当时从思想和感情上无法解释的那一幕情景。这个五岁的孩子一见母亲的遗体便吓得尖叫一声，惊恐万状地跑出房间，好像身后跟随着令人恐惧的复仇女神。随后死去的有他的哥哥，他的父亲，他的姑妈，死亡总是这样令人心惊使人窒息地涌入他的脑海，那只冰凉的手总是冷冷地掐住他的脖子，撕碎他的神经。

一八六九年，在他的生活危机之前，不过已离危机不远了，他描述过死的念头袭上心头时的那种白色恐怖。"我想要睡觉，但刚一躺下，一种惊恐就又把我拉起来。这是一种恐惧，一种有如呕吐一样的恐惧。有一种东西把我的生存撕成了碎块，但没有完全撕碎。我试着躺下，但恐惧仍然未退，那是红的东西，白的东西，有一种东西在我心里撕扯，它依旧紧紧地束缚着我。"可怕的事情发生了，在死亡离托尔斯泰还很远，即在他真正死亡的四十年前，对死亡的预感就闯进他这个活生生的人的灵魂里了，再也没有被彻底赶走。夜间，极度的恐惧就守在他的床边，吞食他生命的欢乐，它就蹲伏在他的书页之间，啃那腐朽的黑色思想。

我们看到，托尔斯泰对死的恐惧像他的生命活力一样，是超过常人的。不好把它叫作神经的畏惧，它不同于诺瓦利斯神经衰弱性恐惧，也不同于莱瑙①的笼罩着忧郁阴影的恐惧，有别于埃德加·

---

① 莱瑙（1802—1850），奥地利诗人。

爱伦·坡的恐怖病，也不像神秘的肉欲恐惧——不，这里出现的是一种完全兽性的、野蛮人的恐怖，是一种极端的惊恐，一种恐惧的飓风，一种对生命意义遭到打击的恐慌。托尔斯泰面对死，不像一个男子汉具有英雄的气概，而像是被一块烧红的烙铁打上烙印那样吓破了胆，跟做了一辈子奴隶的人一样在这种恐惧面前全身痉挛，尖声叫喊，完全失去自制的能力：他的恐惧爆发时完全像动物爆发的惊恐一样，像那样的一种震惊——也就是像一切造物变成人之后的原始的恐惧。他不想被这种思想抓住，他不愿意有这种思想，他抗拒这种思想，就像一个被扼住咽喉的人一样四肢又抓又踢进行反抗。我们不要忘记，托尔斯泰是在极其安全的情况下完全出乎意料地受到侵袭的。这头莫斯科的熊缺乏生与死之间的过渡——死对这个天生如此健康的人来说是完全陌生的东西。对一个普通人来说，生与死之间总有一座桥：疾病。全部或大多数平均五十岁的人都在自身中潜伏着一个死神，死的临近他们并不觉得是完全来自外部，也不觉得惊异。因此，当被死神第一次有力地抓住时，他们并不会害怕得感情失控。例如陀思妥耶夫斯基，他曾被蒙住眼睛，站在木桩旁等待处决，他每个星期都犯癫痫病，全身抽搐倒在地上。他作为常受病痛折磨的人，在死亡面前比一无所知的人，比精力充沛的健康人要镇定得多。因此，那完全六神无主的、简直是丢脸的恐惧投在他身上的阴影，也就不像投在托尔斯泰身上那样冷彻骨髓。托尔斯泰第一次感觉到死亡临近时，就浑身发抖了。他只在情绪饱满时才能完全感觉到他的"自我"，只在陶醉于生活时才会感觉到生活的全部价值，对他来说，生命力的轻微的衰减便意味着一种疾病

（三十六岁时他就称自己为"老人"了）。正因为有这种感情，死亡才会像一支箭似的把他完全射中。只有如此富有活力地感觉到生存的人，才会如此强烈地惧怕死亡。正是因为在这里有一种真正超自然的生命力对抗同样超自然的死的恐惧，所以在托尔斯泰的作品里才会产生一种像巨人反抗宙斯那样的生死搏斗，这也许是世界文学的最大的生死搏斗。因为只有巨人的气质才能进行巨人般的反抗：像托尔斯泰这样的一个高踞治人地位的人，一个意志坚强的竞技者，是不会轻易向虚无投降的。他在遭受第一次精神打击以后又马上振奋起精神，调动起全身肌肉，去战胜那突然冒出来的敌人。不，不能认输。刚刚从第一次惊恐中回过神来，他便躲进人生哲理的探索里去了。他拉起吊桥，从他的逻辑的军火库里取出弹射器向那看不见的敌人猛烈射击，企图把它们赶走。他的第一道抵御便是蔑视："我不能对死产生兴趣，主要原因是，只要我活着，死就不存在。"他说死是"不可信的"，他傲慢地声称，他"不怕死，只是害怕对死的畏惧"，他（在三十年间）不断地保证，说他不害怕死，他从未胆战心惊地想到死。但他欺骗不了任何人，连他自己也欺骗不了。毫无疑问，灵魂和官能的安全壁垒在恐惧症第一次发作时就被冲垮了。托尔斯泰从五十岁起就只站在他往日对生命力自信的废墟上进行斗争。他不得不一步步退却，他承认，死不仅仅是一个"幽灵"、"稻草人"，而且是一个最值得尊敬的对手，仅用空话是吓唬不倒它的。于是托尔斯泰便试图研究死是否能在不可避免的暂时东西里继续存在，在人们不能在同死的斗争中生活的时候，就与死共同生活。

由于有了这种退让，才开始了托尔斯泰与死的关系的第二阶段，也是富有成果的阶段。他"不再抗拒"他的现存状态，不再幻想以诡辩的方式摆脱死，因此他试图把死安排在他的生存中，融合在他的生命感觉里，在抵抗这不可避免的东西的过程中把自己锻炼得更加坚强，使自己"习惯于"它。死是不可战胜的，这位生命的巨人也不得不承认这一点，但对死的恐惧却不是不可战胜的，因此他集中一切力量只对付那种畏惧。正如西班牙的特拉普教派信徒每夜都在棺材里睡觉，以便把一切恐惧扼杀在自己的内心里，托尔斯泰也强迫自己在每天坚持不懈的意志祈祷练习中，连续不断地诵读死亡警告。他强迫自己"以全部心灵的力量"去想死而毫不害怕死。从此以后他的每一本日记都以 W. i. l.（如果我活着）这样三个神秘字母开始。每个月都通过年份标明自己的回忆"我在接近死亡"。他已经习惯于正视死亡了。习惯消灭了陌生，战胜了恐惧——所以，经过三十年同死的搏斗，死从外部的东西变成了内在的东西，从敌人变成了某种意义上的朋友。他把死拉到自己身边来，拉到自己的内心里，把死变成他灵魂的组成部分，从而使原来的恐惧"等于零"。我们无须考虑死，我们必须永远看到它就在眼前。于是，整个生命就变得更坚实，更重要，更富有成果，更欢乐。于是危急中产生了一种道德。托尔斯泰把自己的恐惧客观化了，也就把它战胜了（艺术家永远得救了！）。他摆脱了死和对死的恐惧，因为他把它们塑造成另外的创造物，塑造成他自己的创造物了。这样一来，起初具有毁灭性的东西，就成了深化生活的东西，完全出人意料地使他的艺术得到最壮丽的提高。由于他的充满恐惧的钻研，由于他在幻想中有过上千次的假定死亡，这位最热情的活力论者才变成死的最熟知内情的描述者，变成一切曾经表现过死的艺术家中的巨擘。恐惧，它永远是跑在现实前面的东西，它永远是被幻想激励的东西，它甚至永远是比迟钝、麻木的健康更有创造性——这是一种什么样的令人胆战心惊的、数十年之久清醒的原始的恐惧呀！这是一个强有力的人内心的惊恐和麻木！正因为有这样的恐惧，托尔斯泰才知道肉体泯灭的一切病状，才知道死亡的刻刀在正在消失的肉体上刻出的每一个线条，每一个标志，还有那正在逝去的灵魂的各种震颤和惊恐：这位艺术家于是强烈地感觉到他自己所了解的这一切对他的呼唤。伊凡·伊里奇①临死时的"我不愿意，我不愿意"的可怕的哀嚎，列文②哥哥可怜的消亡，几部长篇小说里的多种多样的生命的解脱，《三死》③——所有这一切都是对意识最外层边缘的偷听，都是托尔斯泰最大的心理学上的成就。没有那种灾难性的心惊胆战的经历，取得这些成就是不可想像的，对自我经受的恐惧进行彻底的挖掘也是不可想像的。为了描述这上百次的死，托尔斯泰不得不在被损伤的灵魂里，直至最细微的思想脉络里，上百次预先、事后和同时经历他个人的死。就是这种预先感到的恐惧使他的平面艺术，使他的单纯观察和描摹现实的艺术获得了知识的深度。就是这种恐惧教会了他根据鲁本斯官感上的丰富多彩的现实，来运用这种从内心爆发的、仿佛纯哲学的、具有悲剧

---

① 列夫·托尔斯泰中篇小说《伊凡·伊里奇之死》主人公。
② 长篇小说《安娜·卡列尼娜》主要人物之一。
③ 列夫·托尔斯泰短篇小说。

阴影的伦勃朗的光。仅仅因为托尔斯泰预先体验的死比一切人在生活中所体验的更为强烈，他才会为我们大家描绘出生动逼真的死，除了他，再没有第二个人做到这一点。

每一次危机都是命运对这位艺术创作者的一份赠品，因此，正像在托尔斯泰的艺术中一样，在他对世界的态度上最终也产生了一种新的更高的平衡。各种矛盾相互交错，人生乐趣与其悲观的对立面的激烈斗争，向一种明智而和谐的相互理解让步了。终于平静下来的情感完全符合斯宾诺莎的观点，单纯地飘浮在最后时刻的恐惧和希望之间："害怕死，是不好的；希望死，也是不好的。我们必须这样摆好天平：让指针对直，不让一个秤盘比重更大。这便是生活的最佳的条件。"

悲剧的不协调终于协调起来了。耄耋老人托尔斯泰不再憎恨死，也不再对死很不耐烦。他不再逃避死，也不再与死作斗争：他像一个艺术家构思还不成形的作品一样，只在温和的沉思中梦想到死。因此，正是那最后的、长久以来所畏惧的时刻给了他完美的恩赐：死像他的生一样伟大，是他作品中的作品。

艺术家

除了来自创作的愉快，没有真正的愉快。人们可
以制造钢笔、靴子、面包和孩子，即造人，可是
没有创作就没有真正的愉快，而真正的愉快是没
有不与恐惧、痛苦、内疚和羞惭联系在一起的。

——摘自一封信

每一件艺术品，只有在人们忘记它是艺术品，把它的存在看作真实的时候，才算达到它的最高阶段。在托尔斯泰笔下，这种崇高的蒙骗往往十分完美，十分接近我们所感觉到的真实，所以我们从来不敢设想，这些描述是虚构的，这里所描述的人物是捏造的。读他的作品，好像只在做一件事，那就是通过一扇敞开的窗子观看现实的世界。

因此，如果只存在托尔斯泰这种风格的艺术家，我们就很容易

受到误导，以为艺术是非常简单的事情，以为创作不是别的，只是对现实的一种精确的复述，只是一种无需较高精神劳动的描图，用他自己的话来说，就是"只需要一种否定的特性：不说谎"。因为具有一种出色的不言而喻的特征，风物单纯而自然，他的作品在我们眼前显得辉煌而丰富，成为跟另一个自然一样真实的又一个自然。所有那些狂躁的、创作期冲动的、闪光幻想的神秘力量，在托尔斯泰的史诗作品中都是多余的，不存在的，所以我们说，他不是醉酒的恶魔，而是冷静清醒的人，他通过客观的观察，通过坚持不懈的描述，毫不费力地完成了现实的摹本。

但在这里，正是艺术家的高深造诣欺骗了那正充满感激之情进行欣赏的感官。有什么比真实更难，有什么比清楚明白更费劲呢？原稿证明，列夫·托尔斯泰根本不是一位轻松的受赠者，而是一位最崇高、最能忍耐的劳动者。他的那些描绘世界的巨幅壁画是艺术性极高的艰辛劳动的镶嵌细工，这些镶嵌细工由无数细微彩色的小石头所组成，表现着千百万精细的细部观察所得。长达两千页的巨型史诗《战争与和平》七易其稿，为此所作的速写和笔记装满了好几个高大的书橱。历史上的每一桩小事，感觉中的每一个细节，都细心汇集成可供查考的资料。为了使波罗金诺战役的描写具有事实上的精确性，托尔斯泰曾拿着总参谋部的地图，骑马围着当日的战场转了两天，坐火车驶行极远的里程，从一位还活在人世的战争参加者那里搜集到一点添枝加叶的细节。他细心研究所有的书籍，翻遍各个图书馆，甚至要求一些贵族家庭和档案馆贡献出早已下落不明的文献和私人信件，仅仅是为了拾取哪怕是一点点真实的情况。

这些微小的数以万计的细微观察的水银珠就这样年复一年地被聚集起来，直到它们渐渐天衣无缝地流淌在一起，形成一个圆的、纯粹的、完全的形态。于是，在为真实情节的战斗结束以后，才开始为思路清楚而奋斗。像形式主义抒情诗人波德莱尔琢磨、推敲和修饰他的每一行诗句一样，托尔斯泰也以炉火纯青的艺术家的狂热精神锤炼、润饰他的散文，使之光滑柔韧。在上万页的作品中，哪怕只有一个模棱两可的句子，一个不十分贴切的形容词，他也会感到不安，他会惊慌地拍电报给莫斯科的排字工人要求撤消寄出的校样，停止印刷，以便修改那个有缺陷的音节的声调。第一次印刷文稿还要再一次抛进智慧的蒸馏瓶，再熔化一次，再成形一次——不，一种艺术，即使是这种似乎完全顺乎自然的艺术也是需要不辞辛苦的。托尔斯泰在七年间每天工作八至十小时，因此，即使这样一位神经极其健康的人在他完成每一部伟大的长篇小说以后也会心力交瘁，就不足为奇了；胃突然不灵了，感官变得昏昏沉沉，于是，他不得不外出，到绝对孤寂的环境里去，远离一切文化生活，进入巴什基尔大草原，居住在茅舍里，利用马乳酒疗法重新达到精神的平衡。恰恰是这样一位荷马式的叙事文学作家，这样一位最自然的、水一般清澈的、简直是原始的民间小说家，他的身上还隐藏着一位不知足的饱受精神折磨的艺术巨匠（此外还有别人吗？）。但万幸的是，创作的艰辛在已完成的作品中是看不见的。人们不再觉得托尔斯泰的散文是艺术作品，他的散文可以产生在我们的时代，也可以出现在一切时代，像自然一样没有起源，没有年龄，仿佛历来如此。它们没有一处具有可识别某个时代的印记；一个人一旦拿到一本他的不署名的小说，谁也不敢断定它创作于哪个年代乃至哪个世纪，它们就是这样被看作是绝对没有时间性的叙述。《两个老头》或《一个人需要很多土地吗》等民间传说可以看成是在路德与约伯的时代编写的，可以被当作印刷术发明前一千年的作品，被视为《圣经》初期虚构的。伊凡·伊里奇与死亡的搏斗，《波里库什卡》和《霍尔斯托密尔》既属于十九世纪，也属于二十世纪和三十世纪，因为正像在司汤达、卢梭和陀思妥耶夫斯基的作品里一样，时代精神不是表现同时代的精神，而是表现原始的、一切时代的、不因风云变幻而变化的精神——也就是人间的"圣灵"，即人生无限面前的原始的感觉，原始的恐惧，原始的孤独。正如在人类的绝对空间之内，在创作过程的相对空间之内，他的平衡的大师技巧抹去了时代的特征。托尔斯泰的叙事艺术从来不是学到手的，也从来不会被荒疏，他是生就的天才，无所谓进步和倒退。他二十四岁时在《哥萨克》一书中所描述的风景，后来在六十岁老年的辉煌时期在《复活》里描写的那个阳光灿烂的令人难忘的复活节的早晨，都散发着同样有生气的、直接的、可以用每束神经感觉到的那种自然界的清新气息，呈现出同样直观形象的、用手指摸得到的无机世界和有机世界的鲜明生动的事物。在托尔斯泰的艺术里既没有学习也没有荒疏，既没有衰退也没有超越，而是在半个世纪之久的时间保持着同样的客观的完美无缺。像神面前的巉岩既庄严又持久，每个线条都凝然不动和不可改变，他的作品在动荡多变的时代里也同样巍然屹立。

不过，正是由于有了这种匀称的、因而根本不突出个人的完美，人们才会在他的艺术品中几乎感觉不到这位与其作品同呼吸共命运的艺术家的存在，出现在世人面前的托尔斯泰，不是幻想世界的虚构者，而只是直接现实的报道者。事实上，我们有时不敢称托尔斯泰为诗人，因为"诗人"这个词由于具有不确定性不免被认为是另一种类型的人，这种人具有高级形态的人性，与神话和魔术有着神秘的联系。与此相反，托尔斯泰绝不是"更高级"类型的人，而完全是尘世的人，他不是超尘世的人，他是一切尘世人的缩影。无论在哪里他都不超出可理解的、意义明确的和触摸得到的狭小范围；然而在这个范围内他又是多么完美啊！他不具有超出普通特质的其他特质，他没有艺术的和魔术的特质，但他的特质却得到了空前的加强——只不过他在精神方面发挥的作用比普通人更强，他的视觉，他的听觉，他的嗅觉，他的感觉变得比普通人更清楚、更明确、更深刻、更广博，他能记忆得更久远更有条理，他的思想更敏捷，更连贯，更精密，一句话，每一种人的特质的形成，在他的机体这部惟一完美无缺的机器中所体现的强度，要比在普通的天然机体中高出百倍。但是托尔斯泰从未飘出正常的范围（因此很少有人对他使用"天才"这个词，而对陀思妥耶夫斯基这个词则自然是要用的），托尔斯泰的创作看上去从来都不是受到魔，受到不可理解的东西鼓舞的。这种受尘世束缚的想像力能够超然于"客观记忆力"虚构出普遍人性以外的不存在的东西，因此他的艺术总是处在专业的、客观的、清楚的、人性的阶段，成为一种阳光下的艺术，成为一种提高了的现实；因此，当他讲述时，我们就认为，这不是听一个艺术家说话，而是听事实本身说话。人和动物从他的作品里走出来，就像从他们自己温暖的住处走出来一样。我们并不觉得有一位热情的作家跟在他们后面，追逐他们，激励他们，像陀思妥耶夫斯基那样总是用热情的鞭子鞭笞他的人物，让他们热狂地叫喊着冲进他们激情的竞技场。托尔斯泰讲述的时候，我们听不见他的呼吸。他讲述，如同矿工在爬一个高坡：慢腾腾的，速度均匀的，一级一级的，一步一步的，不跳跃，不焦躁，不疲倦，也不虚弱无力；因此我们也是处在跟他一起走的前所未有的安静的状态中。我们摇摆，我们怀疑，我们却并不疲倦，我们扶着他坚强的手一步步登上他的史诗的巨大的山岩，随着视野的不断扩大，眺望的目光也一级一级的扩展。各种事件慢慢地展现在眼前，远景也渐渐明亮起来，但所有这一切的发生都具有确确实实的钟表一样的准确性，正像黎明时的太阳升起，使一个壮丽的景象一尺一尺地从海底升高和明亮起来。托尔斯泰的叙述，完全是平铺直叙，就像那些古代的史诗作者、吟游诗人、赞美诗作者和编年史家讲述他们的神话和传说，那时倾听讲述的人还没有不耐烦的情绪，大自然还没有跟它的各种造物分离，没有人文主义的类别序列傲慢地把人和动物、植物和矿物区别开来，而作家对卑贱者和权势者都给予同等的敬畏和尊崇。对他来说，不存在一条垂死的狗的嚎叫抽搐和一位胸戴勋章的将军的死或一棵被风吹折将要枯死的树的死之间的区别。美的和丑的，动物的和植物的，纯洁的和不纯洁的，魔的和人的，他都用同样的画家的但又有感情的目光来观察。如果人们想要区分，他是使人自然化还是使自然人格化，人们就是玩弄词藻。因此，在他看来，尘世间的事物之中不存在任何界限，他的感觉从一个襁褓婴儿的粉红色的身子滑到一匹马厩里劳累不堪的马身上发抖的毛皮，从一个乡村女人的花布裙子滑到一位最荣耀的统帅的制服，对每一个身躯，对每一个灵魂，都同样熟悉和亲近，对最神秘的纯肉体的感受和理解简直是达到了难以理解的准确程度。女人们常常惊异地问，这个人怎么会像钻在皮肤底下，把她们隐藏最深的、他本人不能共同经历的身体上的感觉描写出来，怎么会描写出母亲们因奶水旺盛而感到的乳房胀痛，怎么会描写出一个初次参加舞会的年轻姑娘从裸露的臂膀感受到的舒适缓慢流过的凉气。如果动物声音的描述使他们惊异地喊叫起来，他们就会问，是何种令人不安的直觉使他想像出一条猎犬在闻到近处野山鸡气味时的难熬的喜悦，使他想像出一匹良种牡马在起跑时只用活动加以表达的本能思维（我们不妨读一读《安娜·卡列尼娜》里那场狩猎的描写），使他在布丰和法布尔这些动物学家和昆虫学家的所有实验之前就能想像出那些具有幻觉精确性的细节感受。托尔斯泰在观察方面的精确性根本不受人世等级的束缚。在他的爱中没有偏爱。在他的不可收买的目光中，拿破仑和他最后的一名士兵没有什么两样，而这个最后的士兵简直不如跟在他身后的狗和狗爪底下的那块石头重要和实在。尘世的一切，人和物质，植物和动物，男人和女人，老人和儿童，统帅和农民，都作为感官上的振荡波，以同一的水晶般透明的均匀的光流入他的器官，然后又同样有序地从这些器官里流出来。这便使他的艺术获得某种永远真实而自然的匀称，使他的小说获得一再令人想起荷马名字的大海般单调但却十分壮丽的韵律。

谁做过这么多、这么完全的观察，他就什么也不需要虚构。谁以这样诗人的眼光进行观察，他就什么也不需要编造。与幻想者陀思妥耶夫斯基相反，这位绝对清醒的艺术家在任何地方都不需要跨过真实的门槛以取得超群出众的成就；他不是从超人世的幻想空间撷取各种事件，他只是在普通的土地里和一般人的心中，挖掘他的勇于冒险的坑道。而在人性方面，托尔斯泰也没有必要去观察荒谬的病理学的本性，也无需超越这些本性，像莎士比亚和陀思妥耶夫斯基那样在神与兽、在阿里尔们与阿廖沙们、在卡里班们与卡拉马佐夫们之间神秘地巧妙地创造出新的中间物。最普通最平庸的青年农民在他所达到的深度上变成了秘密：他满足于一个憨直的农民，一个士兵，一个酒徒，一条狗，一匹马，一个随便的什么，在一定程度上是最廉价存在的人的材料，而不是珍贵的难以捉摸的灵魂，作为他心灵王国最深竖井的入口；但他却迫使这些完全平平常常的人物有一个前所未有的灵魂，不过他并不采取美化他们的方法，而是使用深化他们的灵魂的方法。他的艺术作品只讲真实这样一种语言——这是他的范围，不过这种语言比以前的作家所讲的更加完美，这便是他的伟大的所在。对托尔斯泰来说，美和真是一回事。

再一次说得更明确些，他是一切艺术家之中最善于观察的艺术家，但不是预言家，是一切真实报道者之中最出色的报道者，但不是随意编造的作家。托尔斯泰为自己撷取精炼的知觉，不像陀思妥耶夫斯基那样通过神经，不像荷尔德林和雪莱那样通过梦幻，而是只通过他如光的弧形辐射的感官的协调活动。他的感官像蜜蜂一样不断地成群飞去，永远给他带来新的五光十色的观察花粉。然后，这些花粉便在热情的客观事物中发酵，形成他的艺术作品的似金流淌的蜜汁。只因有这些感官，只因有他惊人驯顺的、耳聪目明的、神经强健而又触觉灵敏的感官，他的衡量精确的、超级敏感的、几乎动物般的嗅觉感官，才能从每个现象中给他带来那种前所未有的官能方面的材料。然后，这位无翼艺术家的神秘的化学又像化学家用蒸馏法耐心地从植物和花朵里提取芳香材料一样，缓慢地使这些材料获得灵魂。叙事文学作家托尔斯泰的无与伦比的朴素风格就总是从一种不可比拟的、无法计量的千万次个别事物的观察中产生出来的。在他把叙事文学的蒸馏过程应用在他的长篇小说的整个领域里以前，他总是像一个医生一样首先有一个一般记录，检查每一个人的一切身体特征。"您根本想像不到，"有一次他在给一位朋友的信里写道，"这项准备工作，也就是我必须首先深耕我随即想要播种的土地，对我来说有多么难。思考，一再缜密地思考，一切事件怎样才能与预想中的规模浩瀚的作品中即将出现的一切人物协同出现，这是极其艰难的。要考虑到这么多事件的各种可能，然后从中选出百万分之一，也是极其艰难的。"因为这个与其说是想像的不如说是机械的过程在每个个别人物的身上都是反复出现的，所以人们总要考虑，在这个锻炼耐性的磨坊里有多少花粉颗粒必须磨碎和重新黏合起来。每一个细节，每一个人物，都是从上千个细节中产生出来的，每一个细节都产生于更加微小的细部，因为他是像放大镜一样以冷静的、毫不动摇的公正态度来透彻研究每一个具有个性表现的特征。就拿一张嘴来说吧，那也都是按照霍尔拜因①的画风

---

① 小汉斯·霍尔拜因（1497—1543），德国画家。

一条线一条线地画出来的，上唇以其所有的个性异常特征与下唇相区别。嘴角的撬动是在某种内心冲动时精确地记录下来的，微笑的样子和愤怒时的眉头紧蹙，则是画家细心观察的所得，然后才慢慢地给嘴唇涂上颜色，用不可见的手指可以摸出它是柔软的还是坚硬的。小胡子在嘴唇周围罩着暗影，那是很内行地点上去的小黑点——这才产生了未经加工的形态，唇造型的纯肌肉形态。这个形态现在则通过它的独特功能，通过说话的节奏，即通过一种与这张特别的嘴有机结合的特别声音的典型表现得到了补充。在他描述解剖学的图解册上，鼻子、面颊、下巴和头发也都是像一个唇这样以惊人的精确性安排的，一个细部与另一个细部都衔接得极为准确。而所有这一切观察，这些声学的、语音学的、光学的和运动机能的观察，都要在艺术家的看不见的实验室里再一次找到彼此的平衡。然后这位进行整理的艺术家就会从这些细节观察的奇妙的总和里找出根源，而这些混杂纷繁的观察经过精心的筛选就被挤出了水分，这样一来，对成果极有节制的利用便与貌似浪费的大量观察形成了对立。

只有在一切感官的东西确实像几何图案那样精密地固定下来，也就是到了整个机体全部完成的时候，这个假人①（Golem）才开始说话，开始呼吸，开始生活。在托尔斯泰笔下，人物灵魂，这个神圣的蝴蝶，总是利用精细观察所织成的千孔网捕捉到的。在慧眼者陀思妥耶夫斯基笔下，即在托尔斯泰的才气横溢的对手笔下，个

① 希伯来传说中用黏土、石头和青铜制成的无生命的巨人，注入魔力后可行动。这里指艺术家塑造的栩栩如生的人物。

性的形成恰恰相反，它是从精神开始的。在陀思妥耶夫斯基看来，精神是原始的东西，身体则像一件昆虫的外衣松松地轻轻地包着它的透亮的火热的内核。灵魂在极乐时刻甚至会把身体烧毁，自己却升起来，飞进感觉的苍穹，飞进纯粹的心醉神迷的状态。而在托尔斯泰这位冷静的观察者和清醒的艺术家这里，灵魂从来都不会飞翔，甚至连完全自由地呼吸都不可能，身体却总是像外壳似的沉重地披挂在灵魂上。因此，即使他所创造的最轻松愉快的人物也从来不会飞向上帝，从来不会完全脱离尘世而变得游离于人间之外；他们好像负重的人，自己的身体全挂在背上，一步一步艰难地喘着粗气，一级一级地向神圣和纯洁攀登，总因身上的重负和人间俗事而感到疲乏。遇到这样一位没有翅膀、没有幽默的艺术家，我们总是痛苦地被提醒，我们是生活在一个狭小的尘世间，注定要死，我们不能躲避，也不能逃掉，我们一生都被步步紧逼的虚无所包围。"我祝您有更多的精神自由。"屠格涅夫曾在致托尔斯泰的信中颇有预见性地写道。正像这里所说的，我们也祝愿他的人物能多一点精神自由，多一点灵魂的飞翔力量，能摆脱事实和身体，至少能梦见更纯洁更明媚的世界。

秋天的艺术，人们喜欢这样称呼他的描写风格。每一个轮廓都像刀切一般整齐清晰地从俄罗斯大草原一马平川的地平线上升起来，枯萎腐败的酸苦气味从浅黄色的树林里扑鼻而来。在托尔斯泰所描写的风景里我们总会感觉到秋意：不久，冬天就到了；不久，死便走进大自然；不久，所有的人，包括我们当中的这位永生的人，就要走到生命的尽头。一个没有梦、没有幻想、没有谎言的世界，一个极为空虚的世界，一个甚至没有上帝的世界——这个上帝是托尔斯泰后来才从生命的理念中臆造出来的，正像康德从国家的理念中臆造出他的宇宙。——这个世界除了严峻的真理没有别的光，除了它的同样严峻的明澈以外什么也没有。也许在陀思妥耶夫斯基那里，首先是精神的空间比这种均匀的寒光使人感到更压抑，更漆黑，更悲惨。但陀思妥耶夫斯基有时也用令人陶醉的闪电划破他的朦胧夜色，人们的心至少在几秒钟里升入幻想中的天国。与此相反，托尔斯泰的艺术不知何谓陶醉，何谓安慰，它总是神圣而清醒，像水一样清澈，一点儿也不醉人，由于它惊人的透明，我们可以看到最深的所在，但这种认识从来也没有浸透那充满心醉神迷和无上欢乐的灵魂。托尔斯泰的艺术，像科学一样，以其冷酷无情的光和直视现实的精神，使人态度严肃，潜心深思，但并不使人幸福。

但这个最博学的人，他自己是怎么感觉到他的严肃的视觉作品具有这种毫不宽容和使人觉醒的特点的呢？要知道这是一种没有梦想的令人喜悦的闪耀金光的艺术，是一种没有音乐施惠的艺术！他从来没有从内心深处爱过音乐，因为音乐既没有使他也没有使其他人认识到人生会使人幸福和具有值得肯定的意义。在这双无情的瞳孔面前，整个人生显得何等可怕的无望：灵魂是在死一般宁静的四周中不停抽动的身体的一个微小的结构，历史是偶然发生的事实的无意义的混杂，肉体的人是一副走动的骨架，只在短时间里披上生命的温暖的外衣，而这整个无法解释的杂乱无章的联动机构，则像流动的水或枯黄的树叶一样毫无目的。经过声名与日俱增的三十年之后，托尔斯泰突然疏远了他的艺术，这真的那么不可理解吗？他不是渴望他的行为能发生一种摆脱种种困难、使他人生活得轻松愉快的影响吗？他不是渴望创造一种能使人们的心里萌生"更高尚更美好的感情"的艺术吗？他不是也曾想拨动银铃般鸣响的希望的七弦琴，让它在人类的胸中轻轻地振荡，开始发出令人信赖的声音，思乡之苦使他追求一种能排除、脱离尘世莫名压力的艺术。但白费气力！托尔斯泰的那双极其明亮、极其清醒、过分清醒的眼睛，能够看见生活的本来面貌，生活从来不是别的样子，只是罩着死亡的阴影，漆黑一团，悲惨凄凉；一种真正的灵魂的安慰绝不会直接来自这种不会也不想说谎的艺术。因为他所看见和描述的真正的现实生活是悲惨的，所以这位步入老年的作家便产生了改变生活本身，使人变得更善良，通过一种道德的典型给人们以安慰的愿望。事实上，在他创作的第二时期，艺术家托尔斯泰就不满足于简单地描述生活了，他让他的艺术服务于灵魂的道德化和崇高化，也就是这样自觉地寻求他的艺术的意义，一种伦理道德的使命。他的长篇小说，他的中篇小说，不只想描摹世界，而且要重新构造世界，要发挥"教育的"作用。在那个时期托尔斯泰就开始创作一种有可能具有"感染性"的特殊的新型作品，就是说，通过实例警告读者不要犯罪，通过高尚的榜样使读者养成坚强性格；后期的托尔斯泰则使自己从单纯描写生活的诗人提高为审判生活的法官。

这个目的明确的、空谈教条的倾向在《安娜·卡列尼娜》里就已经表现得十分明显了。在这里，一个人命运中的道德因素和不道德因素已被清楚地分开。弗龙斯基和安娜这两个肉欲主义者，这两个不信教的人，这两个情欲方面的利己主义者，"受到了惩罚"，被投进了灵魂骚动的炼狱，基蒂和列文则被升入了净界。在这里，这位一直十分清正的小说家第一次试图对自己所创造的人物表示赞同和反对。这种以教科书的方式强调主要信条的倾向，这种像用惊叹号和引号进行写作的倾向，这种教义性的次要意图越来越急不可耐地挤到前面去。在《克莱采奏鸣曲》里，在《复活》里，最终也还是诗人薄薄的衣衫掩盖着赤裸裸的道德说教，而那些传奇故事则是（以更壮丽的形式！）服务于这位说教者的。对托尔斯泰来说，艺术渐渐不再是终极目标、本身目的了。只要它能服务于"真理"，他还能爱这"美丽的谎言"，但现在艺术不再像以前那样服务于真实事物的如实反映，不再服务于感性的和灵魂的现实，而是服务于一种如他所说的更高的精神的现实，服务于揭露出他的危机的宗教的真理。从现在起，托尔斯泰不再把刻画完美的作品称为"好书"，而是把那些（对其高超技巧的价值不在意的）能促成"善良"的、能帮助塑造更有耐心的、更温柔的、更具基督精神的、更富人性的和更充满爱心的人物的作品称为"好书"，以致在托尔斯泰看来，正派而平庸的贝托尔特·奥尔巴赫①比"害人虫"莎士比亚还要重要。标准尺度越来越从艺术家托尔斯泰的手里滑到那个道德的空论家的手中：这位人类的描述者，这位无可比拟的人类的改善者，在道德哲学家的面前毕恭毕敬地自觉地退却了。

不过，艺术像一切神圣的东西，毫不容情，充满嫉妒心理，它

---

① 贝托尔特·奥尔巴赫（1812—1882），德国作家。

总会向否认它的人复仇。如果要求艺术服务于并隶属于所谓更高的权势，那么它就会暴躁地摆脱这位大师，而在托尔斯泰依靠教义进行创作的时候，它同时会使他的人物形象最基本的感性东西变得苍白无力。智力的灰色寒光像雾一样升起来，人们只能深一脚浅一脚地跌跌撞撞地通过冗长烦琐的逻辑叙述，吃力地摸索着走向终点。尽管他后来出于道德上的狂热十分蔑视地称他的《童年》、《战争与和平》，他的优秀的中篇小说为"坏的、没有价值的、无足轻重的书"，说它们只能满足美学的要求，也就是满足"一种低级的享受"——听听吧，我们的阿波罗！但事实上，它们始终都是他的杰作，而那些自觉地表现伦理道德的东西才是他的经不住考验的作品。托尔斯泰越献身于"道德的专制主义"，越远离他的天赋的基本要素，越远离感觉的真实性，他就越不像艺术家——正如安泰离开大地便失去力量。只要托尔斯泰用他钻石般锐利的目光来观察感性世界，他直到耄耋之年都是独创的；只要他探索如浓雾模糊的东西，探索超越感觉的先验的东西，他的分量就惊人的降低了。看到一个艺术家怎样强制自己完全飘飘荡荡地飞向命中注定的精神的东西，看到他怎样以沉重的步子走在我们坚硬的土地上，以我们当代独一无二者的姿态去开垦耕耘，去认识和描写它，几乎没有一个人不感到震惊。

这是悲剧的冲突，它自古以来就永远在一切时代和作品中重复出现：凡是理应提高艺术作品的东西，包括已使人信服和想要使人信服的观点，大都使艺术家的价值降低。真正的艺术都是利己的，它只着眼于自己和自己的完成。纯粹的艺术家只考虑他的作品，不考虑他为作品所选定的人性。长久以来，托尔斯泰便以无动于衷的坚定不移的目光描写感性世界，他也就是这样做的最伟大的艺术家。一旦他变成悲天悯人的，想要通过他的作品进行帮助、改善、引导和教诲，他的艺术也就失去了感人的力量，他本人就由于命途多舛而变成了比他所塑造的一切人物都更具震撼力的人物。

自我描述

认识我们的生活，便意味着认识我们自己。

——致卢萨诺夫，一九○三年

这种严峻的目光无情地观察世界，也严厉地观察自我。托尔斯泰的天性是从不容忍模糊不清的东西，从不容忍既非尘世内又非尘世外的笼罩在烟雾和阴影中的东西，这位艺术家已经习惯于通过一棵树的线条或一条受惊的狗的抽搐动作极其仔细地观察最精确的轮廓，所以他在观察自我时也绝不容许这个对象是一种模糊不清的混合物。因此，他从早年起就坚定不移地不间断地把他基本的研究热望转向了他自己："我要完全彻底地认识我自己。"这个十九岁的少年在他的日记里写过。像托尔斯泰这样一位追求真实的人只能是一个热情的自传作者。

不过，描述自我与描述世界不同，从来不能在艺术作品中一次完成而告终。这个特定的"我"从来都不可以通过图例加以分解，因为一次性的观察不能解决不断变化的"我"的描述。因此，伟大的自我描述者总是沿着一生的生活轨迹重复绘制他们的图像。像丢勒、伦勃朗、提香，所有这些人都是对着镜子开始创作他们最早的青年时代的作品，因为在自己的形体方面，固定不变的东西跟流动变化的东西一样引起他们的兴趣。伟大的真实描述者托尔斯泰同样也从来不能胜任他的自我描述。正如他所说，他刚刚以明确的形象表现了自我，不管是作为聂赫留道夫，作为沙里金，作为皮埃尔，还是作为列文，他在已完成的作品中就再也认不清自己的面貌了；为了掌握已经更新的形式，他不得不重新开始。不过正如托尔斯泰这样的艺术家总是在不知疲倦地捕捉他的灵魂影子，他的自我也同样在精神逃亡中继续逃跑，总有新的、不可能完成的、永远吸引这位意志巨人加以战胜的任务。因此，在那六十年里没有产生一部不以某一个形象表现托尔斯泰个人轮廓的作品，没有一部仅只包含他全部特点的作品；首先，他所有的长篇小说、中篇小说、日记和书信作为整体是他的自我描述，但也是我们这个世纪的一个人留下来的最多样、最清醒、最有连贯性的个人肖像。

这位非虚构者总是只能反映自己的所见所闻和自己的经历，他从来也不能把他自己，把他这个活生生的人，把他这个见闻者，排除在他的视野之外。他不得不连续地、被迫地、常常违背自己意愿地、永远脱离清醒意志地竭尽全力进行研究、倾听、解释和"监督"自己的生活。这样，他的自传作者的狂热就一刻也没有停止，正如他胸中的心跳和他脑海里的思想：写作对他来说永远意味着针对自我和报告自我。因此，没有一种自我描述的形式是托尔斯泰没有运用过的，这里有对回忆所进行的纯机械的事实核查，有教育的和伦理的考察，有道德上的谴责和内心的忏悔，也就是把描述自我当作控制自我和激励自我，当作一种欣悦的行为和一种宗教的行为——不，我们在这里不可能——列举他的表现自我描述主题的一切形式。我们从他的日记里所了解的这位七十岁老人的情况不比他八十岁时的情况少。我们知道他青年时代的激情，他的婚姻悲剧，他的最隐秘的思想，如同了解他的档案那样准确地了解他的庸俗行为，因为在这里也跟"紧闭双唇"生活的陀思妥耶夫斯基完全不同，托尔斯泰要求"开着门窗"过日子。我们了解他的每个眼神和每个脚步。对他八十年生活的最短暂最不重要的插曲的了解，其准确程度跟我们对他肖像的无数描摹的了解完全相等，如他跟鞋匠在一起，跟农民谈话，骑马，犁田，坐在写字台边写作，打草地网球，跟妻子、朋友或孙女在一起，睡觉时，甚至死去时的种种情况。此外，这种无可比拟的身心的描述和自我表白，同时也记载了关于他的环境、妻子和女儿、秘书和记者以及偶然的来访者的无数回忆和记录。我相信，用记载托尔斯泰回忆的纸张还原为木柴简直可以重新建造一座亚斯纳亚波利亚纳的树林。从来没有一个作家这样自觉地坦荡地活在世上，很少有人这样无保留地向别人敞开心扉。在歌德以后，我们还没有见到过一个像他这样把自己对内心和外界的观察如此无一遗漏地记录下来的人。

托尔斯泰的自我观察的迫切要求可追溯到他婴幼儿朦胧的记忆时期。这种要求早在他幼年学习走路、还不会说话时就开始了，直到八十三岁他躺在灵床上，想说的话已经说不出来的时候才终止。从儿时不会说话到临终时不能说话这漫长的时间里，他无时无刻不在说和写。十九岁，他刚刚毕业于中学，这个大学生就为自己买了日记本。"我还从来没写过日记，"他立刻在第一页上写道，"因为我没看出写日记有什么用处，但是现在，当我在努力发展我的各种能力时，根据日记我就能够跟随我的发展步伐；日记应该包含生活的准则，在日记里也必须规定我未来的行动。"首先，他完全按照商人的规矩为自己应负担的义务建立了一本账，规划出应该下的决心和必须达到的成果。对于他个人已储入资本，这个十九岁的青年人是一清二楚的。在第一次清点自我财产时他就确认，他是一个"特殊的人"，肩负着特殊的任务。但这个半大孩子同时无情地指出，为了强迫他耽于懒惰、散漫和感官享受的本性真的获得道德的生活质量，他必须培养多么坚强的意志力。因此，他为自己建立了一种检查每日成果的监督器，以免使他丧失哪怕一点点力量。日记的作用首先是从教育方面彻底观察自己的兴奋剂——我们必须永远重复托尔斯泰的这句话——"监督自己的生活"。譬如，这个小伙子毫不留情地概括记载一天的事情："从十二时至下午二时，与毕基切夫谈话，过分坦白，很虚荣，自欺欺人。从下午二时至四时，做体操：不够顽强，缺乏耐力。从四时至六时，吃午饭，买一些不很急需的东西。在家里什么也没写，因为懒；我不能决定我是否应该乘车到沃尔康斯基那里去；在那里很少说话，因为怯懦。我的举止很糟糕：怯懦，虚荣，轻率，软弱，懒惰。"这个孩子的手竟这么早就无情地使劲扼住了自己的喉咙，这样奋力一抓就六十年没有放手；像十九岁时一样，八十二岁的托尔斯泰仍然手持这个皮鞭，每当他疲惫的身体没有完全服从意志上斯巴达式的严格纪律时，他就在晚年的日记里写满"怯懦、恶劣、懒惰"这一类咒骂自己的话。

像这位早熟的道德说教者一样，托尔斯泰作为艺术家也是很早就渴盼刻画自己的形象了。他——这个世界文学史上的稀有人才！——二十三岁时就着手撰写一部三卷本的自传。托尔斯泰的第一瞥目光便能像镜子一样反映现实。这个青年人对世界还一无所知，就在二十三岁时选取惟一的经历，自己的童年，作为描述的对象。就像十二岁的丢勒天真地抓起银画笔，把他那女孩般瘦削、不曾被阅历揉皱的孩子面孔画到偶然得到的一张纸上，这位下颌只长细须的、当年的炮兵少尉托尔斯泰，作为驻守在封闭的高加索要塞里的炮兵，出于戏耍的好奇心尝试着讲述他的童年、少年和青年。为谁写，他当时并没有想，至少没有想到文学、报刊和公众。他本能地听从通过描述说明自我的迫切愿望，这种模糊的冲动并没有被明确的意图所照亮，还不像他后来所要求的那样"被道德要求的光所照亮"。这个驻守在高加索的小军官出于好奇和无聊用水彩描绘他的故乡和童年的图画；这时，对后来在托尔斯泰笔下突然出现的救世军姿态、对"忏悔"和"向善"的意志，他还一无所知，他还致力于以尖锐的警告形式公开"他青年时代所做的丑事"——不，这对谁都没有用处。仅仅出于一个只经历过小孩子生活的半大孩子天真的游戏冲动。这个二十三岁的青年描写了他的一小部分生活，描写了最初的印象，描写了父亲、母亲、亲戚、教育者，描写了人、动物和大自然。这样漫不经心地编写故事,离列夫·托尔斯泰这位自觉的作家的深不可测的分析,何止十万八千里!要知道,作为一个大作家,他从自己的地位考虑,将感觉到自己有义务做到:站在世人面前是一个忏悔者,站在艺术家面前却是一个艺术家,站在上帝面前是罪人,站在自己面前却是自己的恭顺的模范。他在这里仅仅是以一个仁慈善良的年轻贵族的身份描述他在陌生世界中思念家乡的温暖环境,思念早已消失的人物而已。后来发生了一件意想不到的事,那个无心写成的自传竟然使他一举成名。列夫·托尔斯泰便立刻搁笔,不再续写他的成年了;这位有名的作家就再也找不回他无名时的语气了。这位成熟的大师再也没有成功地做出如此纯真的雕塑般的自画像。过了半个世纪(这时,在托尔斯泰那里,一切数字都变得像俄罗斯大地一样辽阔),这个青年以戏耍的态度从事系统完整的自我描述的思想,才使这位艺术家又活跃起来。但后来由于他转向了宗教,这项任务便起了变化;一如他的一切思想,托尔斯泰也使自己生活的肖像只面对整个人类,以便人类依靠"他的灵魂的洗涤"净化自己。"对个人生活尽量真实的描述对每个人都具有重大的意义,肯定对所有的人都有很大的好处",他就是这样纲领性地宣告这种新的自我展示的,这位八旬老人为证明自己这一关键见解的正确性做了极为详尽的准备;但工作刚刚开始,他就放弃了,尽管他一直认为"一种完全忠于现实的自传,比充斥他十二卷著作、至今仍被人们赋予不应有的价值的一切艺术家的废话要有用得多"。因为他对真实的衡量标准是随着对自己生活的认识而逐年提高的,他已经认识到了一切真实事物的多种含义的、深不可测的、变化多端的全部形式，而且，当年那个二十三岁的青年像在镜面般平的地上滑雪无忧无虑地飞跑过很多地方，后来这位变得责任心很强的人，这位多闻博识的真理探索者，却沮丧地畏缩不前了。他害怕"每个个人故事不可避免地混进去的不足之处和不诚实的成分"。他担心，"即使它们不是直接的谎言，这样的自传却会因为制造假象，因为有意把强光照射在好事上，把其中的坏事掩盖起来而变成谎言"。他坦率地承认："当我决心写出赤裸裸的真情，不隐瞒我生活中的丑事时，我又害怕这种自传必定会发生的影响了。"但我们并不过分痛惜这种损失，因为从那个时候的记录，比如说从忏悔中我们清楚地知道，对于自从他宗教信仰发生危机以来对真实的要求来说，每一次描述的意愿总是必然变成鞭笞派狂热教徒的那种自我抨击的兴致，每一次自白都突然变成了很不自然的自我辱骂。晚年的托尔斯泰早就不想描述自我了，他只想在人们面前忍辱屈从，只想"讲他羞于承认的那些事"，这样一来，这种最终的自我描述便以对他的所谓的"低级趣味"和种种罪过的严格的公开谴责变成了一种对真情的歪曲。此外，我们又可以完全可能没有他的自我描述，因为，反正我们掌握托尔斯泰的另一种包含他全部生平及其与时代紧密相连的自传，这就是他的全部作品、书信和日记，也许是除歌德之外一个作家描述自己的最完整的自传。《哥萨克》里的那个贵族出身的小少尉奥列宁为了找回自我，摆脱身居莫斯科的忧郁悲伤和无所事事，逃入职业和大自然，跑到了高加索。他衣服上的每根缝线和脸上的每一个褶皱都与年轻的炮兵上尉托尔斯泰本人毫无二致。《战争与和平》里的那位好思索的沉稳谨慎的皮埃尔·别祖霍夫和他后来的兄弟——《安娜·卡列尼娜》里的那位寻找神的、努力探索生命意义的容克地主列文，直至体魄都无疑是精神危机前夕的托尔斯泰。没有一个人会看不清这位披着"谢尔盖神父"长袍的著名人物所进行的争取圣洁的斗争，没有一个人会在《魔鬼》里看不清逐渐衰老的托尔斯泰如何抵制性欲的艳遇，没有一个人会在聂赫留道夫公爵这个贯穿他整部作品的明显的人物身上看不清他本人深藏在内心里的理想人物，即承载着他的意图和伦理学行为的理想的托尔斯泰。甚至在《光在黑暗中发亮》里的那个沙里舍也披着这样薄薄一层外衣，在他的家庭悲剧的那一幕里如此完整地暴露了托尔斯泰本人，以致演员至今仍然总是采用他的假面具。托尔斯泰这样一个心胸宽阔的人不得不把他这个人分散到很多人物形象身上。跟歌德的诗完全一样，托尔斯泰的散文也只是一种绝无仅有的、贯穿一生的连续不断的、画面连着画面相互补充的巨幅自白，以致在这个多种多样的精神世界里几乎不存在一个未经触及的空白，没有一个无人知晓的地区。所有社会的、家庭的、叙事诗的和文学的、尘世的和形而上学的问题，都得到了探讨。在歌德之后，我们还从来没有如此全面地详尽地了解一个尘世间的诗人的精神和道德的作用。因为托尔斯泰在似乎超人的人类中完全像歌德一样，彻底描写了普通的人、健康的人，描写了这类人中完美的典范，即永恒的"自我"和无所不包的"我们"，所以我们便像在歌德那里一样又一次认为他的自传是自我不断完成的生命的一个完美的形式。

危机与转变

一个人生活中最重要的事件，便是他意识到自
我的那个时刻；这个事件的后果可能是最有益
的，也可能是最可怕的。

一八九八年十一月

每一次危害都会变成恩惠，每一次阻碍都会变成创造活动中的
救助和有益的动力，因为它会强行唤起未知的灵魂力量。对一个诗
人的生命来说，没有什么比满足和坦途更危险的了。托尔斯泰在人
生的历程中只有一次体味到这样忘我的轻松，体味到这种人间的幸
福，这种艺术家的危险。在他走向自我的朝圣过程中，他那从不满
足的灵魂只给了他一次休息，在八十三年生命历程中只有十六年。
仅从他结婚到他完成《战争与和平》和《安娜·卡列尼娜》两部
长篇小说的这个时期里，他与自己，与作品是和睦共处的。他的日

记，他良心的奴仆，也沉默了十三年（一八六五年至一八七八年）。托尔斯泰这个幸福的人，这个埋头在自己的著作中忘却自我的人，不再观察自己，只观察世界。任什么他都不闻不问，他只创造，一共生了七个孩子，创作了两部最有影响的叙事文学作品。那时，只有那时，托尔斯泰才像所有其他无忧无虑的人那样生活在正直市民只顾自己家庭的环境中，又幸福又满足，因为摆脱了"为什么"那个可怕的问题。"我不再冥思苦想我的境况（一切苦思都已过去），我不再挖掘我的感受——至于跟家庭的关系我只有感觉，而不做思考。这种状况给我提供了非常多的精神上的自由。"这种自我活动并不妨碍内心中如潮涌现的人物塑造，守卫道德的"自我"的不讲情面的哨兵困倦欲睡地撤退了，让这位艺术家自由行动，任意消遣。在那些年里，列夫·托尔斯泰变成了名人，他使他的财产增加了四倍，他教育了孩子，扩建了家园，但这位精神上的天才并没有长久满足于这种幸福，没有饱享荣誉，没有发财致富。他总是从每个人物的塑造回到他原来的完整塑造自我的作品上来，而且因为没有神召唤他进入灾厄，所以他就自己走向灾厄。因为外部世界不能安排他的命运，他就从内心中为自己制造悲剧。因为生活——不论是多么强有力的生活！——永远要处在动荡不定的状态中。如果命运的涌流在外部世界停止了，精神就从内心中为自己挖掘出新的喷泉，使得生命的循环永不干涸。托尔斯泰在近五十岁时所经历的使他同时代人难以理解的怪事，就是他突然放弃了艺术，转向了宗教的说教。我们不能把这个现象视为异常——在这位身心极为健康的人的发展中寻找这种不正常变化的原因是徒劳无益的——托尔斯泰总是这样，是强烈的感情使他异乎寻常地放弃了艺术。因为托尔斯泰五十岁时所发生的这种转变，仅只说明在大多数可塑性很小的男人身上始终看不见的一种过程：这是身体精神的有机体对日益临近的老年，也就是对艺术家的更年期的不可避免的适应。

"生命停顿了，而且变得十分令人不安。"他这样描述他精神危机的开始时期。这位五十岁的老人到达了血浆生成力量开始停止、精神走向僵化的危急时刻。感官不再像雕刻艺术似的总是充满渴望，印象的感染力像他自己头发一样变得苍白起来，歌德告诉我们的第二个时期在托尔斯泰身上开始了。在这个时期里，温暖的官能在娱乐升华为概念的榨汁器，对象变成了幻象，肖像变成了象征。正如精神深奥莫测的各种变化，起初身体的轻度不适也会在这里导致这样的彻底变化。一种精神上冷彻骨髓的恐惧，一种令人惊异的对贫困化的畏惧，突然震撼了这个人焦虑不安的灵魂。而他身体上像地震仪一样敏感的神经立刻就把渐近的震颤记录了下来（在每一次变化中都像歌德的玄奥莫测的疾病！）。但是，在这里我们刚刚踏进完全被照亮的领域，灵魂还不知道怎样说明来自黑暗的这个袭击，在身体里就已经自动开始抵抗了。这是一次心理和身体上的转变，完全不知不觉，没有人的意志，是出自看不透的天性的防备。正像动物在寒潮袭击很久以前就突然满身披上了温暖的过冬的皮毛，人的灵魂也在第一次向老年过渡的时点上，在刚刚越过顶峰时，长出一种新的精神的保护外衣，一种厚厚的防御外壳。这种从感性事物向精神事物的深刻的转变，也许从腺体的纤维开始，一直演变到最后的创造性生产的振动。这种更年期的形成为精神的震颤，完全像青春期形成那样，也取决于血液循环和机体的危机。既然你们精神分析学家和心理学家都来研究——几乎从身体的基本特征上也看不出原因，更何况从精神上观察呢。至多在女人身上可以看到一些迹象，女人的性退化几乎以触摸得到的形式显露出来，它们是比较明显的，临床上容易发现的，可以从个别的观察中搜集得到。相反，男人转变期的更多的精神现象及其心理学分析的科学结论，则完全有待于研究。男人的更年期几乎一致认为是大转换的最佳年代，是宗教的、创作的、理性的升华的最佳年代。所有这些升华都是血流不畅的生存的保护外衣，是被减弱的性欲的精神的替代物，是代替逐渐消失的个人感觉即渐渐平息的生命力的更强烈的人类感觉。男人的更年期是青春期的补充，在受危害的人身上同样有生命危险，在感情热烈者身上同样热烈，在有创造性的人身上同样有创造性，更年期也是这样地引入一个另一种色彩的创造性的精神时期，一种上升和下降之间的中老年恋爱的新的精神动力。在每一个重要的艺术家那里我们都会遇到这种不可避免的精神危机的时刻，当然其剧烈程度在任何人那里也没有像在托尔斯泰这里这样犹如翻江倒海，火山爆发，几乎具有毁灭性。从现实的可能性来看，从适当的客观性来说，托尔斯泰在五十岁时所发生的变化是完全符合老年人变化规律的：那就是他感觉到自己老了。这就是一切，这就是他的事情的全部。掉了几颗牙，记忆力衰退了，思想上有时罩上疲惫的阴影：全是一个五十岁人的平常的现象。但托尔斯泰这个完人，这个充满激流勇进精神的人，第一次呼吸到秋日萧索的气息时，便立刻感觉到自己已经衰老和死亡将至。他误以为，"人要不陶醉于生活，他就活不下去了"；一种神经衰弱的抑郁，一种不知所措的精神错乱侵袭了这位无比健康的人。他不能写作，也不能思考了——"我的精神睡着了，总也醒不来，我感觉很不舒服，我变得很消沉"；他像拖着一副锁链似的把"那个无聊而平庸的安娜·卡列尼娜"拖到结束，他的头发突然染上了灰白，前额皱褶横生，常感到反胃，关节也变得虚弱无力了。他麻木地沉思，"再也没有什么使他感到高兴，生活再也没有什么指望了，他很快就要死了"，他"正在竭尽全力争取远离生活"，而且在日记里相继出现两次尖刻的记载："对死亡的恐惧"和几天以后写的"就要孤单地死去了"。但是死（我在描述他的生命活力时曾经试图详细说明过它）对这位活在世上的巨人来说却是一切可怕思想中的最可怕的思想，因此，他的巨大的身躯只要感觉到一点点松弛无力，他便立刻全身战栗不止。

不过，这位能做自我诊断的天才，在他通过嗅觉预感到厄运到来时，并没有完全迷失方向，因为事实上，原本托尔斯泰身上的某种东西已经在这次精神危机中衰亡了。一直到这时，托尔斯泰从来都没有探寻过这个世界的形而上学的意义，他只是像艺术家观察自己的模特那样观察世界。当他描写世界的图像时，它就顺从地立在他的面前，让他抚摩，让他抓在他那双具有创造性的手中。他突然觉得这种天真的快乐，这种进行雕塑般的观察不可能再有了。事物不再完全顺从他了，他觉得事物对他隐藏着什么，一种藏在背后的东西，一个什么问题。这位具有最敏锐的观察能力的人第一次把存在视为一种秘密，他预感到一种他单用外部感官捕捉不到的思

228

想——托尔斯泰第一次明白，要想理解这种背后的东西，他需要有一种新的工具，一双更博学更清醒的眼睛，一双会思想的眼睛，可以通过事例清楚地说明这种内心的变化。托尔斯泰曾上百次看见人们死于战争，他只是作为画家、诗人，作为反映对象的瞳孔，作为成像敏感的视网膜描写他们的流血牺牲，根本不问对与不对。现在他在法国看见一个罪犯的头咕噜噜地从断头台上滚下来，心中顿时愤怒地生出一种反对整个人类的道德力量。他，这位主人，这位老爷，这位伯爵，千百次地从他的庄园的农民身边骑马走过去，疾跑中的马把尘土扬在他们的袍子上，而他却自以为理所当然地冷淡地接受他们奴隶般卑躬屈膝的问候。现在他才第一次注意到他们都赤着脚，发现他们都很贫穷，发现他们那可怕的毫无权利的生存。他第一次在心里提出这样的问题：他本人是否有权利面对他们的需要和辛劳而毫不感到不安。在莫斯科，他的雪橇曾无数次从成群冻饿的乞丐面前飞驰而过，他从未朝他们转过头看一看，从未注意过他们。贫穷，苦难，压迫，军队，监狱，西伯利亚——他觉得这一切都是再自然不过的现实，像冬天的雪，像桶里的水。现在，在一次人口普查时，这位觉醒的作家突然认识到无产者的这种可怕的境况便是对他的丰裕的控诉。自从他不再把人性的东西看作人们必须研究和观察的单纯的素材以来，内心里那种美丽如画的安宁和平的生活秩序便完全破灭了：他再也不能像冷酷的雕刻家似的观察生活了，他只能不断地探寻正确与荒谬。他不再觉得一切人性的东西都是来自自我，都是利己的或内向的，他觉得那是社会的、兄弟般友爱的、外向的：包括一切人的集体的意识像疾病一样"侵袭"了他的身心。"没有必要去想——想实在太痛苦。"他叹息着说。但自从这双良心的眼睛睁开以来，人类的苦难、世界的原始痛苦便不容更改地变成他个人的事情了。正是从这种对虚无的神秘的惊恐中产生了一种对宇宙万物的创造性的新恐惧，从他的完全抛却自我当中生出艺术家要再一次按照道德的规范建造他的世界的任务。他预料哪里已经出现死亡，哪里便是再生的奇迹占统治地位。于是产生了这样一个托尔斯泰：他不仅被人类尊为艺术家，而且被尊为最有人性的人。

但在那时，就在崩溃发出响亮声音的时刻，在那个不确定的"苏醒"前的一刹那（托尔斯泰后来就这样欣慰地指称他的那种不安心境），这位处在转变中的受惊者还没有预见到这种过渡。在他内心中另一双新的良心的眼睛睁开以前，他觉得自己完全失明了，周围只是一片混沌，只是看不见道路的黑夜。"既然生活是这样的可怕，干吗还要生活？"他提出了经书上的这个永恒的问题。既然人们只是为死而耕耘，干吗还受这个苦呢？像一个绝望者，他在黑暗的世界穹隆中摸索墙壁，以便找到一条出路，找到一种自救，一点点火花，一线希望之光。正像他所看到的，没有人从外部帮助他，给他带来光明，他才自己为自己挖掘坑道，有计划地有条理地挖，一阶一阶地掘。一八七九年，他把下列"不清楚的问题"写在一张纸上：

（一）为什么活着？

（二）我的生活和别人的生活都有什么原因？

（三）我的生存和别人的生存都有什么目的？

（四）我心中感觉到的善与恶的分裂意味着什么，这种分裂为什么会出现？

（五）我应该怎样生活？

（六）死是什么？——我怎样才能解救自我？

"我怎样才能解救自我？我应该怎样生活？"这便是托尔斯泰的灾难性的呼喊，是他内心危机的利爪撕肝裂胆的呼喊。这呼喊刺耳地响了三十年，直到他永远闭口不语。来自感官的好消息，他已经不再相信了，艺术不再给他以安慰，青年时代狂热的陶醉已变成残酷的清醒，冷漠无情从四面八方涌来。我怎样才能自救？这呼声变得越来越充满渴望，因为这种表面上毫无意义的事一点意义没有也是不可能的。单靠理智就足以理解生活，但不能理解死，因此就很需要一种新的、另一类的精神力量来领会这件不可理解的事。因为在他自己的心里，在他这个不信神者的心里，在他这个感性人的心里，找不到这种精神力量，所以，在他的人生道路中间，他突然谦卑地跪在神的面前，轻蔑地丢掉五十年里使他感到无比幸福的世俗知识，强烈地请求得到一种信仰："主啊，把信仰给我吧，让我去帮助别人也获得信仰！"

假基督徒

我的上帝啊，只在上帝面前生活是多么难啊！
有些人已经被掩埋在矿井里，他们知道他们绝
不会出来，也没有人知道他们在那里是怎样生
活的，像这些人那样生活，是多么难啊！但人
们必须这样生活，因为只有这样的生活才是生
活。主啊，帮帮我！

摘自一九〇〇年十一月的日记

"主啊，让我有一种信仰吧！"托尔斯泰对他一直否定的神绝望
地呼叫着。但这位神似乎并不满足那些急切地向他提出要求的人的
愿望。因为托尔斯泰把充满热情的急躁，他的顽固的恶习，也带到
信仰里来了。要求得到一种信仰，不，这还不够，他是必须立刻具

有一种信仰，一夜之间就办成，像斧子一样方便，举起来就能把他的怀疑的整个灌木丛都砍光。因为这位贵族老爷，不仅已经习惯于让他的仆人围着他敏捷地团团转，而且被迅速使他获得世上各种知识的耳聪目明的感官所宠坏，所以这个不能克制的、情绪变化无常的、顽固不化的人不愿意耐心地等待。他不愿意像修士似的顽强地倾听上天渐渐地过滤下来的光——不，他要在黑暗的内心里立刻再现白昼的明亮。他那能冲破一切障碍的激进的精神想要以独特的飞跃和冲击掌握"生活的意义"——"上帝知道"，"上帝会想到"，他像一个亵渎神明的人若有所失地说。他希望能够急速获得信仰，成为基督徒和顺从的教徒，生活在神的精神中，就像他在头发苍白的年纪上还学习希腊语和希伯来语，在六个月内，至多在短暂的一年之内，突然变成了教育家、神学家或社会学家。

但是，如果一个人心里没有一粒信仰的种子，他怎么能突然获得一种信仰呢？如果一个人到了五十岁只以观察家无情的眼睛，以自觉的古老俄罗斯的虚无主义者的身份评价世界，把自己看成这个世界里重要而显赫的人物，他怎么会一夜之间就变成有同情心的、善良的、恭顺的、温和的、方济各会修道士般的人了呢？一个人怎能只靠一次举手之劳就把这样的顽石般的意志转变为宽容的人类的爱？这种信仰，这种为了更高的超俗的力量而舍弃自我的精神，是在什么地方学习的，在什么地方学到的？当然是在那里已经具有这种信仰或至少伪称具有这种信仰的人那里，托尔斯泰自称，是在东正教的圣母那里，在教会里。托尔斯泰立刻（因为这个急不可待的人不容许自己浪费时间）就跪在圣像前面了，他斋戒，他参拜修道院，他与主教和教区牧师讨论，他翻破了福音书。在三年的时间里他竭力严格按照宗教信条办事，但是，教堂空气向他吹来的是空洞的香烟，寒气穿透已被冻僵的灵魂，不久他就失望地永远关上了他与东正教教义之间的大门。他认识到，不，教会没有正确的信仰，确切地说，宗教已经让生命之水渗漏了，浪费了，掺假了。于是他就继续求索，也许哲学家，这些思维的教师，更了解这种令人不安的"生活的意义"。托尔斯泰立刻狂热地无比激动地开始不加选择地阅读一切时代的各种哲学家的著作。他读得太快，以致没有消化和理解，首先是叔本华，每个精神昏暗者的永远伴睡人，然后是苏格拉底和柏拉图，穆罕默德，孔子和老子，神秘主义者，斯多葛派，怀疑派和尼采。但不久以后他就把这些书都合上了。就是这些人也没有别人的观察世界的介质，他们只有他们自己的介质，只有极为敏锐的痛苦地进行观察的理解力，他们只是奔向上帝的焦躁不安者，而不是在上帝精神中的休憩者。他们创造了一些思想体系，但没有创造一种不安的灵魂所希冀的宁和，他们给人以知识，却不给人以安慰。

像一个饱受痛苦折磨的病人，科学对他不灵，就拖着他的病体去找巫婆和庸医一样，托尔斯泰，俄国的这位智力最高的人，生活到五十岁的时候走向农民，走向"大众"，想从他们那里，从这些没有受过教育的人那里，最终学到真正的信仰。是的，这些没有受过教育的人，没有被书本弄糊涂的人，这些穷人和受苦的人，他们干着重活而毫无怨言，临死时就像猫狗一样默默地往角落里一倒。他们心里没有怀疑，因为他们没有思想，只有令人仰慕的单纯。但他们心中必定有某种秘密，否则他们就不会如此屈从而无愤怒地俯首听命。再糊涂，他们也知道点智慧者和杰出的英才不知道的东西，这些智力落后的人，灵魂走在我们前面的人，应该感激敏锐的精神。"像我们这样地生活，是错误的，像他们那样地生活，才是正确的。"——因此，从他们富有忍耐精神的生存中出现了看得见的上帝，同时，精神，对知识的渴求，连同他的"游手好闲的放荡淫逸的欲望"，都远离了内心中真正的光源。如果他们没有安慰，内心里没有神奇的灵丹妙药，他们就不会如此愉快地忍耐这种不幸的生活；他们必是隐藏着一种信仰，于是这位不受约束的人便产生了急躁情绪，要从他们那里学到这个秘密。托尔斯泰自忖，从他们那里，只有从他们那里，从"上帝的子民"那里才能认识到"正确的生活"，认识到伟大的忍耐精神，认识到对这种艰难的生活和对更艰难的死的屈从。

于是他更走近他们，完全走进他们的生活，从他们那里体察神的秘密！他脱下贵族的长袍，穿上农民的短外套，离开摆着美味佳肴的餐桌和堆满书籍的条案，从此只吃无害的蔬菜，只喝动物的清淡的奶，只用恭顺和愚蠢来滋养浮士德式的求索精神。列夫·尼古拉耶维奇·托尔斯泰，亚斯纳亚波利亚纳庄园的老爷就扮成了这个样子，尤有甚者，这位智力超过千百万人的上等人，五十岁上亲自扶犁，用那宽大的熊一般的背背起水桶从井里汲水，在他的农民中间以不知疲倦的干劲收割庄稼。写了《安娜·卡列尼娜》和《战争与和平》的手现在竟在自己剪出的鞋底上使锥子，清扫小屋里的脏物，为自己缝衣服。要接近，要快一点接近，更要紧密地接近这些"兄弟"，——列夫·托尔斯泰以独一无二的意志力希望变成"平民"，从而成为"上帝的基督徒"。他走进村子，到那些半农奴中间去（当靠近他时，他们都窘迫地脱帽）。他喊他们到他家里去，进了屋他们穿着笨重的鞋笨拙地走在镜面般光亮的镶木地板上就像走在玻璃板上一样。他们松了口气，知道这位"老爷"，这位好心的主人，对他们没有恶意，不像他们所担心的那样要再提高佃租，而是——好稀奇：他们尴尬地摇了摇头——想跟他们谈论上帝，自始至终谈论上帝。亚斯纳亚波利亚纳的这些善良的农民想到他曾经做过的事，这位伯爵老爷，他开办过学校，还亲自给孩子上过一年课（后来他不感兴趣了）。不过现在他想要干什么呢？他们心怀疑虑地侧耳倾听他的话，因为事实上，这个伪装的虚无主义者正像一个奸细挤到"人民"身边，去探明人民向上帝进军必不可少的战略。

但这种强制性的调查是有利于艺术和艺术家的——托尔斯泰的最优美的传奇故事应该归功于那些乡间说故事的人，他的语言因为使用了农民的活泼而形象的语汇变得极为生动，极其柔和——但纯朴的秘密却没有学到手。早在他感情危机之前，在《安娜·卡列尼娜》出版的时候，陀思妥耶夫斯基就颇有远见地谈到过体现托尔斯泰的人物列文："像列文这样的人，只要他们愿意，他们就可以与人民共同生活，但他们绝不会成为人民的一员，因为他们自命不凡，有意志力，变化无常，不能理解和实现到人民中去的愿望。"这位天才的幻想家用心理学的平射击中了托尔斯泰意志变化的核心，同时也揭露了强制行为。这种变化不是出自天生的血缘的爱，而是出自灵魂灾难开始时期托尔斯泰与人民结合的兄弟情谊。因为，即使他故意装出愚钝和土气，这位大智者托尔斯泰也不能培植起狭隘的农民思想，以取代他那广阔的包罗万象的对生存的解释，也不能强使这样一种真理精神完全变成一种混乱不堪的盲目信仰，像魏尔兰[①]那样突然在房间里跪下来祈祷："我的上帝，赐我以纯朴吧！"于是胸中就长出恭顺的闪着银光的幼芽——这是不够的。一个人必须永远首先是成为他所供认的那样的人；不论是通过对同情的神秘崇拜建立与人民的联系，还是通过诚笃的宗教信仰使良心得到宽慰，都不能像接通电流那样一下子就在内心中实现。穿农民的袍子，喝格瓦斯，收割庄稼，所有这一切与农民等同的外表的形式都可以像玩似的，甚至在双重意义上嬉戏似的轻而易举地实现——但精神绝不会变愚蠢，一个人的清醒意识绝不能像拧小煤气火苗似的任意变弱。他的精神的光度和警觉始终停留在一个人天生的不变的程度上。它是控制他的意志的力量，因此也就是超出我们的意志的力量。甚至在这种力量的至高无上的义务里人们感到的威胁越强烈，它的火苗就冒得越剧烈，越不安定。一个人不能通过招魂活动跳过他天生认识尺度的一级，他的智力也不能借助一次突然的意志行为向纯朴退回一级。

托尔斯泰这位博学而有远见的奇才不可能不在短时间内认识到，要把他的复杂的思想降为一种空白的单纯，即使像他这样意志无比坚强的人一夜之间也是办不到的。除了他本人谁也没说过（当

---

① 保罗·魏尔兰（1844—1886），法国象征派诗人。

然是在以后）这样的妙语："用暴力对抗精神，就像捕捉阳光一样，只是空想而已；不管人们怎样遮盖阳光，阳光总要从上面照过来。"他不能长久地欺骗自己，他的粗暴的、斗士般的、自以为是的主人才智无力做到持久的愚钝的谦卑。农民确实也从来不会把他视为他们中的一员，他穿着他们的衣服，表面上具有他们的习惯，但世人从来没有不把这种行为理解为一种伪装。恰恰是他最亲近的人，他的夫人，他的子女，老奶奶，他的真正的朋友（不是托尔斯泰派分子），从一开始就困惑而不满地把"俄罗斯人民的这位伟大的作家"（屠格涅夫在临终前曾这样呼唤他回到艺术中来）的这种神经质的强制走向下层的愿望，视为钻入违背其天性的无文化教养的领域。他自己的妻子，他的思想斗争的悲惨的牺牲者，当时对他说过这么一句最有信服力的话："从前你说你不得安宁，因为你没有信仰。为什么现在你说你有了信仰，还不愉快呢？"——这真是一个简明易懂的、无可辩驳的论点。自从改信大众神以后，在托尔斯泰那里没有任何东西可以说明他在这个信仰里找到了精神的安宁。相反，人们总有这样的感觉，只要他谈论他的教义，他就把他的信念的不可靠性变成明显的可靠性。托尔斯泰所有的行为和言语偏偏在那个皈依上帝的时期具有一种令人不快的高喊的调儿，多少有些夸耀，像在争吵，很粗暴，十分笃信宗教。他宣讲基督教教义，跟吹长号没有两样，他的屈从有如孔雀开屏。谁的听力敏锐，谁就会在他的自我贬抑的过火行为中感觉到托尔斯泰旧时的某种矜持，不过现在这种矜持变成一种以新的屈从为特点的黑白颠倒的自豪了。我们可以读一读他的忏悔中的著名段落，在这里他想通过咒骂和毁谤他自己过去的生活来证明他皈依宗教："我在战争中杀过人，我参加过决斗，我在赌博中挥霍过从农民那里勒索来的财富，我残酷地惩罚过他们，我曾与轻浮的女人通奸，并欺骗过我的部下。说谎、掠夺、私通，各种各样的醉酒和耍野，每一种无耻的勾当，我都干过，没有一种罪行我没犯过。"为了不让任何人宽恕他作为艺术家所犯的这些所谓罪行，他在他的喧嚣不止的教会成员的忏悔中继续说道："遇到这种时候，出于虚荣、贪欲和傲慢，我便开始写作。为了获得荣誉和财富，我不得不压制我心中的善，使自己堕入罪恶。"

这是认罪者说出的很极端的话。诚然，这些话的道德的激情令人震惊。但是，说心里话，过去是有过那么一个人，这个人确实就是列夫·托尔斯泰，难道因为他在战争期间尽职尽责地服役于炮兵连队，或者说在他独身时作为一个强壮的男子汉有过放荡的性生活，他就可以根据这种自我谴责把自己鄙视为"一个低级的有罪的人"，一个像他在贬低自我的狂热中自称的"虱子"吗？这样，一个过度兴奋的良知出于对屈从的自豪不惜任何代价为自己编造了种种罪恶，跟拉斯柯尼科夫①里的那个家仆臆想杀人相似，一个自白狂的灵魂为了证明自己是基督徒，把根本不存在的罪过"当作十字架背在身上"——不是早在这时怀疑就产生了吗？托尔斯泰的这种证明自己的愿望，这种精神紧张、慷慨激昂、小贩叫卖般的贬抑自我，不正揭示了在这个被震撼的心灵里不存在或还不存在一种冷静

———————————

① 陀思妥耶夫斯基长篇小说《罪与罚》的主人公。

的、呼吸匀称的屈从，甚至有一种危险推移的颠倒黑白的虚荣吗？总之，这样的屈从所表现的并不是屈从，相反，这除了是反激情的苦行僧式的斗争，不可能是任何别的更大的激情。在心灵里刚刚出现一点点还很渺茫的信仰火花，这个性急的人便想立刻用它点燃全人类的心，这很像那些日耳曼民族的野蛮领主，他们受洗礼时头上刚刚沾上点水，立刻就拿起斧子，想要砍倒他们一直视为神圣的橡树。如果信仰意味着在神的精神里休憩，那么这个极端性急的人就从来也不是一个有耐性的信徒，这个热情似火不知满足的人从来都不是一个基督徒，只有人们把虔信宗教的渴望称为宗教的时候，这个求神者，这个永远不安宁的人才能算做信徒。

正是由于一种信念只取得了一半的成功，只达到了渺茫的自由，托尔斯泰的精神危机才象征性地超出个人经历的范围，成为永远值得深思的例证：即使在这个意志力坚强的人这里也无法一下子就能改变他的天性的原始形态，不能通过意志行为把他固有的特性翻到相反的方面去。我们的生活已安排好的形态虽然能够容忍改善、磨平和变得更尖锐，伦理方面的热情也许能够通过自觉的艰苦的工作提高我们身上的道德品性，但绝不能抹去我们性格特征的基本轮廓，从而按照另一种结构体系重造我们的肉体和精神。如果托尔斯泰认为，人们可以像戒烟那样摒弃个人主义，或者人们可以赢得爱，可以"强求到"信仰，那么，在他身上，巨大的近乎狂热的努力正好与极其微小的成果形成了尖锐的对立。因为没有什么东西可以证明，托尔斯泰这个一遇到有人哪怕稍稍反对时就两眼冒金星的易怒的人，当时由于发生了巨大的精神上的转变立刻就成了一个好心的、温柔的、充满爱的、热心公益事业的基督徒，一个"上帝的仆人"，一名修道士。他的"转变"也许改变了他的观点，他的看法，他的言语，但并没有改变他最内在的本性——"按照你所应遵循的规律，你只能是这个样子，你不能摆脱你自己。"（歌德语）同样的不愉快和同样的自我折磨的狂热在"觉醒"的前后笼罩着他不安的灵魂：托尔斯泰天生就是不知满足的人。正是由于他一向没有耐性，上帝才不立刻"赠"他以信仰，他不得不不断地奋斗三十年，直到生命的最后一刻。他的大马士革之行不是在一天之间，也不是在一年之内完成的，直到呼吸快停止的时候，托尔斯泰也没有找到满意的答案，也不满足于任何一种信仰，直至生命的最后一刻他都觉得生命是极为壮丽极为可怕的秘密。

因此，托尔斯泰就没有给他的关于"生命"意义的问题找到答案，他朝着上帝所做的热心奋力的跃进也没有成功。但对一个艺术家来说，如果他没有成为制造冲突的行家，任何时候都是有救的，他可以把他的苦难从自身抛向人类，把他灵魂的问题变成世界的问题，于是，托尔斯泰也就把他精神危机的个人主义的惊呼"我将变成什么人？"提高到范围巨大的惊呼"我们将变成什么人？"因为他不能相信他自己的固执的思想，所以他想说服别人。因为他自己不能改变自己，所以他就试图改变人类，一切时代的一切宗教都是这样产生的，一切世界的改善（正如那位看透一切的尼采所说）都是由于一个处在灵魂危机中的人要"摆脱自我"而得到实现的。把这个严重的问题从自己心中排除出去，反过来把它推给大家，把个人的不安变成了世人的不安。托尔斯泰没有成为虔诚的方济各派基督徒，从来都没有，这个无比热情的人，他有一双不可欺骗的眼睛，有一颗充满怀疑的坚强而又火热的心，但他正是由于了解没有信仰的痛苦才从事我们时代的这种狂热的试验，想把世界从虚无主义的灾难中解救出来，使世界比他本人当时更加具有信仰。使生活脱离绝望的惟一的挽救办法，便是把他的"我"移入世界。于是这个备受折磨的渴望真理的托尔斯泰的"我"，把突然感到的可怕的问题作为警告的呼唤和教义抛给了全人类。

教义及其荒谬

我已接近一种伟大的思想，我可以为实现它而
牺牲我的全部生命。这种思想便是建立一种新
的宗教，一种扬弃使徒信条和创伤的基督教。

青年时代的日记

一八五五年三月五日

托尔斯泰把新的四福音书的名言"勿抗恶"作为他的教义，作
为他给人带来的"福音"的基石，并赋予它以创造性的解释："勿
以暴力抗恶。"

这句话蕴含着托尔斯泰的整个伦理学，这位伟大的斗士以他过
分痛苦的良心中全部雄辩的、道德上的激烈情绪，如此强有力地把
这个投石器对准了世纪元墙，以致到了今天，在被震裂一半的房梁
构架上还有震动的余波在回荡。要测出这次投掷在其全部射程中的

思想影响是不可能的。向布列斯特—利托夫斯克①进攻的俄罗斯自愿放下武器，主张不抵抗的甘地主义，罗曼·罗兰第一世界大战期间的和平呼吁，无数个别的普通人对蹂躏良知的英勇反抗，反对死刑的斗争——所有这一切孤立的，似乎毫无关联的新世纪的行动，都应该归功于托尔斯泰的福音赋予的强大的动力。今天凡是暴力被否定的地方，暴力总被当作手段、武器、权力或所谓神圣机构，无疑总是在某种借口下保护国家、宗教、种族、财产等等；凡是以人道主义的道德反对流血的地方，就是到了今天，每个道德革命者仍从托尔斯泰的权威和热情中获得一种被证实为友爱的力量。一个地方，不是教会的冷冰冰的教条、国家的权欲要求、一种运转不灵的公式化的司法部门，而是独立的良知把人类博爱精神作为惟一的道德主管部门做出最后的决定，便可以依照托尔斯泰的典范的路德式的行为处理一切，他呼吁一切有人情味的人，无论在什么情况下都只能"凭良心"明断。

托尔斯泰所指的我们不用暴力反对的是什么样的"恶"？不是别的，只是暴力本身，是绝对的暴力，不管它把肌肉藏在国民经济、国家兴旺、民族野心和殖民扩张的充满激情的破烂衣服下面，还是笨拙地把人的权欲和杀机伪装成哲学和祖国的思想，我们都不要上当受骗，即使具有最迷人的理想化的形式，暴力行为也永远不是服务于人类的友爱，它只能服务于某个集团扩大的自我主张，从而永远保持世界的不平等。任何暴力都意味着占有，一种拥有的愿

---

① 今称布列斯特，白俄罗斯西南部城市。

望和更多拥有的愿望，在托尔斯泰看来，财产上的一切不平等都起源于此。这位年轻的贵族老爷在布鲁塞尔并没有与蒲鲁东白白度过一段时光。在马克思之前，托尔斯泰作为当时激进的社会主义者提出这样的假设："财产是一切罪恶和一切苦难的根源，一种冲突的危险存在于财产过多者和无财产者之间。"为了保存自我，占有必须具有防守的特性，甚至具有攻击的特性。为了夺取财产，需要暴力；为了扩大占有，需要暴力；为了保卫占有，也需要暴力。这样，财产便创造了保卫自己的国家，国家又根据自己的主张组织了各种各样残忍的暴力机构，如军队，司法机构，"只用来保卫财产的整套强制性体系"，凡是适应和承认这个国家的人，都全身心地隶属这个权力的原则。不曾想，按照托尔斯泰的见解，现代的国家里那些貌似独立的、从事脑力劳动的人也都是无意中为维护少数人的占有服务的，甚至"就其真正的意义是废除国家的耶稣基督教会"也以"骗人的教义"抛弃了自己的义务，艺术家们，他们是天生的被召来充当良知的辩护人，他们是人权的辩护士，他们却在自己的象牙塔上精雕细刻，"使良知昏昏欲睡"了。社会主义企图成为治疗无法医治的顽症的医生，那些独一无二的根据自己正确的认识想要彻底炸毁这个错误的世界秩序的革命者，自己也错误地采取其敌人的谋杀手段；他们让"恶"的原则原封不动地存在，甚至还把暴力视为神圣，从而使不公正永远存在。

就这种无政府主义的要求而言，国家的和我们现在合法的社会制度的基础完全是错误的，腐朽的；因此，托尔斯泰激烈地反对政府形式一切民主的、博爱的、和平主义的和革命的改良，认为这一切都是徒劳无益的，不充分的。把民族从暴力的"恶"中解救出来，不能靠杜马，不能靠议会，更不能靠革命；一座基础摇摆不稳的大厦是不能依靠支撑保持下去的，人们只能废弃它，再造一座新的。但是现代的国家是建立在权力思想上，不是建立在博爱思想上；因此，在托尔斯泰看来，现代的国家无可挽回地注定要灭亡，而一切社会的、自由主义的修修补补只能延长它的垂死挣扎。不是必须改变人民和政府之间的国家公民关系，而是必须改变人本身：一种内心的亲密联系，不是通过国家政权的强制压力，而是必须通过友爱才能使各民族联合得到加强。但是只要这种宗教的、伦理的博爱精神还没有代替受压制国民的当代的形式，托尔斯泰就只能从个人良知看不见的秘密的角度来解释真正的道德。因为国家与暴力是同一的，所以一个有道德的人就不能与国家协调一致。迫切需要的是一次宗教的革命，是每个有良知的人与一切暴力团体断绝关系。因此，托尔斯泰便坚决置身于国家形式之外，声明自己在道德上不受良心之外的一切义务要求的约束。他否认自己绝对从属于某一民族、国家、对某一个政府的臣服关系，他自动退出了东正教，他从原则出发放弃了向司法部门或任何一个当今社会特定结构的呼吁，以免去握这个"暴力国家魔鬼"的手。因此人们不要因为他的博爱说教的福音派温柔，因为他的带有基督徒恭顺色调的辞句，因为他完全依赖于新教精神而受蒙蔽，看不见他的社会批判中的完全敌视国家的成分。他的国家学说是最激烈的反国家学说，是自路德以来个人同新的罗马教皇神圣论和关于财产天经地义思想的最彻底的决裂。就连托洛茨基和列宁也没有超出"必须改变一切"这一论点的一步。正如让-雅克·卢梭这位"人类之友"用他的著作为法国大革命挖掘坑道，使革命从这些坑道把封建王国抛上天，至今还没有一个俄国人比托尔斯泰这位激进的革命者更强烈地动摇过沙皇制度、资本主义制度的基础。在我们这里由于受到他那主教式的胡子和他的教义的特定的油滑性的迷惑，人们总是喜欢把他看成温柔可爱的使徒。总之，像卢梭对待无套裤汉一样，托尔斯泰无疑也会对布尔什维主义的方法十分愤怒，因为他憎恨党派——"不论哪个党派取得胜利，为了保持政权，它不仅必定使用现有的一切暴力手段，而且还要发明新的暴力手段"。在他的著作中曾有过这样的预言。但是一种诚实的历史叙述终将证明，他是这种历史叙述的最好的开路先锋，一切革命者的任何炸弹都不曾像这位奇人和伟人奋起反抗沙皇、教会和财产这些他祖国的貌似不可战胜的势力一样，在俄国产生过这样具有破坏性的作用和动摇权威的影响。自从这位最杰出的诊断医生发现了我们的文明结构这个隐蔽的错误构筑，也就是说我们的国家大厦不是建立在人道主义精神，即人的联合体基础上，而是建立在暴行即控制人的基础上，三十年来他一直通过不断更新的攻击方式把巨大的伦理的冲击力量对准沙俄的世界秩序。他是革命当中不想革命的温克尔里德，是社会的甘油炸药，是起破坏和爆炸作用的不可抗拒的原始力量，从而也就不自觉地成了他的俄罗斯使命的代表。因为一切主张建设的俄罗斯的思想，首先必须是激进的，必须进行彻底的破坏。因此，在俄罗斯的艺术家里没有一个不是先跳进无光无路的虚无主义漆黑的坑道里去，然后才出于炽热的兴奋的绝望，热情地重新获得新的信仰，就不是偶然的事了。

这位俄国的思想家，俄国的作家，俄国的实干家，处理问题不像我们欧洲人总是通过犹豫不决的改良，抱着十分虔诚地等待适应的谨慎态度，而是像一个伐木者怀着进行危险试验的亚当的摧毁一切的精神那样干脆。有一个名叫罗斯托普钦[①]的人，出于此后胜利的考虑，毫不犹豫地烧毁了整个莫斯科这座世界名城。托尔斯泰——在这方面与萨沃那罗拉[②]相似——也毫不犹豫地把艺术、科学等人类的全部文化财富投到行刑柴堆烧毁，仅仅是为了证明一种新的更好的理论的正确。很可能是，这位宗教的梦想家托尔斯泰从未意识到他的破坏圣像运动的实际后果，也许他从来就没敢仔细计算过这样一座高耸云霄的世界大厦的突然倒塌会同时夺走多少尘世间的生灵——他只不过以他的信念的全部精神力量和坚韧不拔的精神摇撼了一下这个社会的国家大厦的支柱。要是这样一个参孙伸出他的拳头，最大的屋顶也会倾斜和东倒西歪。因此后来关于托尔斯泰在多大程度上赞同还是反对布尔什维主义的彻底变革的一切争论，面对这样的赤裸裸的事实都是多余的：没有什么东西比托尔斯泰为反对豪富和财产而进行的狂热的劝人忏悔的布道，像他的小册子有如爆破筒，像他的论战文章有如炸弹这样强劲地从精神上推动俄国的革命。这个时代没有一种批判在广大民众中发生过如此震惊灵魂、颠覆信仰的影响，尼采的批判也没有这样大的影响，他作为一个德国人总是把矛头指向那些有文化教养的人，并且由于其诗人的酒神的

---

① 罗斯托普钦（1763—1826），俄国政治家，一八一二年任莫斯科总督，据说当年火烧莫斯科是他的主张。
② 萨沃那罗拉（1452—1498），意大利传教士、宗教改革家。

遣词造句风格而与任何群众的影响相隔绝。一反自己的愿望和意志，托尔斯泰的方座头部雕像永远立在伟大革命家、政权推翻者和改变世界者的看不见的伟人祠里。

这是违反他的愿望和意志的，因为托尔斯泰曾经把他的基督教的宗教革命、他的国家无政府主义与任何积极的暴力的革命清楚地分隔开来。他在《成熟的麦穗》里写道："如果我们遇到革命者，我们就往往会误以为我们的观点和他们的观点是一致的。他们，还有我们都号召：取消国家，废除财产，铲除不平等以及其他。尽管如此，这里还是存在一个巨大的区别：对基督徒来说根本就没有国家，而那些人则是想要消灭国家。对基督徒来说根本就不存在什么财产，那些人则是想要废除财产。对基督徒来说人人都是平等的，那些人则是想要铲除不平等。这些革命家从外部与宗教进行斗争，但基督教根本不进行斗争，基督教是从内部破坏国家的基础。"我们看到，托尔斯泰不想以暴力消灭国家，而是想通过无数个人的不反抗精神缓慢地削弱国家的权威，其过程是一个分子一个分子地，一个个体一个个体地长时间避开国家的包围，直到最后国家机构因失去力量而自行解体。但最终的效果却是一样的：铲除一切权威。而托尔斯泰一生都是热情地为此而努力的。不过他同时也想建立一种新的制度，一种取代国家的国家教会，一种更人道的更友爱的生活宗教，一种昔日新兴的原始基督教义的福音派，托尔斯泰基督教义的新教。但在评价这种正在建设中的精神成果时，必须——无比诚实地——把这位文明批评家、人间慧眼奇才托尔斯泰，和苍白的有缺陷的任性的没有坚持性的道德家、思想家托尔斯泰截然分开，要知道，托尔斯泰在教育工作方面不再像六十年代那样只想把亚斯纳亚波利亚纳的青年农民赶到学校里去，而是想要使全欧洲牢牢记住惟一"正确"生活的重要常识，牢牢记住这个具有惊人的粗心大意的哲学思想的真理。只要这个天性没受到过鼓励的人坚持留在他的感性世界里，用他超群的器官分析人性的结构，他就会受到无限的尊重。但是，一旦他要飞快地无所约束地钻到形而上学的东西里去，他的感官在那里再也抓不到、看不到和吮吸不到什么，所有这一切触角都在这里毫无目的地在虚无中摸索，谁都会对他精神的迟钝感到吃惊。不，这里划定的界限还不够明确，作为理论的系统的哲学家，托尔斯泰，像与他相反的天才尼采作为作曲家一样令人惋惜的自欺欺人。正如尼采的音乐感在语言的音韵里是卓有成效的，但在独立的音域里，也就是在作曲方面，几乎是毫无作为，托尔斯泰的非凡的智力一经大胆地超越感性批评领域进入理论领域，进入抽象的事物中，也立刻僵化。人们可以在每一篇著作里触摸这种分界和铆合点。譬如，在他的社会问题论战文章《那么我们该怎么办》里，第一部分根据自己的见闻如此卓越地描述了莫斯科的那些简单破败的住房，几乎使人气闷得透不过气来。作为对人间对象的社会批判，从来没有，或者说那时几乎没有比他对那些破屋和丧失希望者的描述更加出色的了。但在第二部分里，空想主义者托尔斯泰从确诊转向治疗，并想以教训的口吻讲那些就事论事的改良建议，每个概念立刻就变得含混不清了，所有的轮廓都被抹去，所有的想法都被说得一钱不值。托尔斯泰越大胆地向前冲，这种混乱便随着一个个问题的出现而增长。天晓得他要冲出去多远！他没有受过任何哲学方面的教育，却以一种惊人的无畏精神在他有关宗教的论文中论述一切以星链悬在可望而不可即的所在的、永远地解决不了的问题，使这些问题像明胶那样"溶解"成液态。正如这位性急的人在他的精神危机时期想要快得像披上一件毛皮大衣一样，给自己披上一种"信仰"，一夜之间就变成基督徒和恭顺的人，现在他在这些有关世界教育的论文中也想要"翻掌之间生长一片森林"。他本人在一八七八年还绝望地大喊过"我们全部的尘世生活都毫无意义"，但三年以后他的万能神学却能解决我们的一切世界之谜了。诚然，在这些仓促建立的结构方面的各种矛盾必定会干扰思想敏锐的思想家，因此，托尔斯泰便坚持不懈地塞起耳朵进行宣讲，突破一切前后矛盾之处，并且认为一切问题都得到了彻底的解决，仓促得令人生疑。他觉得他的信仰总该不断地得到证明，这是一种多么没有把握的信仰啊！一旦缺乏论据，就立刻拿《圣经》的话作为最后的绝对不可辩驳的结论，这是多么缺乏逻辑和严密性的思想啊！不，不，不——人们不可能断然确定托尔斯泰的这些教训人的宗教论文（尽管其中也有一些确实很精彩的细节）——比较鲁莽地说——属于世界文学中最令人不快的泽诺特派小册子之列，它们是一种仓促混乱、高傲固执甚至不诚实的思想的令人恼怒的实例——在这位追求真实的托尔斯泰身上给人这样的印象，真是令人震惊。

事实上，托尔斯泰这位绝对真正的艺术家，这位高尚的典范的伦理学家，这个伟大的甚至神圣的人，作为一个理论性的思想家演了一出不诚实的坏戏。为了把整个精神无限的世界装到他的哲学的麻袋里，他开始表演出一场拙劣的杂耍演员的把戏，就是说，首先把一切问题简单化，直至这些问题像纸牌一样薄而便利。他先极简单地确定这个是人，接着便确定那个是善、恶、罪、性欲、博爱、信仰。然后他很快活地把这些纸牌混杂在一起，抽出"爱"当王牌，你瞧，他赢了。在尘世的短暂的时间里，这场全世界的赌赛，这场无限的不可解决的、世世代代千百万人所寻求的赌赛，在雅斯纳雅·波良纳的这张写字台上解决了。而这位老人也感到惊异了，他的眼睛射出天真无邪的光，他那干瘪的嘴唇绽出愉快的微笑，他赞叹不已，"原来一切是多么简单啊！"实在是不可思议，现今已在千百个地方千百具棺材里躺了上千年的一切哲学家，一切思想家，如此绞尽脑汁多方面而又痛苦地探索，却没发觉"全部真理"早已像阳光那样明亮地赫然写在福音书里，当然先决条件是：人们要像列夫·尼古拉耶维奇一样，在主的一八七八年，"自十八世纪以来第一次正确理解"，并最终使神圣的福音书扬弃这类"粉饰之词"。（说实话，他竟一字一句地说出这样的亵渎神明的话！）现在，一切人的辛劳和困扰都结束了，现在人们必须认识到，生活是何等无与伦比的简单：有什么来干扰，就断然把它扔到桌子底下去，干脆废除国家、宗教、艺术、文化、财产和婚姻，这样一来，恶与罪就永远解决了。如果每一个人都亲手犁田，烤面包，缝靴子，那就不会再有国家和宗教了，世上就只有神的纯洁的天国了。于是，"神便是爱，爱便是生活的目的"。也就是抛弃一切图书，不再思想，不再创造产品，只要"爱"就够了，而且"只要人们想要什么"，一切明天都能实现。

如果有一个人复述托尔斯泰世俗神学的这些赤裸裸的内容，他看上去似乎是过甚其词。不过，遗憾的是，他自己在改变信仰的热情中就是这样令人不快地夸大其词。他生活的基本思想，这种无暴力的神圣信条，是多么美好，多么明确，多么不可抗辩啊！托尔斯泰要求我们大家宽容，要求我们具有一种精神上的恭顺。他提醒我们要避开社会各阶层日益增长的不平等所引起的不可避免的矛盾，要我们自愿地从上面开始革命，抢在自下进行革命的前面，要通过及时的原始基督徒的让步精神消除暴力。富人应该放弃他的财产，知识分子应该丢掉他的傲气，艺术家要走出他们的象牙塔，通过理解来接近人民，我们应该克制我们的激情，克制我们的"动物本性"，摒弃贪欲的获取，在我们的内心中发展给予这一神圣的能力。这是崇高的要求，诚然，这正是世上一切福音派提出的古老的永恒的要求，是为了人类的提高永远需要重新提出的要求。但托尔斯泰过分性急，他不像那些笃信宗教的人那样满足于把这些要求设定为个人的最高的道德标准。这个高傲的性急的人愤怒地要求自己和大家立刻都变得温顺谦卑。他要求我们立刻按照他的教义的指令放弃、献出、牺牲一切，从而使我们在感情上联系在一起。他，一个六十岁的人，要求青年人节欲（而他自己作为男人从未进行过节欲），要求脑力劳动者对艺术和理性的东西表示冷漠甚至鄙视（而这却是他为之献出一生的事业）。为了十分迅速地、如闪电般快地证实我们的文化正在像毫无价值的东西一样消失，他抡起拳头愤怒地摧毁了我们整个的精神世界。仅仅是为了使我们觉得彻底的禁欲主义更诱人，他鄙弃我们当代的全部文化，我们的艺术家，我们的作家，我们的技术和科学。他采取最粗暴的方式夸大其词，散布弥天大谎，确切地说，他总是首先咒骂和贬低自己，以便无拘束地攻击所有的其他人。这样一来，他便以最粗野的强词夺理的方式败坏了最高尚的伦理学的意图，简直没见过比这更无节制的夸张，比这更粗野的欺骗。或者说，有谁真的相信，这个天天有私人保健医生听诊和陪护的列夫·托尔斯泰确实把医学和医生看成"不必要的东西"，把阅读视为"罪过"，把整洁看成"多余的奢侈"？托尔斯泰的作品能摆满一书架，他真的像一个"无用的寄生虫"、一个"蚜虫"一样度过他一生的吗？他真的像他自己如下描述的这样以诙谐夸张的方式度过他一生的吗？"我吃饭，我闲谈，我听别人说，我又吃饭，我写作，我读书，这就是说，我自己讲，我又听别人说。然后我再吃，我玩，我又吃，我又说，然后我再吃，我上床睡觉。"《战争与和平》和《安娜·卡列尼娜》果真就是这样产生的吗？一个人刚一弹起肖邦的奏鸣曲，他就不住地流泪，难道音乐对他，就像对目光短浅的贵格会教徒一样，真的只不过是魔鬼的风笛吗？他真的认为贝多芬是一个"肉欲的引诱者"，莎士比亚的戏剧是"纯粹的胡闹"，尼采的著作是"拙劣的花里胡哨的闲扯"？或者说真的认为普希金的作品"好处是可以让老百姓拿来当卷烟纸"吗？他比任何人都为艺术做出了更辉煌的贡献，他就当真认为艺术只是"闲人的一种享受"，他真的认为裁缝格里沙和鞋匠彼得的评判与屠格涅夫和陀思妥耶夫斯基的评价相比具有更高的美好价值吗？他本人年轻时就是一个不知疲倦的寻花问柳的人，结婚后跟他妻子生了十三个孩子，他现在当真相信，受了他的教条的影响，每个青年都会突然变成禁欲主义者，把自己阉割了吗？我们看到，他，托尔斯泰像一个狂人似的夸海口，昧着良心夸夸其谈，为的是让我们觉察不到他是以说大话的方式来掩盖他的"证据"不足。不过有时好像有一种预感：这种喧嚣的无稽之谈恰恰是由于他的过分夸张，而使他本人悟到了他的思想批判基础的薄弱。"对人们接受或认真地讨论我的论证，我不抱希望。"有一次他这样写道，而且说得实在太对了，因为人们在世时不会与这个所谓的宽容者进行讨论的。——"谁也不能说服列夫·托尔斯泰。"他的妻子叹着气说。"他的自尊从来都不容许他承认错误。"他最好的女友这样写道。——人们认真地为贝多芬和莎士比亚辩护而反对托尔斯泰，是毫无意义的：凡是爱戴托尔斯泰的人，最好是在这位老人明显暴露自己逻辑弱点时转过脸去。一个态度严肃的人一秒钟也不曾想过，真的按照托尔斯泰的这种神学的教条，像拧开煤气阀一样突然扭转两千年来提高生活文明水准意义的斗争，把我们的最神圣的文化财富抛到垃圾堆里去。因为我们的欧洲刚刚产生了思想家尼采。只有精神的欢乐才能使我们欧洲这苦难的大地变得十分舒适，天晓得，这样一个欧罗巴是没有兴致突然按照一种道德指令使自己迅速变成农民，变得单纯憨厚，实现蒙古化，顺从地爬进蒙古包，发誓把过去美好的精神文化当作"罪恶的"错误抛开。过去和将来人们永远都心怀崇高的敬意，不把典范的伦理学家、勇敢的良心卫士托尔斯泰跟他的毫无希望的尝试混为一谈——这种尝试就是把神经病危象变成世界的表现，把一种更年期恐惧变成国民经济学现象。我们要求永远把来自这位艺术家英雄般生活的道德方面的冲动，同这位逃到理论中的老人那种愤怒农民的文明驱魔术区分开来。托尔斯泰的严肃认真和客观公正以无可比拟的方式使我们这一代人的良知得到了深化。但他的精神沮丧的理论却是对生活欢乐的戕害，是要我们的文化退回不可能重建的原始基督的一种僧侣禁欲主义的愿望，这简直就是一个不再是基督徒因而是超基督教的人臆想出来的。不，我们不相信，清心寡欲可以决定整个一生，不相信我们应该从血管里放出我们的纯属尘世激情的鲜血，只让义务和《圣经》箴言压在我们的心上。我们不信任对产生振奋人心的欢乐的力量一无所知的占卜者，他只会故意使我们自由的感官娱乐和最崇高最愉快的艺术变得贫乏和暗淡无光。我们不愿意交出任何精神和技术的成果，不愿意再交出我们西方国家遗产中的任何东西，什么也不愿意交出：不愿意交出我们的书，我们的画，我们的城市，我们的科学，不愿为某种哲学论断，更不愿意为使我们倒退到草原和精神迟钝中的落后的消沉的哲学，交出一星半点我们感性的、看得见的现实的东西。我们不为天国幸福用我们今天生活纷繁的丰富多彩来换取某种狭隘的纯朴：我们宁愿"有罪"也不愿愚蠢和对《圣经》百依百顺。因此，欧洲便干脆把托尔斯泰的这一套社会学理论放进了文献柜里。虽然对他典范的伦理学意志十分尊敬，但不仅今天而且永远抛弃了他的那一套东西。因为倒退的东西和反动的东西，即使具有最高的宗教的形式，即使包含一种十分美好的精神，也绝不可能是创造性的，凡是来自迷乱的个人灵魂的东西，永远也解决不了世界灵魂的难题。因此要最后再说一遍：托尔斯泰是我们时代的最强有力批判的翻耕者，但他并没有用一个种子变成我们欧洲未来的播种者，而在这里，他却是完全的俄罗斯人，他的种族和他这一代人中的天才。

诚然，用神圣的不安和无情的追求受苦彻底挖掘和暴露一切道德的深义，这是上一个世纪俄罗斯人的思想和使命。因此，对俄罗斯的天才艺术家集体的精神成就我们总是无限地崇敬。如果我们对某些东西的感觉更深刻，如果我们对许多东西的认识更果断，如果我们能用比以前更冷峻、更悲苦、更无怜悯心的目光注视时代的问题和人的永恒的问题，那么，我们就应该为此感谢俄罗斯和俄罗斯文学，也感谢他为超越旧的真实走向新的真实而心怀的一切创造性的焦虑不安。所有俄国人的思想都是精神的发酵，是不断膨胀的将要爆炸的力量，但不是像斯宾诺莎、蒙田和几位德国哲人那样是精神的阐释；俄国人的思想对世人内心的扩大有很大的帮助。没有一个新时代的艺术家像托尔斯泰和陀思妥耶夫斯基这样深地挖掘我们的灵魂。但他们二人都不曾帮助我们建立一种新的制度。只要我们试图把他们自己的混乱思想，内心深不可测的混乱思想，当作世界思想发泄出来，我们就摆脱他们的答案。因为托尔斯泰和陀思妥耶夫斯基二人为了逃离个人对已被发现的不可逾越的虚无主义的惊恐，逃离一种原始的恐惧而进入一种宗教的反动。为了不跌进自己内心的深渊，二人像奴隶似的紧紧地抓住基督徒的十字架，在一段时间内使俄罗斯世界布满乌云。这时尼采的涤荡一切的闪电击破了整个旧的胆怯的天空，像放一把神圣的锤子一样把对自己力量和自由的信仰放在欧洲人的手里。

这是奇妙的活剧：托尔斯泰和陀思妥耶夫斯基这两位俄罗斯祖国最强有力的人，他们俩被世界末日的恐惧所震慑，突然从他们的作品中惊醒过来，二人高举着同一个俄罗斯的十字架，二人都充当一个正在沉沦的世界的拯救者和解救者，呼唤着基督，各人呼唤着各人的基督。像两个发狂的中世纪的僧侣，他们每个人站在各自的讲坛上，在生活中和精神上相互怀着敌意。——陀思妥耶夫斯基，是死硬的反动分子和专制制度的辩护士，他鼓吹战争和恐怖，疯狂地陶醉在超常增长的势力中，他是沙皇的奴仆，然而正是沙皇把他投进了监狱。他是一个帝国主义的、想要征服世界的救世主的崇拜者。托尔斯泰与他相反，托尔斯泰以同样的狂热讥笑前者所赞扬的东西，像前者令人惊异的卑躬屈膝一样，是令人惊异的无政府主义者，他公开谴责沙皇是杀人犯，教会和国家是窃贼，他诅咒战争，但同样也在嘴上挂着基督，手里捧着福音书——不过，二人都是出于一种受震惊的灵魂神秘莫测的恐怖，像反动分子那样把世界拉向倒退，使它处于恭顺和麻木的状态。这两位人物的心中必定存在着某种无知的预感，于是他们就大声疾呼地把他们关于世界末日的恐惧撒向他们的民族，这是一种关于世界毁灭和最后审判的预感，一种预见到他们脚下的俄罗斯大地正孕育着巨大震荡的先知先觉——因为，如果不是这样的震荡，有什么会造成贫穷和作家的使命，使他像先知似的预感到时代中闪光的东西和云团里的惊雷，使他由于转生的阵痛而极度紧张、十分痛苦？二人都是忏悔的召唤者，都是愤怒的过分相信爱的预言家。他们都在悲惨的光照下站在世界毁灭的大门口，试图再一次击退这已飞在空中的怪物，我们这个世纪再也看不见的《旧约》中的巨大形体。

不过，他们只能预见在变化中的东西，却不能倒转世界的进程。陀思妥耶夫斯基讥笑革命，但紧挨着他的送葬行列之后，爆炸了一颗想把沙皇炸成碎片的炸弹。托尔斯泰谴责战争，要求尘世间的爱，但埋葬他棺木的土地还没长出四次青草，最可怕的兄弟残杀便污损了这个世界。他的人物形象，他的艺术的那些自我诋毁者，将超越时代生存下去，但他的教义却被第一阵呵气和轻风吹得烟消云散了。他没有经历过他的天国的崩溃，但他一定已经预感到了，因为在他生命的最后一年，他安静地跟他的朋友们坐在一起时，仆人拿来一封信给他，他展开信读道：

"不，列夫·尼古拉耶维奇，我不能赞同你的这种观点：人与人的关系仅只通过爱就能改善。只有受过良好教育的永远饱食的人才能说出这种话。面对那些挨饿受冻、一生都在专制暴君的桎梏下做牛做马的人，您想提出什么呢？他们将进行斗争，将努力摆脱奴隶制度。在您临死之前我要对您说，列夫·尼古拉耶维奇，世界将在血泊里窒息，人们将不止一次地不分血统地把老爷们和他们的子女打死，撕成碎块，让地上的人再也看不见他们做恶。我感到遗憾的是，您不会经历这个时代了，您本人不会亲眼看见您的错误了。我希望您平静地死去。"

没有人知道这封远方闪电般的信是谁写的。是托洛茨基，是列宁，还是那些腐烂在要塞里的无名的革命者之一，我们永远也不会知道。也许在这个时刻托尔斯泰已经明白了，他的教义已成为反现实的清烟和废物，人们中这种混乱而疯狂的热情在任何时候都比友爱和善更强而有力。根据在场者的叙述，他的面孔此刻变得很严肃。他拿起信，若有所思地走向他的房间，一种冷静的预感在他老迈的脑海里盘旋。

为教义的实现而斗争

写十卷哲学著作比在实践中贯彻一条原则还容易。

日记，一八四七年

在列夫·托尔斯泰那些年天天翻阅的福音书里，他会不无震惊地读到这句有预见性的话：种风者收获风暴。因为这种命运现在正充满着他自己的生活。一个举世无双的人，至少一个强有力的人，从来也不会在不赎罪的情况下把他精神的不安抛到世界上去：这种骚动不安是以反撞击的方式千百次地撞击着他的胸膛啊。今天，在讨论早已冷下来的时候，我们根本不会再去评断，托尔斯泰的福音第一次喊出时在俄罗斯乃至全世界点燃起多么狂热的期望：一种精神的骚动必定会强有力地唤醒全体人民的良知，政府害怕这种颠覆性的影响，赶紧禁止托尔斯泰的这些论战性的文论，也是白费气力，这些文论用打字机打好复印出来，悄悄地从一个人的手里传到另一个人的手里，它们在国外出版再被偷运进来了；托尔斯泰越勇敢地攻击传统制度的要素——国家、沙皇和教会，越热情地要求人类的一种更美好的世界秩序，人类对每个救世福音敞开的心便越像潮水般地转向他。尽管有铁路、收音机和电报机，尽管有显微镜和一切技术的魔力，我们的道德世界却仍然像基督、穆罕默德或佛陀的那些年月里一样保持着同样的救世主对更高道德境界的期望。在永远希求奇迹的大众的灵魂里总活跃着一种对引路人和导师的不断更新的渴望。因此，当一个人，一个单一的人，向人类提出一种许诺时，他就总要触动这种渴求信仰的神经。一种积聚起来的无限的牺牲精神则促使每个有勇气的人挺身而出，大胆地说出最有责任心的话：我懂得真理。

因此，托尔斯泰刚刚宣布他的使徒般的福音，在整个俄罗斯就有千万双灵魂的目光转向他。《忏悔录》对我们早已不仅只是一份心理学的文献，它却像圣母领报节一样使虔诚的青年一代陶醉。他们这样欢呼说：终于有一个强有力的人，一个自由的人，又是俄国最伟大的作家，把至今只有被剥夺遗产者的抱怨的话，把半农奴私下小声说出的话，当作要求说出来了：世界当今的制度是不公正的，不道德的，因而也是不能长久的，必须找到一种更新的更好的形式。一切不满现状的人都感到有一种意想不到的推动，不过讲话的不是一个职业的、玩弄进步词藻的人，而是一个独立的不可收买的英才，他的权威的真诚是没有一个人敢怀疑的。大家听说，这个人想以其个人的生活，以其有目共睹的生活的每个行动作为榜样走在前面。作为伯爵他要放弃他的特权，作为富人他要放弃他的财产，作为财主和大人物他要第一个参加劳苦大众的无差异的劳动团体。来自这位放弃遗产者的新救世主的福音一直传到那些未受教育者、农民和粗通文字者那里。第一批青年人已经聚集起来，托尔斯泰分子教派开始一字一句地虔诚地实现其导师的格言，在他们身后则有众多的被压迫者正在觉醒和等待。于是，千百万颗心，千百万双目光，对着托尔斯泰这位宣教者燃烧，贪婪地注视着他的具有世界意义的生活的每一个行为，每一件事。"此人业已学成，他将教导我们。"

奇怪的是，托尔斯泰好像压根儿就没有觉察到他承担起了多么重的责任。不言而喻，他的目光十分敏锐，他会感觉到他作为宣告者不会只把这种生活指南停留在纸上的冷冷的字母里，而一定会当作范例在自己的生活中化为现实。但是——这是他开始时的错误——他以为，他只要通过他的生活状况象征地指出实现他的新的社会，伦理要求的可能性，时而给一点原则准备的指点，就足够了。于是，他穿上农民的衣服，使人看不出老爷和奴隶的表面区别。他在田地里挥动镰刀、扶犁劳作，同时让列宾给他画了一张画，使每个人都能够清清楚楚地看到他的情况：他正在田间劳动。"我觉得为了面包干真正的粗活并不有失体面，谁也不要为此感到没脸见人。你们瞧，我本人，列夫·托尔斯泰，正如你们大家所知道的，我没有必要这样做，我的精神成就完全可以宽恕我，我是愉快地干这种粗活的。"为了不让财产的"罪"再玷污他的灵魂，他把他的家业，他的全部财产（当时已超过五十万卢布）转给了他的妻子和家庭成员，而且拒绝继续从他的作品收取金钱或贵重物品。

他开始施舍，他把时间花在接待有求于他的低贱的陌生人身上，并且与他们通信。他以乐善好施的博爱精神对待尘世间的每一种谬误和不公正。但不久他还是认识到了，人们对他的要求是更多的，因为广大粗鲁的信徒，就是他以全部心灵寻找的那种"人民"，并不满足于那些臆想中的谦卑的精神象征，他们对列夫·托尔斯泰的要求要多得多：要完全的放弃，要彻底献身于他的苦难和不幸。永远都是殉教者的行为造就真正的信徒和信念坚定的人。因此，在任何宗教刚刚创立时，总有一个人要做出彻底的自我牺牲，从来都不是单纯的暗示和表态。托尔斯泰为了增强实现他的教义的可能性迄今为止所做的一切，都只是单纯地做做贬抑的样子，即表现出一种宗教的谦卑的象征性行为，与天主教迫使教皇和笃信宗教的皇帝所做的事没有什么两样，那就是他们总是每年一次在复活节前的星期四为十二位老人洗脚，以此表明并在人们面前指出，即使最低贱的行为也不能降低世上最崇高者的身份。正如教皇或奥地利和西班牙的皇帝通过一年一度的忏悔之举并没有放弃自己的权力，变成真正的洗脚奴隶，这位伟大的作家兼贵族老爷同样不能因为拿一小时的锥子和鞋楦就变成鞋匠，不能因为种两小时的地就变成农民，不能因为把财产转让给家里的人就变成真正的乞丐。托尔斯泰首先只是显示他的教义实现的可能性，但他并没有实行他的教义，然而人民期望于列夫·托尔斯泰的不是这么一点点，他们（出于一种深刻的直觉）并不满足于象征，他们只确信完全的牺牲。因为他的第一批追随者解释他们导师的教义比导师本人更加严谨，更加准确。因此，当他们朝拜这位自愿受穷的先知时，注意到，亚斯纳亚波利亚纳的农民正如其他贵族庄园里一样，仍然处在水深火热中备受煎熬，而他，列夫·托尔斯泰，跟以前一样在老爷的家里以伯爵的主人身份接见客人，一切说明他依然属于那些以各种手段掠夺人民必需品的人的等级，他们的心里便产生了深刻的失望。那种公开宣布的财产转托在他们看来并不是事实上的放弃财产，他不再拥有财产也不意味他已贫穷，他们看到这位作家继续享受着他迄今为止一直享有的安逸，甚至他耕田和做鞋的时刻也不能使他们信服。"说的是一套，做的是另一套，这是一个什么样的人啊？"一位年老的农民愤慨地抱怨说。而大学生和真正的共产主义者对这种教义与行为之间的模棱两可的摇摆不定批评得更加严厉。渐渐地，对他的不彻底态度的失望也攫住了他的理论的那些最坚定的追随者：书信和往往很粗鲁的攻击越来越强烈地警告他，要么更正他的讲话，要么切切实实地、不只是通过象征性的一时例证实践他的教义。

托尔斯泰听到这种呼声大感震惊，他终于认识到，他激起了多么巨大的要求，而能使他的福音具有生命力的，不是格言，而是事实，不是有鼓动性的例证，而是生活方式的彻底改造。谁作为讲演者和许诺者站在公众讲坛上，站在十九世纪最崇高的讲坛上，被刺目的探照灯照亮，受千百双目光的监视，他就必须有效地放弃一切可妥协的个人生活，他就不应该只是偶尔通过象征来说明他的信念，而需要以真正的牺牲行为作他信念的有效的见证："为了让人们听信你，你就必须通过受苦，最好通过死，来证明真理。"

为了自己的生存，托尔斯泰正面对一种他这位圣徒式空谈家从未料到的责任。托尔斯泰惶恐、战栗，不相信自己的力量，直至内心深处都惊魂不定。他背起他自己教义压在身上的十字架，就是说从此刻起他要用他生活中的每个行动彻底地说明他的道德要求，在一个嘲弄和议论成风的世界里成为他的宗教信念的一个圣洁的人。

一位圣徒，说出这个词，真是无视一切可笑已极的嘲讽。因为在我们这个清醒的时代，圣徒肯定无疑是荒谬的，不可能出现的，这是已消失的中世纪的时代错误。但每一种心理类型的象征和狂热崇拜的转换都是受暂时性制约的；每一种类型本身都一再合乎逻辑地被迫返回那种我们称之为历史的难以预测的相似类型的表演里去。人们在每个时代都必须尝试一种神圣的生存，因为人类的宗教感不断需要和创造最高的精神形式；只不过这种形式的实现必须在时代的转换期从表现上加以改变罢了。我们关于根据精神的热情使生存完全神圣化的概念，与黄金传奇的木雕人物形象和沙漠教士们的柱雕呆相没有任何关系，因为我们早已使圣徒的形象脱离了神学的宗教会议和选举教皇的主教会的判词。"神圣的"，对我们来说，今天只在于把生活完全献给一种经过考验的思想。在我们看来，神智上的狂喜，西尔斯·马利亚的那个上帝谋杀者的避世孤独，或阿姆斯特丹的那个钻石打磨者令人震惊的知足，比一个狂热的手持荆棒的自鞭教徒的狂喜一点也不差。甚至远离开一切奇迹，在打字机旁和电灯光下，在我们纵横交错、灯光闪烁、人流涌动的城市里，作为良知殉难者的精神圣徒今天也可能会有；只是我们不再需要把这种神奇和罕见的东西视为神界永无错误和人间无可指摘的东西，相反，我们热爱这些杰出的尝试者，这些恰好在其精神危机和斗争中危险的被引诱者，但最爱的不是他们不犯错误，而恰恰是他们犯错误。因为我们这一代人不会再把圣徒尊为超尘世彼岸的使者，恰恰把他们当作人们当中最具俗世特点的人。

因此，在托尔斯泰为他生活的示范形式所做的惊人的尝试中，最能打动我们心的恰恰是他的摇摆不定。他在最后的实践中因为囿于人情而陷于失败，在我们看来，要比在我们心中曾显现出的神圣姿态更令人震惊。悲剧就在这里开始了！这时，托尔斯泰肩负起了这样的英雄使命：脱离世间传统的生活方式，只实现他的良知的无时间性的生活方式。于是，他的生活便必不可免地变成一出悲剧，一出比弗里德里希·尼采的激愤和沉沦以来我们所看到的任何悲剧都更伟大的悲剧。在没有撕碎神经网络千丝万缕联系的情况下，在没有使自己和自己的亲人受到最痛苦的伤害的情况下，采取暴力摆脱家庭、贵族界、私有制和当代法律的一切内部固有的联系，是绝对不可能的。但托尔斯泰从不害怕痛苦，相反，他作为一个真正的俄国人和过激主义者甚至偏偏渴望以真正的痛苦来明确地证明他的真意。他早已厌倦了他生活的安逸；平平淡淡的家庭幸福，他的作品给他带来的荣誉，他的同胞对他的尊敬使他感到厌恶。这位富有创造精神的人内心里不自觉地渴望更紧张更丰富多彩的命运，渴望与人类原始力量更深刻的结合，渴望贫穷、灾厄和他发生精神危机以来第一次认识到的具有创造性意义的苦难。为了像圣徒那样证明他的谦卑教义的纯洁性，他愿意过最卑贱的人们的生活，没有房子，没有金钱，没有家庭，不干净，长虱子，受鄙视，遭国迫害，被教会驱逐。他要劳乏自己的筋骨、肌肉和头脑，要知道他在自己的作品里曾把这一切描写成一个真正的人最重要、惟一孕育灵魂的生活方式：没有祖国的人，没有财产的人，命运之风总像横扫秋日落叶一样追逐这种人。托尔斯泰要求——历史这位伟大的艺术家又在这里立了一个很了不起的带讥讽意味的反命题——命运完全出自内心的意愿，而他的对立面陀思妥耶夫斯基的命运则是完全违背自己的意志的。因为陀思妥耶夫斯基经历了一切有目共睹的苦难、命运的残忍和仇恨，而托尔斯泰强烈地希望经历这种命运则是出于教育原理，出于殉难者的渴求。真正的、使人痛苦的、灼炽人心的、吸干欢乐的贫穷，像一件浸透涅索斯①毒血的衬衣紧紧地贴在陀思妥耶夫斯基的身上。陀思妥耶夫斯基像一个没有祖国的人走遍世界各国，始终疾病缠身，被沙皇的士兵绑在死刑柱上，又被投进西伯利亚的监狱，托尔斯泰为了展示自己的教义而充当殉道者所希望经历的一切，都过多地分摊在陀思妥耶夫斯基身上了，可以说没有一点一滴迫害和贫穷落在这位渴望外表看得见的苦难的托尔斯泰身上。

托尔斯泰对他的受苦的意愿什么时候都没有给予世人以可信的证明和见证。到处都有一种嘲弄和讥讽的遭遇阻挡他走上殉道精神的道路。他希望贫穷，希望把自己的财产分赠给世人，不再抽取他的著作和作品的版税。但他的家庭不准许他成为穷人；完全违反他的意志，巨大的财富在他家里人的手里不断地增加。他希望一人独处，但是荣誉使他的家充满记者和好奇的人。他希望受人鄙视，但

---

① 古希腊神话中的马人。他曾背赫拉克勒斯及其妻得伊阿尼拉过河。当他背着得伊阿尼拉过河时，企图把她占为己有。赫拉克勒斯用毒箭把他射死。临死前，他嘱咐得伊阿尼拉把他的血搜集起来，浸在衣服上，让赫拉克勒斯恢复对她的爱情。然而后来她的丈夫因穿上浸透涅索斯毒血的衣服不幸身亡。

他越咒骂和侮辱自己，越恶狠狠地贬低他自己的作品，怀疑他的正直，人们却越敬畏地追随他。他希望过农民的生活，住低矮的烟熏火燎的茅屋，隐姓埋名，不受干扰，或作为一个朝圣进香者和乞丐在街道上游荡，但他的家庭却百般地照顾他，把他公开非难的一切技术方面的舒适设备搬到他的房间里，使他感到痛苦不堪。他希望受迫害，被关押，遭鞭打——"优哉游哉地生活，我觉得很苦闷"——但政府当局却缩起利爪避开他，满足于仅仅鞭打他的追随者，把他们流放到西伯利亚去。于是他便走向极端，最后竟骂起沙皇来，以使自己最终被惩罚，被流放，被判刑，总有一天因他的信念的叛逆性而受到惩罚。但尼古拉二世却对那位进行控诉的大臣说："我请求不要去碰列夫·托尔斯泰，我无意使他成为殉道者。"托尔斯泰在晚年确实想成为他的信念的殉道者，命运却不准他成为这样的殉道者，甚至给予这个自愿受苦者一种狡黠的关怀，使他吃不到一点苦。像一个狂人在他的橡皮小房间发疯一样，托尔斯泰也在一座看不见的荣誉的监狱里晃来晃去。他瞧不起自己的名字，他憎恶国家、教会和一切权力机构，但人们却手里拿着帽子毕恭毕敬地专心倾听他说话，把他当作一个门第高贵的没有危险性的疯子来照料。他从来没有成功地做出显而易见的事迹，没有做出彻底的证明，也没有做出世人瞩目的殉道者行为。是魔鬼把荣誉放到了甘心被钉死在十字架上的意愿和这一意愿的实现之间。这荣誉便为他挡住命运的各种打击，不让灾难接近他。

为什么——他的一切追随者都会心怀猜疑这样急不可待地问，他的反对者都会以嘲讽的态度提出这样的问题，为什么列夫·托尔斯泰不毅然决然地解决这个恼人的矛盾？为什么他不把记者和摄影家全部赶出家门？为什么他容忍他的家庭成员卖掉他的作品。他周围的人蔑视他的要求，坚定不移地把富有和舒适当作最高的财富，他为什么不坚持自己的意志，而要向他周围的人让步，为什么他最终不明白无误地按照他的良心的要求行动呢？托尔斯泰本人从未回答过人们提出的这种可怕的问题，而且从不原谅自己。相反，在那些用肮脏的手指出意愿和实效之间明显矛盾的游手好闲的空谈家中，没有一个人对他行动的不彻底性的谴责，确切地说是对他不行动的谴责，比他自己的谴责更严厉。一九〇八年，他在日记中写道："每逢我听到人们把我说成一个陌生人，说有这么一个人，他过着奢侈的生活，他尽其所能掠夺农民的一切，让人拘捕他们，同时又承认和鼓吹基督徒精神，把一些五戈比的硬币施舍给他们，而在干这一切平庸的事情时他都躲在他的爱妻的背后——这时我就不假思索地把这样一个人称为无赖！不过这种话必然也会有人对我讲，以便我脱离尘世的虚荣，只为灵魂活着。"不，没有一个人需要列夫·托尔斯泰来解释他的道德上的双重性，他天天都在这种多义性方面撕扯自己的灵魂。当他在日记中碰到这个触及良心的问题，碰到"说说看，列夫·托尔斯泰，你是在按照你的教义的准则生活吗？"这种烧得通红的钢铁时，他就会怀着满腔愤怒的绝望回答道："我羞愧得无地自容，我是有罪的，我理应受人鄙视。"他已经完全满意地知道，按照他追求贫困的信条，从逻辑和伦理上看，他只能接受这样一种生活方式：离开他的家，放弃他的贵族头衔和他的艺术，作为一个朝圣进香者漫游在俄罗斯的条条大道上。然而这位忏悔者却从来没能打起精神来做出这种最必要的惟一能令人信服的最后决定。但在我看来，他的最后懦弱的这个秘密，他的这种不能把原则付诸实践的过激主义，我认为正是托尔斯泰最后的美。因为完美无缺只有在超然于人性的地方才有可能存在；每个圣徒，即使是温顺的使徒，都必须变得冷酷无情。他必须向他的门徒提出这样的超人的、不人道的要求：为了虔诚的生活他们应该冷漠地抛弃父母和妻儿。一种始终一贯的完美无缺的生活永远只能在一个得到解脱的个人的真空领域里实现，从来都不是在与社会有着千丝万缕联系的情况下。因此，在任何时候，圣徒的道路都是通向适合作为他的家园的荒漠。托尔斯泰也是这样，只要他想积极地实现他的教义的最好的结果，他就必须像摆脱教会和国家一样脱离他家庭的那个更狭小、更温暖、更有吸附力的圈子：这位太富人情味的圣徒三十年里一直缺乏力量做出这种残酷无情和无所顾忌的暴力行动。他逃走了两次，又两次都回来了。因为想到他的精神错乱的妻子可能自杀，他便在最后一刻失去了意志力——这正是他精神上的过失和他人性的美！——他不能为了他的抽象的思想而牺牲任何一个人。与其跟子女失和，并把妻子赶到自杀的地步，他宁愿自己唉声叹气地忍受这个仅仅是身在一处的令人窒息的家。在那些关键的问题上，诸如遗嘱问题和出售藏书的问题，他都绝望地向家庭做了让步，宁肯自己受苦也不让别人受苦。他痛苦地决定，他宁愿做一个脆弱的人，也不做心如铁石的圣徒。

于是，他便在公众面前做出种种冷漠和半战半退的姿态。他知道，现在每个男孩子都可以嘲笑他，每个正直的人都可以怀疑他，他的每个信徒都可以评判人，不过这一点，恰恰是这一点使托尔斯泰在这些黑暗的年代里养成了一种独特的忍耐方式：他没有宽恕自己，他紧闭双唇忍受着这种双重性的指责。"就让我在人们面前的态度是错误的吧，也许恰恰需要这样？"一八九八年，他在日记里令人震惊地写道，并且开始慢慢地认识到对他的考验的特殊意义，就是说，这种没有成就的殉道者行为，这种没有抵御和宽恕的不公正的苦难，与他多年来渴望命运赋予的市场上的另一种戏剧性的殉道行为相比，对他来说早就变成了更愤怒和更重要的殉道行为。"我常常希望受苦和忍受迫害，但这却总因为我懒惰，想让别人为我工作，这样一来，在我必须受苦的时候，他们将使我内心痛苦不堪。"这个人间最性急的人，这个恨不得一下子就跳进痛苦的深渊，并怀着忏悔者的高度热情让人把他烧死在他的信念的牺牲柱上的人，现在认识到了：这种无火焰的缓慢燃烧是对他更加严酷的考验。这是局外人的藐视和自己觉醒良知的永恒不安。作为一个如此清醒和不可欺骗的自我观察者，他天天都不得不重新承认，他这个俗人列夫·托尔斯泰不可能在他自己的家里和生活中实现圣徒列夫·托尔斯泰向千百万人提出的伦理道德要求，不过尽管知道自己办不到，他也从来没有停止继续宣讲这种教义，这对他是什么样的没完没了的良心折磨啊！他这个早已不相信自己的人仍然在要求别人相信和赞成他！在这里，托尔斯泰良心上的化脓的伤口形成了溃疡。他知道，他所肩负的传教使命已经变成了一个角色，变成了一出不断为世人上演的谦卑的活剧。托尔斯泰从来没有欺骗过自己，正因为他对自己的半途而废和装模作样比他最愤激的敌人知道得还要清楚，所以他的一生才变成了一出内心深处的悲剧。谁想知道，或者只想想像他这颗备受煎熬、追求真理的心灵对自我厌恶和自我摧残达到了多么痛苦的程度，谁就应该读一读人们在他的遗物中发现的那篇小说《谢尔盖神父》。正如那个虔信上帝的特蕾泽，由于对自己的幻象感到惊恐，怯生生地问她的忏悔神父，这些福音宣告是否真的是上帝而不是他的对手魔鬼送给她，以便在她心里燃起傲慢的情绪。同样，在那篇小说里托尔斯泰也问自己，他在人们面前的教义和行为是否真正来源于对神的敬仰，也就是是否真正来源于伦理道德和乐于助人，而不是来自自命不凡的魔鬼，不是来自追逐虚名和喜爱奉承。通过那个圣徒他毫不掩饰地描述了他自己在雅斯纳雅·波良纳的境况：正如信徒、好奇者和心怀敬佩的朝圣进香者走向他，有千百个忏悔者和崇拜者走向那个创造奇迹的僧侣。与托尔斯泰一样，这位与他良心完全相同的人也在追随者的嘈杂声中问自己，他这位被众人尊为圣徒的人是否在实际生活中具有神的心灵。他反躬自问："他所做的一切在多大程度上是为了上帝，在多大程度上是为了人？"托尔斯泰通过谢尔盖神父之口令人震惊地回答了自己：

"他在自己的灵魂深处感觉到，是魔鬼把他为了上帝所进行的活动变成了另一种只追求个人荣誉的特殊的活动。他感觉到这一点；因为正如过去人们不能规劝他，使他脱离孤寂，他反而觉得孤寂十分舒适，现在他却觉得这种孤寂是一种痛苦。他感觉他总被来访者所烦扰，他们弄得他疲惫不堪，但他在内心深处却因来访者而感到高兴，因他们对他的交口赞扬而感到高兴。留给他做灵魂的提高和祈祷的时间越来越少。他有时也想，他好像是一个泉源喷出的地方。一个活水细流泉从他心里流出又通过他全身；现在，当口渴的人拥过来你推我撞时，水就积存不起来了，于是他们就踏碎了一切，只留下一片污物……这时，他心里就再也没有爱了，既没有谦卑也没有纯洁。"

　　人们能想像得出，世上还有比这种要永远消灭任何崇拜的尖锐的自我批驳更可怕的谴责吗？托尔斯泰用这种自白击碎了雅斯纳雅·波良纳那位圣人编印在读本中的陈词滥调。一个脆弱而又缺少自信者的被撕碎的良心显得多么令人震惊！这个人头上并没有圣徒的光环，他已被主动担起的责任重担压垮了。世人的赞赏，他的门徒阿谀逢迎的偶像崇拜，每天的朝圣者行列，所有这一切闹闹哄哄的令人陶醉的赞同，都欺骗不了这位多疑的英才，这颗不能收买的良心，你知道，在这种由文学抚育成长的基督徒精神里隐藏着多少虚张声势的东西，在自己的谦卑表现中含有多少沽名钓誉的成分。但是关于对待自己的残酷行为他从不满足，托尔斯泰在这种象征性的尸体检查中甚至怀疑他始初意愿的真诚。他继续通过他的灵魂体现者的嘴小心翼翼地问道："不是至少还存在为上帝效力的真诚意图吗？"然而这个回答还是又一次砰地关上了所有的圣洁之门。"是的，是曾经有过真诚的意图，但一切都被玷污，都被追求荣誉的杂质覆盖了，对我这样一个为维护个人在大众面前的荣誉的人来说，是没有上帝的。"他因为过多地宣讲信仰和出演信仰的悲剧而耗尽了信仰。托尔斯泰颇有预见性地感觉和认识到，在欧洲汇聚一体的文学面前装腔作势，即用慷慨激昂的教区忏悔代替沉默不语的谦卑行为，是不可能使他的完全神化变成现实的。他的良知的弟兄谢尔盖神父，只有放弃了尘世、声誉和虚荣，才能接近他的上帝。托尔斯泰在谢尔盖神父迷途的终点让他说话时，他只说了这么一句话："我想寻找他。"

"我想寻找他"——只有这句话包含着托尔斯泰最真实的意愿——他的真正的命运是：不做找到上帝的人，只做寻找上帝的人。他过去不是圣徒，不是救世的先知，连他生活的一个完全诚实的创造者都不是。他始终是一个人，有时很出色，下一时刻又变得不真诚，很虚荣。他是一个有弱点、有不足之处、摇摆不定的人。不过他总是悲切地意识到这些缺点，怀着一种无可比拟的激情努力达到完美。他不是圣徒，但他有神圣的意向。他不是信徒，但他是一种伟大的宗教信仰力量。他不是始终镇静安详的神的肖像，他是一种人类的象征，这种人在自己前进的道路上从不休息，而是必须每天每时为更纯洁的形象而不停地斗争。

托尔斯泰生活中的一天

在家里我很悲伤，因为我不能分享我家里人的感受。使他们高兴的一切，诸如学校的考试，人世中的成就，购物等等，我都认为对他们是一种不幸的灾难，但又说不出口。当然，我可以这样说，我也这样做了，但我的话却没有一个人理解。

日记

现在，我根据他朋友的见证和他自己的话从千百天中编写出列夫·托尔斯泰一天的生活。

清晨，睡眠从老人的眼睑下慢慢地流逝，他醒了，环顾一下四周——晨光已经染红了窗户，天亮了。思想从暗影里浮现。使他惊喜的第一个感觉是：我还活着。昨天晚上，与往常夜里一样，他伸展四肢躺在床上，怀着不再起来的谦卑屈从的心理。灯光闪烁，他在日记新的一天日期前面写了三个字母：W. i. 1.，即"如果我活着"。奇怪的是，生存的恩惠又一次赐给了他，他活着，他在呼吸，他是健康的。他扩胸吸入新鲜的空气，像吸入上帝的一声问候，他以贪婪的空虚的眼睛摄入光：真奇妙，他还活着，他很健康。他无限感激地起床，这位老人，脱光衣服，冷水浴使他那保养得很好的身体透出红润。他心怀体操运动员的喜悦做上身前屈仰起的运动，直到肺部喘气，关节作响为止。然后他才穿上衬衫和便服，包住他那摩擦得发红的皮肤。他推开窗，亲自清扫房间，把劈好的木柴扔到快速爆裂飞舞的火焰里去，他便是自己的仆人，自己的奴隶。

然后，下楼走进早餐室。索菲娅·安德烈耶夫娜，女儿们，秘书，几个朋友，已经在座了。茶饮里的茶水在沸腾。秘书手里拿着一个深托盘给他送来一堆杂乱的信函、杂志和书籍，邮件上贴着四大洲的邮票。托尔斯泰不高兴地看了一眼那堆积如山的邮件。"颂扬和烦扰。"他私下里想，"总是给搅得一团糟！应该更多些一人独处，多与上帝在一起，不应该被卷进宇宙的中心。要远离所有使人受到干扰和把人搅得糊里糊涂的东西，所有使人变得爱虚荣、狂妄自大、不真实的东西。最好把这一切都铲到炉子里去，免得消耗别人的精力，免得灵魂受到高傲情绪的搅扰。"但好奇心却更为强烈，他用激动的手指沙沙响地翻阅着这些杂乱堆放的请求、诉苦、乞怜的信函，商业的提案，访问的通知和海阔天空的闲扯文字。一个婆罗门教徒从印度来信，说他错误地理解了佛陀。一个出狱的犯人讲了他的生平，而且希望向这位世界良知提出忠告，说年轻人求教于他是因为精神迷乱，乞丐求助于他是因为绝望，他们大家恭顺地拥向他，正如他们自己所说的，他们是把他当作惟一能帮助他们的人看待。他前额的皱纹显得更深了："我能帮助谁呢，"他想，"我连怎么自助都不知道呢；我一天一天地走上错误的道路，为自己寻找新的意义，以便忍受这难以理解的生活，我狂妄自大地谈论真理，借以欺骗自己。他们大家来到这里就喊：列夫·尼古拉耶维奇，请你教我们怎样生活，岂非咄咄怪事！我的所作所为，都是欺骗、吹牛和耍花招，实际上我早就筋疲力尽了，因为我已经耗尽了一切，我把自己的一切都倾洒在成千上万的人身上，在我自己心里却没有一点积存，因为我总是讲啊讲，从不保持沉默，静静地听一听我内心深处的真正的话语。我不能利用他们的信任使他们失望，我必须给他们一个回答。"有一封信他攥了很久，把它读了两遍，三遍：这是一个大学生写来的信，他在信中愤懑地中伤他，说他劝人喝水，他却喝酒。说现在是他离开他的家，把他的财产给农民，作为一个朝圣者走在通向神的道路上的时候了。"他说得很对，"托尔斯泰想，"他说到我的心里了。但是，我怎样向他解释我连对自己都解释不了的事情呢，我怎样为自己辩护呢？因为他是以我个人的名义谴责我呀！"他把这一封信带在身边，为的是立刻回复写信人。这时他站起身来走进自己的工作室。刚走到门口，秘书就随后跟来，他想起一个《泰晤士报》的记者已通知中午来进行采访：他是否愿意接待。托尔斯泰的脸阴沉下来。"老是这一类纠缠！他们究竟想从我这里得到什么，只不过是好奇地窥探我的生活。我所说的，我的文章里都有；每一个有阅读能力的人都能读懂它们。"不过，由于有某种好虚荣的弱点，他又很快地让步了。"可以吧，"他说，"但只给半个小时。"他刚刚跨过工作室的门槛，他的良知又小声抱怨说："为什么我又让步了；头发已全变白了，离死只有半步之遥，我做事还这么好虚荣，把自己交给人们去谈论。只要他们向我拥来，我就一再变得很脆弱。什么时候我才能学会隐藏自己，学会不谈自己啊！帮帮我吧，上帝，千万帮帮我呀！"

终于单独一人待在工作室里了。光秃秃的墙上挂着大镰刀、耙和斧子，在打过蜡的地板上大木块比供人坐的地方还要多，在那张粗笨的桌子前面放着一把沉重的软椅。这是一个小房间，又像僧侣的居室，又像农民的住房。昨天刚写到一半的文章还摆在桌子上，题目是《关于生活的思考》。他浏览了一下自己写的话，勾勾改改，又重新开始写。他那疾书的、像儿童笔下的很大的字迹一再地停顿。"我太轻率了，我太急躁了。如果我对上帝这个概念还没有清楚的感觉，如果我本人的认识还不明确，我的思想还日复一日地摇摆不定，我怎么能写关于上帝的文章呢？如果我谈论上帝，谈论这位无法描绘的上帝，谈论永远无法理解的生活，我怎样做才能说得明确，让每个人都理解？我在这里所做的事，超出了我的能力。我的上帝，从前我写文学作品，是多么自信啊，我向人们展示生活，那生活正像上帝展示给我们的一样，而不是我这个心乱如麻、上下求索的老人现在所希望有的真实的生活。我不是圣徒，不，我的确不是圣徒，我不应该教导人，只不过神给了我比千百个人更敏锐的眼睛和更出色的感官，好让我赞美他的世界。也许过去我只献身于今天被我骂得一钱不值的艺术的时候，比现在更真实，更善良。"

他突然中断了，不由自主地环顾了一下四周，好像有人在窥视，看他怎样从一个藏起来的箱子里取出他现在正偷偷写作的那些中篇小说（因为他已经公开把艺术讥笑和贬低为一种"多余的东西"和"罪孽"了）。那些偷偷写的藏起来的作品是：《哈泽·穆拉特》和《伪息券》。他粗略地翻了翻这些作品，读了几页，他的眼睛又变得温和了。"是的，这些东西写得很好，"他有这样的感觉，"这很好！因为我是在描述他的世界，上帝召唤我来，就是做这件事的，不是要我来泄露他的思想。艺术多么美，创作多么纯洁，而思考是多么痛苦啊！从前我写那些东西时我是多么幸福啊！我在《幸福婚姻》中描写春天的早晨时泪如泉涌，夜里索菲娅·安德烈耶夫娜走了进来，两眼热情似火，她拥抱着我；在抄写时她不得不停下来，对我表示感谢，我们整夜整个一生都很幸福。可是我现在再也不能回到从前了，不能再使人失望。我必须沿着自己走上的路继续走下去。因为人们在精神的困难中希望得到我的帮助。我不能停顿，我的日子已经不多了。"他长叹了一口气，又把那些可爱的笔录塞回箱子里藏起来。像一个被雇用的记录员，他默默地小心翼翼地继续写他的理论小册子。他额头紧蹙，下巴低垂，雪白的胡须时不时地沙沙地从纸上擦过。

终于到了中午！今天就到此为止了！放下笔，他猛地站起身来，迈着小步急速走下楼去。马夫已经备好了那匹名唤德利尔的牝马。他翻身上马，提起写作时弯着的身躯。当他直挺挺地骑在马背上像一个骑在骏马上的哥萨克一样朝着树林奔去时，他好像变得更高大，更强健，更年轻，更有生气了。雪白的胡须像波浪一样翻滚，在呼啸的风中飘摆，他兴致勃勃地大张着嘴，为了使劲把田野里的蒸汽吸进去，为了去感觉这生命，这衰老身体里的活着的生命，而那颤动不停的血液里的狂喜则温暖而甜蜜地缓缓通过了血管流到他的指尖，流进嗡嗡响的耳朵里。当他现在骑马走进这片幼林时，他突然勒马停住观看，再看看已经绽出的黏滞的幼芽怎样迎着春日的阳光闪烁，颤抖的嫩绿怎样像刺绣一样轻柔地伸向蓝天。他双腿使劲一夹，催马直奔桦树林。他以犀利的目光激动地观看：那些蚂蚁像一个微型的长链挖掘机一样，一个接着一个，时而向前时而返回，沿着树皮的伤口爬行，一些蚂蚁腆着个大肚子把装载物运走，另一些蚂蚁还在用极微小的金丝钳取树粉。这位年迈的大教长，他兴奋地停立了几分钟，他注视着这庞大事物中的微小事物，纵横的热泪一直流到他的胡须里。多么不可思议，七十多年以来，大自然的这面神镜一再变着法儿的令人感到惊奇：它既默不作声又话语连篇，永远充满异样的画面，什么时候都生机盎然，在静寂中比一切思想和问题更有见地。他胯下的马不耐烦地打着响鼻。托尔斯泰从全神贯注的沉思中醒了过来。两腿使劲夹着马的两肋，使自己在呼啸的风声中不仅能感觉到微小和细弱的东西，而且能感觉到感官的野性和激情。他骑着马疾走，奔驰，飞跑，心情愉快，思想放松，一口气跑了二十俄里，直到马的肋腹冒出闪亮的汗珠。然后他才掉转马头，让它踏着小步走在回家的路上。他的眼睛格外明亮，他的灵魂十分轻松，这位高龄老人像孩提时代走在同一个树林里的同一条七十年来的熟路上一样感到幸福而愉快。

　　但刚到村边，他那若有所思的脸突然阴沉了下来。他以行家的目光打量着田野：这里，在他的领地范围内，给人一种凄凉的感觉，土地荒芜，篱笆也倾倒腐烂，大概有一半树木被砍走当柴烧了，田地也没有翻耕。他骑着马愤怒地走过去，要求人们讲明情况。从一扇门里走出一个头发散乱、目光躲躲闪闪、赤着脚的脏女人，两三个半裸的孩子怯生生地拽着她的破裙子紧随其后，而从后边低矮的烟雾弥漫的茅屋里传出第四个孩子的哭叫声。他紧皱眉头细心琢磨着荒芜的原因。那个女人哭喊着说出一些不连贯的话，她的男人已经坐了六个星期的大牢了。是因为偷盗树木被捕的。没有这个壮汉，这个勤劳的人，她可怎么照料这个家呀，他偷林木是因为饿的，老爷自己也知道，收成不好，税很重，又要交租子。孩子们见他们的母亲哭喊，就跟着嚎起来。为了打断任何进一步的解释，托尔斯泰赶紧把手伸到衣袋里，掏出一个硬币递给她。然后他就像一个逃亡者似的急速骑马离去。他的面孔很阴郁，他的欢乐已经消逝得无影无踪。"这种事就发生在我们领地上——不，是发生在我已赠给我的妻子儿女的土地上。我是共谋，我有过错，但我为什么总胆怯地把什么都推给我的妻子呢？这是对世人的骗局，那种财产的转移一文不值；因为正当我本人对农奴的徭役感到厌烦的时候，现在我家里的人都从这些贫苦人的身上榨取钱财。我现在是坐在新房子里，我知道，这座新建筑的每一块砖瓦都浸透了农奴的汗水，都是靠他们的被烤干的肉体，靠他们的辛劳挣来的。我怎么有权把不属于我的东西，把那些农民耕作的土地，送给我的妻子和儿女。我，列夫·托尔斯泰，总以上帝的名义向人民宣讲公正，而别人的苦难却天天注视我的窗口，在上帝面前我不能不感到羞愧。"

他的脸上现出异常愤怒的表情，当他骑马经过那些石头柱子走进那座"庄主府邸"时，他的脸色更加阴暗。身穿制服的仆人和马夫从门里冲出来，扶他下马。"我的奴隶。"自我控诉的羞愧促使他从心里如此愤怒地讥讽说。

在宽敞的大餐室里，长长的餐桌上铺着洁白的台布，摆着银餐具。人们在等候他，这里有伯爵夫人，他的女儿和儿子们，有秘书，家庭医生，法国女教师，英国女教师，两三个邻居，一个被聘为家庭教师的、具有革命思想的大学生，此外还有那位英国记者：混杂在一起的这批人欢快的谈话声嗡嗡地响个不停。托尔斯泰一走进来，喧哗声戛然而止，人人都肃然起敬。他按照贵族的礼节庄重地问候过客人，就一言不发地坐在桌旁。那个穿制服的仆人把他挑选的几个素菜摆在他面前——那是一道精烹细做的进口芦笋，他情不自禁地想起那个破衣烂衫的女人，他递给了十戈比的那个农家妇女。他脸色阴沉地坐在那里反躬自省。要是他们能知道我不能也不愿意过这样的生活该多好：仆人前呼后拥，中午吃四道菜，银制餐具一应俱全，而别人却连生活最必需的东西都没有。他们都知道，我希望他们做出的牺牲，只是让他们放弃这种奢侈，放弃这种对人类所犯下的可耻的罪孽，上帝也是这样要求的。她，我的妻子本应像分享我的床和我的生活一样分享我的思想，但她却像敌人似的反对我的思想。她是压在我脖子上的磨石，是一副把我引入错误的骗人生活的良心的负担；我早就该剪断她用来束缚我的绳索了。我跟他们还有什么关系？他们干扰我的生活，我也干扰他们的生活。我在这里是多余的，对我对他们大家来说都是一种负担。

他出于愤怒，不自觉地充满敌意地抬起目光看着她，看着他的妻子索菲娅·安德烈耶夫娜。天哪，她怎么变老了，头发也灰白了，额头上已有很深的横纹，忧伤撕裂了她那已显衰老的嘴。一个温情的波浪突然淹没了这位老人的心田。"天哪，"他想，"她看上去多么忧郁，多么悲伤，我娶她的时候她还是一个年轻的、欢乐的、纯洁无邪的少女呢。我跟她在一起生活了三十年，四十年，不，是四十五年了。她还是一个少女时我就娶了她，当时我已经是一个浪费了一半生命的人了。她给我生了十三个孩子。她帮我完成了我的作品，她喂养了我的孩子，我呢，我把她变成了什么样的人啊？一个绝望的、几乎神经错乱的，过分受刺激的女人，人们不得不禁止她使用安眠药，以免她走了绝路，我已经使她很不幸了。这里是我的儿子们，我知道，他们都不喜欢我；这里是我的女儿们，是我使她们消耗了青春年华。而这些秘书们，他们只知记录我的每一句话，只会像麻雀啄马粪似的啄我的每一句话，他们的箱子里都备有香膏和敬神用的香，以便在人类的博物馆里保存我的木乃伊。而在那边，这位英国的花花公子已经手捧记录本在等待，看我怎样给他讲解'生活'。——这张餐桌，这座房子，便是对上帝和真理的一种罪过，简直毫无秘密、毫无纯洁可言，而我这个骗子舒舒服服地坐在这个地狱里，觉得温暖而愉快，不一跃而起去走我的路。要是我死了，这对我更好，对他们也更好：我活得太久了，又活得不够真诚，我的死期早就该到了。"

　　仆人又给他上了一道菜，是甜水果，四周有奶白，是冷藏过的，他愤怒地一抬手，便把这个银盘推到一边去了。"这种食品不好吗?"索菲娅·安德烈耶夫娜怯生生地问, "你觉得这太难消化吗?"

但托尔斯泰尖刻地答道: "这东西实在不错,不过我很难下咽。"

儿子们一脸不高兴地看着他,妻子感到诧异,记者很紧张:人们看到,他想抓住这个警句。

午餐终于结束后,他们站起来走进会客室。托尔斯泰和那位青年革命家争论问题,对方虽然很敬重他却也敢于生气勃勃地反对他。托尔斯泰眼睛闪着光辉,他说话粗鲁,冲撞,几乎是大声喊叫;像过去的狩猎和打网球吸引他一样,现在他仍然怀着难以控制的热情参与每一次辩论。突然,他意识到自己的粗鲁很不得当,便强迫自己谦恭一些,强制自己压低声说:"也许我错了,上帝把他的思想散播到了人间,不过谁也不知道自己说的话是上帝的思想还是自己的思想。"为了转移话题,他鼓动其他人说:"我们到花园里走一走吧。"

不过,在动身之前还要稍停片刻。在府第台阶对面的那棵老榆树下面,那棵"穷人之树"的旁边,有一些人民的来访者,叫花子和那些"愚昧者"教派信徒,在等候托尔斯泰。他们是以朝圣者的身份跋涉了二十英里来到这里求教或讨点钱的。他们站在那里,人人都晒得黝黑,透着疲惫的神态,脚上穿着布满尘土的鞋。当这位"主人","这位老爷"走近时,有几个人便按照俄罗斯的礼节一躬到地。托尔斯泰疾步如风地向他们走去。"你们有什么问题?"——"我想问一问,尊贵的……""我不是尊贵的,除了上帝,谁都不是尊贵的。"托尔斯泰责备地说。这个瘦小的农民惶恐地卷了卷帽子，终于急速地说出一些烦琐的问题，他问，现在土地是应该归农民，他什么时候能得到他的那一份土地？托尔斯泰回答时很不耐烦，一切不清楚的事情都使他恼火。随后，轮到林务管理员时，他询问了一些有关上帝的问题。托尔斯泰问他有没有阅读能力，当对方说能读时，托尔斯泰让人取来一本题名《我们应该怎么办？》的小册子给他，就跟他道别了。这时行乞者一个跟着一个拥了过来。托尔斯泰赶快送给每个人五个戈比，不耐烦地把他们打发走。他转过身来，发现那位记者在他施舍钱时给他拍了照。他的脸又阴沉下来："这样你倒是把我，托尔斯泰，农民中间的善人，施主，乐于助人的高尚的人，形象地记录下来了。但是，你要是能看到我的内心，你应会知道，我从来都不是善人，我只不过想学着做善事。除了我的'自我'，再也没有东西使我终日费心思索的了。我从来都不是乐于助人的人，我一生中送给穷人的东西到不了我从前在莫斯科一夜赌输的一半。当时我知道陀思妥耶夫斯基在挨饿，但我从来没想到送给他二百卢布，解决他一个月的急需，也许解救他终生的苦难。尽管如此，我还是容许人们颂扬我，把我誉为最高尚的人，不过我的内心知道得很清楚，我刚刚处在初始阶段的开端。"

他急于到庭园里去散步。于是这位行动敏捷的老人便急不可待地大步流星地往前走，胡须都飘了起来，别人几乎跟不上他。不，现在不要多说话，需要感觉全身肌肉的运动，只需感觉每根肌腱的柔韧性，他稍稍看了看女儿们打网球，体味到这种灵巧的身体运动的纯洁无邪。他兴冲冲地紧盯着每一个动作，每打赢一个球他都自豪地大笑，他的阴郁的心情一下子就烟消云散了。他边说边笑，同时更清醒更平静地想着问题，信步穿过香气扑鼻的绵软的低湿地段向前走去。之后又回到工作室，读一点书，休息一会儿；有时他觉得自己确实疲倦了，两条腿变得很沉。当他一个人躺在柔软的皮沙发上，闭上双眼，感觉到自己疲倦而衰老时，他暗想："这样倒是很好：让那个可怕的时刻就这样到来。要知道，我像害怕鬼怪一样害怕死，我想在死神面前藏起来，否认自己。现在我不再害怕了，我甚至觉得离死这么近反而很好。"他靠在沙发上，种种思想在寂静中蜂拥而至。他有时赶快用铅笔写下一个词，然后就长久地严肃地直视前方。这位老人的脸色很好，周围飘浮着各种思想和梦幻，孤身一人，只沉浸在自己的思想里。

　　晚上又下楼加入健谈者们的圈子。是的，工作已经完了，他的朋友，钢琴家戈尔顿韦泽问他是否可以弹奏一曲。"好，好!"托尔斯泰靠在琴旁，两手遮住眼睛，为的是不让别人看见那连成一气的声音的魔力如何使他感动。他凝神静听，眼睛微闭，胸脯一起一伏。奇怪，这音乐，这被他公开拒绝的音乐，现在却神奇地流进他的心里，一切温情都活跃起来。音乐使经历过一切沉重思想的灵魂又变温柔，变善良了。"这种艺术我怎么可以诽谤它呢，"他心中暗暗想道，"如果不听音乐，安慰何在？那样一来，一切思想就都变隐晦了，一切知识就都错乱了，而上帝的存在我们在哪儿能比在这艺术家的形象和语言里更清楚地感觉到呢？我觉得你们是我的弟兄，贝多芬和肖邦，我现在感觉到你们的目光就在我心中，而人类的心则在我心里剧烈地跳动：原谅我吧，你们这些弟兄，我曾经中伤过你们呀。"演奏以一个回声贯耳的和音结束，大家鼓掌喝彩，托尔斯泰迟疑片刻也鼓了掌。他心中的一切烦躁不安都治愈了。他温和地一笑，来到聚在一起的人们当中，很高兴地参加善意的交谈；最后有一种像愉快和宁静的东西围着他飘来，这多姿多彩的一天仿佛完全结束了。

但在上床之前，他又一次走进他的工作室。在一天结束之前，托尔斯泰还要对自己作一次最后的审判，像往常一样，要求自己为每一小时以及整个一生做出说明。日记摊开放在面前，良心的眼睛从空白的白纸里注视着他。托尔斯泰思索着当天每小时的情况，进行着审判。他想起那些农民，想到个人过错造成的苦难，他骑马经过那里看到他们的苦难，他除去给了他们一点点可怜的硬币别无任何帮助。他想起自己对那些乞讨者是多么不耐烦，想起他对妻子的那些不好的念头。这一切过错他都写在日记里了，写在这本自我谴责的日记上了，他又用愤怒的笔触写上这样的判决："我又懒惰，灵魂麻木不仁。没有做出足够的善事！我仍然没有学会去做重要的事，没学会爱我周围的人而不是爱人类。帮帮我吧，上帝啊，帮帮我！"

然后又写上第二天的日期和那神秘的 W. i. 1.。现在工作完成了，又过完了一天。这位老人心情沮丧地脱去上衣和粗笨的靴子，让沉重的身体躺在床上，跟往常一样首先想到死。思想还像彩色的飞蛾在他头顶不安地飞翔，但它们渐渐地像蝴蝶似的在越来越昏暗的森林中消失了。疲倦后的微睡就要开始了……

这时，他突然惊醒了，这不是脚步声吗？是的，他听到脚步声就在旁边的屋子里，很轻的潜行的脚步声在工作室里响了一下，于是他跳下床，无声地半裸着身子走过去，把焦灼的眼睛紧贴在钥匙孔上。是的，邻室里有亮光，一个人端着灯走了进来，在他的写字台里翻什么东西，翻阅那本神秘的日记，想看那些句子，想看到他的良心的那些对白。那是索菲娅·安德烈耶夫娜，他的妻子。连他最后的秘密她也要窥探，他们不让他跟神单独相处；在他的家里，在他的生活中，在他的内心里，他处处都被人们的贪欲和好奇心所包围。他气得双手发抖，他恨不得猛地拉开门，冲向背叛他的妻子。但在最后一刻，他压住了自己心中的怒火："也许这是对我的考验。"于是，他又拖着脚步，屏着呼吸，无声地回到床上，像倾听一眼涌流的泉水一样倾听自己的内心。他就这样躺了很长时间，不能入睡。列夫·尼古拉耶维奇·托尔斯泰，这位他那个时代最伟大最有影响的人，在自己的家里尝到了人间背叛的滋味，被怀疑折磨得痛苦不堪，因孤独而感到不寒而栗。

决断和神化

为了相信不朽，就必须在这里过一种不朽的生活。

日记，一八九六年三月六日

一九〇〇年。列夫·托尔斯泰以七十二岁高龄跨过世纪的门槛。这位英雄的老人正以正直的精神和传奇人物的姿态走向他人格的完善。这位年迈的人间的漫游者的脸在雪白胡须的掩映下闪耀着比以往任何时候都温和宽厚的光辉。脸上的皮肤已渐渐变黄，像透明的羊皮纸一样，上面布满了无数皱纹和符咒。一种恭顺容忍的微笑现在挂在胸怀平静的唇边，浓眉很少在愤怒中竖立起来，这位易怒的老人使人觉得比以往更宽容更有涵养了。"他变得多么和善啊！"他的兄弟惊诧地说，这个兄弟有生以来一直把他看成一个易怒而不能自制的人。一点不假，强烈的热情确实开始削减了，他的奋斗使他感到疲倦了，他的痛苦使他疲惫了：一种新的和善的闪光在他生命的夕阳时期照射在他的脸上。现在看到这张过去那么阴郁的脸，实在令人感动，好像大自然八十年之久之所以在这里发生了如此强大的影响，是为了终于以这种最后的形象显示他独特的美点，这位老人的伟大、博学和宽容的崇高。人们就是通过这个神化了的形象铭记着托尔斯泰的外部形象。这样，一代又一代的人才会怀着敬畏的感情在心里保存他那严肃的安详的面容。

　　这种高龄平素总要损伤和破坏英雄人物的形象，现在却使他阴郁的面孔显得无比威严。坚强变成了崇高，热情变成了宽容和胸怀博爱。的确，这位年老的斗士希望和睦，希望"与上帝和人和睦"，也与他的最痛恨的敌人，与死和睦。所幸上帝仁慈，那骇人的、惊愕的、动物一般的对死的恐惧已成为过去。这位高龄老人目光安静，对那正在临近的短暂一瞬心里早有充分的准备。"我想，可能明天我就不活在人世了，于是每天我努力使自己更熟悉这种思想，现在我越来越习惯这种思想了。"奇妙的是，自从这位长久以来惊慌失措的人摆脱了这种充满恐惧的紧张心情，他的那种教育者的思想又抬起头来。像老年歌德到了晚年又放弃科学消遣重操"主业"一样，托尔斯泰这位布道者和道德家也在七十岁至八十岁那令人难以置信的十年中又献身于他长时间放弃的艺术工作。这位上一个世纪的大作家在新的世纪里又复活了，而且成就像从前一样的辉煌。这位老人是在勇敢地为他生存的弧形搭建一个拱顶，他回忆起他在哥萨克兵团年代的一段经历，一反常规作了《伊利亚特》式的诗篇《哈泽·穆拉特》，书中武器铿锵，弥漫着战争的烽烟。这是一个英雄的传奇，像在他艺术最成熟的年月里讲述质朴而动人心魄的故事。《活尸》的悲剧，杰出的小说《舞会之后》、《考尔内·瓦西里耶夫》和许多短小精悍的传奇故事出色地证明了他已摆脱道德家的烦恼，回到艺术家的清纯中来。人们无论如何也想像不到，这是出自一位耄耋老人多皱而写累之手的晚年作品。老人衰弱的目光依然公正不阿地不受迷惑地思虑着永远震撼人心的世人的命运。生活的法官又变成了诗人，而这位一度傲慢的生活导师在他奇妙的老年自白中却敬畏地屈从于神界不可穷究的奥秘了：探究最后的生命问题的急不可耐的好奇心减弱了，变成了对无限的越来越近的澎湃涛声的无限倾听。列夫·托尔斯泰在他的最后年月里变成了真正的智者，但仍然不感到疲倦；他以一个远古农民的姿态不停地耕作，在日记里耕种那用之不尽的思想的农田，直到那逐渐变冷的手拿不住笔为止。

这位不知疲倦的老人是不能休息的，命运赋予他的使命是为真理奋斗到生命的最后一息。最后的一项最神圣的工作还有待于完成。这项工作不再针对生，而是针对他个人临近的死；这位颇具影响的教导者生平最后的努力，将是把死塑造成可敬的堪称典型的东西，他简直是集中全力豪迈地从事这一工作。托尔斯泰创作任何作品也没有像这次探究个人的死这样充满激情和花费这么久的时间；作为一个真正的永不满足的艺术家，托尔斯泰希望把他最后的最高人性的业绩不掺杂质而又无可指摘地奉献给人类。

这一次为一种纯洁的、无谎言的、圆满的死而进行的搏斗，变成了这位不安定者为真实而进行的七十年战争的决战，这同时也最富有牺牲精神的决战——因为这场决战是反对他的贵族出身的行为。这是一次必须完成的最后的事业，这是他一生当中一直怀着一种我们现在才理解的畏惧不断回避的事业：彻底地不可抗辩地摆脱他的财产。犹如他所描写的库图佐夫总想避免决战，总希望在战略退却时战胜可怕的敌人，托尔斯泰也总在彻底处理他的财产时退缩，由于受到良心的催迫而逃到"无为的哲学"里去。每次企图放弃即使是他去世后作品的权利也都遭到全家人的强烈反对。他太软弱，实际上他太充满人情味，所以不能以粗暴的行动强力压制这种抵抗。于是，他便数年之久地限制自己，不亲自经营钱财，不使用他个人的收入。不过，他自我抱怨说："构成这种不予理睬策略的基础，是我原则上拒绝一切财产，是我为了不让人们责备我前后矛盾，为了不因虚伪而感到羞愧，才不关心财产。"他做过各种各样毫无成果的尝试，而每一次尝试都在他自己家人狭小的圈子里造成一种悲剧。在这些尝试之后，他一再不对他的遗嘱作出明确而有约束力的决定，把决定推到不确定的时刻。但在一九○八年，适逢他八十岁，全家人利用祝寿机会以巨资出版他的全集时，这位一切财产的公开的敌人就再也不能坐视不管了。列夫·托尔斯泰不得不以八十岁的高龄面对面地投身到具有决定性的斗争中来。这样，亚斯纳亚波利亚纳这个俄罗斯的圣地便关上了所有的门，变成了托尔斯泰和他家里人之间的一场竞争的战场，这个斗争比之于他为了一件小事，为了金钱而斗争要激烈、可厌得多。日记中的尖声呼喊并不足以使人们想像到这场斗争的触目惊心的情景。"摆脱这份肮脏的罪恶的财产，是多么难啊。"他在那些日子里（一九○八年七月二十五日）悲叹道，因为有半个家庭紧紧抓住这份财产不放。那真是最坏的廉价小说里的场景：撬开窗户，翻箱倒柜，窃听谈话，企图夺取治产权，与此交替出现的最悲惨的时刻则是夫人的自杀意图和托尔斯泰逃走的威胁。正如他所说的，"亚斯纳亚波利亚纳的这座地狱"打开了它所有的大门。但托尔斯泰恰恰终于从这种最大的痛苦里做出毅然的决断。最后，在他逝世前的几个月，他决定，为了自己死得纯洁和正直，不再容忍模棱两可和含混不清，并且给他的后人留下一份出人意料的把他的精神财富交给全人类的遗嘱。为了实现最后的真实心愿，还得最后说一次谎。因为他感觉到家里有人窃听他，监视他，所以这位八十二岁的老人便佯装漫不经心地游逛，骑马走进邻庄格鲁蒙特的森林，在那里的一个树墩上——也是在我们这个世纪的最具戏剧性的时刻，当着三个证人和那匹不耐烦地打着响鼻的牝马的面，终于在那张证明符合他意愿的，他死后生效的文件上签了名。

现在脚镣已经抛在身后，他相信已经采取了决定性的行动。但最艰难、最重要、最必需的行动还在等待着他实现。因为在这个爱谈良心的人影幢幢的家里是保守不住任何秘密的，一会儿是夫人预料，一会儿是全家人得知，说托尔斯泰已经做出了秘密的决定。他们在箱子和柜子里搜寻遗嘱，仔细研究日记，想找到蛛丝马迹。如果那个可恨的助手切尔特克夫还继续来访，伯爵夫人便以自杀相威胁。这时，托尔斯泰认识到，在这里，在激情、贪心、仇恨和不安的气氛中，他无法创作他最后的艺术作品，无法达到圆满的死，于是恐惧袭上这位老翁的心头，他惟恐家庭会使他"从思想上顾及那也许是最壮丽的宝贵的几分钟"。突然从他内心深处又出现那种思想，即像福音书上所要求的那样，为了自我的完成，他必须丢开他的妻子儿女，为了被视为圣人他必须放弃财产和利益。他已经离家出走过两次了，第一次是在一八八四年，但走到半路他就无力支撑下去了。当时他强迫自己回家，回到妻子身边去，他的妻子正痛苦地躺在床上，就在这天夜里为他生了一个孩子——就是现在站在身旁的这个女儿阿列克山德拉，就是她现在保护着他的遗嘱，而且准备充当他最后一段路的助手。十三年以后，一八九七年又发生了第二次离家出走，他给妻子留下了那封描述他良心压力的不朽的信："我决定离家出走，第一，因为这样的一年年的生活越来越使我感到压抑，我越来越强烈地渴望一人独处。第二，因为孩子们现在都长大了，我在家里已经没有什么必要……关键的问题是，和印度人一到六十岁便逃往森林一样，和他们相似，每个笃信宗教的人到了老年都有这样一种愿望：把他的晚年献给上帝，而不是献给嬉戏、闲扯和网球运动。因此，我的灵魂也渴望在七十岁的时候尽全力得到安宁和独处，以便凭着我的良心在和谐中单独生活，或者，如果这个目标不能彻底达到，就逃离我的生活和我的信仰之间的严重失衡。"但是他当时出于占优势的人情方面的考虑，还是回来了。那时，他向自己施加的力量还不够强大，他的声望的影响还不够深广。但是现在，在第二次出走的十三年后，在第一次出走的两个十三年以后把他拖向远方的巨大的引力使他比以往更痛苦了，他的坚定不移的良知十分强烈地感觉到被那不可知的力量所撕扯。一九一〇年七月，托尔斯泰在日记里写下这样的话：我除了出走别无出路，现在我严肃地考虑到这一点，我要表现出基督徒的精神。现在是最佳时机。在这里，没有一个人需要我。我的上帝，帮帮我吧，教导我吧！我只希望一点，不照我的意志行动，只按你的意志去行动。我这样写着，同时扪心自问："这确实是真诚的吗？我不是在你面前演戏吧？帮帮我！帮帮我，帮帮我吧！"但他仍在犹豫，对他人命运的担忧一直阻拦着他。他本人一直对自己的罪恶的愿望感到恐惧。他胆怯地俯向自己的灵魂，倾听内心是否会发出召唤，在自己的意志仍然犹豫畏缩的时候上苍是否会送来一道不可抗拒的福音。犹如双膝跪地，对他所献身所信赖的神秘莫测的意志祈祷，他在日记中对他的恐惧和不安表示忏悔。在被燃起热情的良心中的这种等待就好像是一种冲动，在受到震惊的心中的倾听就好像一种独特的剧烈的震颤。他觉得他已经空前未有地把自己交给命运和无意义的事物摆布了。

这时，在这最恰当的时刻，他心中响起了一种声音。那是古老的格言："起身，站起来，穿上外衣，拿起朝圣者的手杖！"于是，他便振作起精神，朝着他的自我完成大步走去。

逃向上帝

一个人只能独自接近上帝。

日记

一九一〇年十月二十八日，大约早上六点钟，树林间还是漆黑的夜，几个人影特别奇怪地蹑手蹑足地围着亚斯纳亚波利亚纳的府邸行走。钥匙咔嚓咔嚓地响，像小偷轻轻转动门把手把一扇又一扇门都打开了。在马厩的干草里车夫小心翼翼地把马套在车上，没出一点声音。在两个房间里有不安定的影子晃来晃去，手里拿着遮住光线的手电筒，打开箱子和柜子，摸索着抓起各种各样的包袱。然后，他们就悄悄溜出无声地推开的门，小声说着话，跌跌撞撞地穿过庭园里肮脏的杂草地。一辆马车躲开府邸正面的路，悄悄地从后面向庭园的大门驶去。

这里发生了什么事？是有窃贼闯进府邸了吗？难道是沙皇的警

察终于包围了这位可疑者的住宅，准备进行搜查？不，没有人闯进来，而是列夫·尼古拉耶维奇·托尔斯泰只在他的医生的陪同下像个小偷似的逃出他生活的这座监狱。召唤已经向他发出，这是一个不可反驳的决定性的信号。当他妻子在夜里秘密地神经质地翻寻他的文稿时，他又一次当场捉住了她。这时，他心里突然顽强地横冲直撞地跳出来这样的决定：离开"这个早已离开他心灵的"妻子，离家出走，随便到什么地方去，奔向上帝，奔向自我，奔向自己应得的死。他突然在工作服上面罩上外套，戴上粗俗的帽子，穿上胶鞋，除了老人必需的东西没有携带任何个人的财产，为的是把自己交给人类，就是说他只带了日记本、铅笔和羽毛笔。在火车站，他还潦潦草草地给他妻子写了一封信，让车夫把信捎回家去："我做了一种我这样年龄的老者通常要做的事，我现在离开这尘世喧嚣的生活，为的是在隐遁和孤寂中度过我的余生。"然后他们上了火车，在一节三等车厢的肮脏的板凳上坐下，列夫·托尔斯泰，这位奔向上帝的逃亡者，身上裹着外套，只有他的医生陪伴。

但是托尔斯泰不再自称原来的名字了。就像以前卡尔五世那个两个世界的主人，为了把自己安葬在西班牙马德里埃斯科里亚尔宫的棺木里，把君权的象征物弃置一旁一样，托尔斯泰不仅抛弃了他的金钱、家庭、荣誉，而且抛弃了他的名字。他现在自称 T. 尼古拉耶夫，这是一个希望为自己创造一种新生活和纯洁正当之死的人杜撰出来的名字。终于解除了一切束缚，现在他可以成为走在异乡大道上的朝圣进香者，成为他的教义和真心话的仆人了。在萨马尔金诺修道院，他又向那里的院长即他的妹妹告别：两位年老力衰的人坐在一起，周围是和善的修道士，安定和庄严的孤独使他们变得容光焕发。几天以后，在他第一次失败的出走归来时出生的那个女儿追来了。不过，即使在这里他也无法得到安宁，他害怕被人认出来，怕被跟踪，怕被人追上，再被拉回自己家里那种错综复杂的不真诚的生活中去。因此，他又一次被看不见的手指所触动，在十月三十一日早上四点钟，他突然叫醒女儿，催促继续往前走，到哪儿去都行，去保加利亚，去高加索，到外国去，只要去声望达不到，人们找不着的地方，只要最后能一人独处，走向自我，走向上帝。

但是他的生活和他的教义的可怕的敌手，就是那声望，那折磨他的魔鬼和诱惑者，还是不放过它的牺牲品。世界不准许"它的"托尔斯泰属于他自己，属于他天生的多闻博识的意志。这个被追赶的人在火车的车厢里刚刚坐好，帽子还低低地压在额头上，就有一个旅客认出了这位大师。列车上所有的人立时都知道他在车上了。秘密已经泄露了。随后，便有无数男人和女人在外面拥到这节车厢的门口来看他。他们随身携带的报纸都通栏刊载着有关这个珍贵动物逃出监禁的消息。他的身份泄露出去了，现在已经被包围了，声望又一次，也是最后一次，拦住了托尔斯泰通向完成的路。沿着这列呼啸疾驰的列车，各条电报线路都在嗡嗡响着传递消息。所有的车站都接到了警察局的通知，各级官吏都被动员起来，家里的人已经预订了专车。记者则从莫斯科，从彼得堡，从尼什涅一诺沃戈洛德，从四方八面追逐他，追逐这个逃跑的野兽。神圣的教会会议派出一位神父，想抓住这个后悔的人。突然有一个陌生的先生登上列车，他不断地变出新的嘴脸经过这个车厢，一个密探——不，声望不让他的囚徒逃走。列夫·托尔斯泰不应该也不可以一人独处。人们不容许他只属于自己，只去实现他的神化。

他已经被包围了，被围得水泄不通，没有一个灌木丛能让他藏身。如果这列火车来到边境，就会有一个官员很有礼貌地微微抬一下帽子向他致敬，同时不准他过境。不管他想要逃到哪里去，他的声望总在他面前挡着他，很惹人注意，七嘴八舌，吵吵嚷嚷。不，他脱不了身，利爪紧紧地抓住了他。这时，女儿发现父亲衰老的身体在打寒战。他已经筋疲力尽了，身子靠在硬木椅上。汗从这位索索发抖的老人的每个毛孔里渗出来，汗珠从额头上往下滴。一种寒热病，一种源于他的血统的疾病向他袭来，目的是想要救他。死神已经举起他那件黑色的大衣，在这些跟踪者的面前把他覆盖起来。

在阿斯塔波沃，一个小火车站，他们不得不中止行程，这位垂危的病人实在不能继续旅行了。没有客栈，没有旅馆，没有豪华的房间安置他。那位站长很难为情地把车站二层木屋的站长办公室让给了他（从此以后这里便成了俄罗斯世界朝拜的圣地）。人们把这位冷得发抖的人扶进屋里，于是他所梦想的一切就突然变成了现实；那是一个小房间，低矮，霉味扑鼻，烟味呛人，一派贫穷景象，放着一张铁床，煤油灯光十分暗淡——一下子远离了他逃出来的奢华和舒适。在临死前的最后一刻，一切都变得如他内心所向往的样子：纯洁，没有瑕疵，死完全成为出自他的艺术家之手的崇高的象征。几天以后，这死亡的辉煌的建筑便拔地而起，他的教义得到了庄严的确认，不再受到人们的嫉妒的暗中破坏，不再有人干扰和破坏他的古老尘世的单纯。声望白白地努起贪婪的嘴唇，屏气敛息，守候在紧闭的门外；记者和猎奇者，密探、警察和宪兵，宗教会议派来的教士，沙皇指定的军官，全都白白地奔来和等待：他们的耀眼刺耳、体面丧尽的忙乱丝毫也影响不了这种无法破坏的最后的孤寂。只有女儿守护着他，在场的还有一个朋友和医生，宁静的谦卑的爱默默地环绕着他。床头柜上放着小日记本，这是他对上帝说话的话筒，但那紧张不安的手再也不能握起那支笔了。于是，他便呼吸急促地发出有气无力的声音，向女儿口授了他最后的思想，他称上帝为"无限的宇宙，人只是它的一个有限的部分，是它在物质、时间和空间上的显示"，他宣称，这种尘世的生物和其他生物的生命的联合，只能通过爱来实现。在他去世的两天前，他还集中他的所有感官，去捕捉崇高的真理，那可望而不可即的真理。然后，黑暗便渐渐地遮没了光辉的大脑。

在外面，人们为了解情况好奇而放肆地推来挤去。他再也感觉不到他们了。索菲娅·安德烈耶夫娜，跟他一起生活了四十八年的妻子，因懊悔而显出谦恭，泪如泉涌地从窗口往里张望，只想从远处再看一眼他的面容。他再也认不出她来了。这位目光最敏锐的人觉得生活中的万事都变得越来越陌生了，血液通过渐趋破裂的血管越来越无力，越来越凝滞。在十一月四日的夜里，他又一次振作精神，悲叹道："可是那些农民——那些农民究竟是怎样死的呢？"这不同寻常的生命还在与这不同寻常的死抗争。刚到十一月七日，死就降临到了这位不朽的伟人的头上。银发苍苍的脑袋向后倒在枕头上，那双观察世界比所有的人都锐利的眼睛失去了光泽。这位情急似火的求索者，现在才明白了一切生活的真理和意义。

尾　声

这个人死了，但他与世界的关系继续对人们产生
影响，这影响不仅像他活着的时候一样，而且比
以前更强大。他的影响在他的理性和爱的方面日
益增长，像一切活的东西一样无休无止地发展。

书信

马克西姆·高尔基曾经称列夫·托尔斯泰是一个人类的人，这
真是极为精辟的论断。因为他是跟我们大家一个样的人，都是由一
样的不牢固的泥土做成，都具有同样的尘世的缺陷。但他对这些尘
世的缺陷了解得更深刻，因它们而忍受了更大的痛苦。列夫·托尔
斯泰跟他同时代的其他人相比没有什么不同，他不比别人高级，他
只不过比大多数人更有人情味、更有道德、更有头脑、更清醒、更
热情——仿佛是在世界艺术家的作坊里创造出的那种看不出的原形

的第一个最清晰的复制品。

但是，这种永恒的人的肖像为我们提供了一种朦胧的、常常难以辨认的草图；托尔斯泰就是把这种应该竭力完全放弃的永恒人的肖像选作自己真正的毕生事业，一种永远不能终结、永远不能完全实现、无可比拟的英雄事业。他曾经借助于自己良心的无比真诚，在最坏的人物里寻找过人，进入人们在相互伤害时才能达到的灵魂深处。这位堪称楷模的伦理学的天才以高度严肃的态度和毫不容情的顽强精神无保留地挖掘自己的灵魂，以便从他的那个尘世的外壳里解放我们的完美无缺的原始形象，向全人类展示灵魂更高贵更形同于神的面貌。这位大无畏的教导者从不休息，从不满足，从不使他的艺术具有单纯形式游戏的天真的欢乐的特点，他通过描绘自我为创作这部反映自我完善的杰作工作了八十年。从歌德谢世以后还没有一个作家这样揭示自我，同样也揭示永恒的人。

这种通过个人灵魂的考验和铸造来实现世界道德化的英雄意志，从表面上看，是随着这位非凡人物生命的完结而告终了。但是，他的生命的强有力的搏动仍然坚定不移地对活着的人发挥塑造和继续塑造的作用。有一些战战兢兢地看见过他青灰色犀利目光的人，作为他尘世生活的见证人都还健在。但托尔斯泰这个人早就成为神话了，他的生平变成了人类的一部高贵的传奇，而他反对自我的斗争则变成了我们这一代人和世世代代人的范例。因为一切准备牺牲的思想和一切英雄般完成的事情，永远都是为所有的人而想而做的。人类从一个人的所有伟大之处获得新的更高的尺度。这个不断求索的智者只在热情真诚的自白中才预感到他的局限和规律。只是由于有了他这样的艺术家的自我塑造，人类的灵魂，天才的形象，在尘世间才会被人理解。

图书在版编目(CIP)数据

三作家传:卡萨诺瓦,司汤达,托尔斯泰/(奥)斯特凡·茨威格著;
关惠文译.—上海:上海译文出版社,2017.11(2025.4 重印)
(茨威格作品集)
ISBN 978-7-5327-7535-4

Ⅰ.①三… Ⅱ.①斯… ②关… Ⅲ.①卡萨诺瓦
(Casanova,Giovanni Giacomo 1725-1798)-传记 ②司汤达
(Stendhal 1783-1842)-传记 ③托尔斯泰(Tolstoy,Leo
Nikolayevich 1828-1910)-传记 Ⅳ.①K815.6

中国版本图书馆 CIP 数据核字(2017)第 112264 号

Stefan Zweig
Drei Dichter ihres Lebens. Casanova-Stendhal-Tolstoi

三作家传:卡萨诺瓦,司汤达,托尔斯泰 Drei Dichter ihres Lebens. Casanova-Stendhal-Tolstoi	Stefan Zweig 斯特凡·茨威格 著 关惠文 译	出版统筹 赵武平 责任编辑 李月敏 装帧设计 尚燕平

上海译文出版社有限公司出版、发行
网址:www.yiwen.com.cn
201101 上海市闵行区号景路159弄B座
上海新华印刷有限公司印刷

开本 890×1240 1/32 印张 10 插页 3 字数 179,000
2017 年 11 月第 1 版 2025 年 4 月第 8 次印刷

ISBN 978-7-5327-7535-4
定价:38.00 元